テキストブック 開発経済学
〔第3版〕

ジェトロ・アジア経済研究所
黒岩郁雄・高橋和志・山形辰史 編

有斐閣ブックス

第3版へのまえがき

　本書第3版が出版される2015年に，ミレニアム開発目標は達成期限を迎える。2000年から15年の間，貧困削減は大きな成果をあげたが，同時に大きな課題も残った。成果としてあげられるのは，中国を筆頭とする東アジアの経済成長である。また，南アジアやサブサハラ・アフリカでも，目にみえる変化が現れている。一方，紛争，環境破壊，気候変動といった脅威への対処，そして高齢者，子ども，女性，障害者，少数民族，難民，といった経済成長や貧困削減の恩恵を受けにくい人々の生計や福祉の向上は，いまなお国際社会に対する大きな挑戦である。

　本書の初版が出版された1997年，いまみられるような開発途上国の成長は予見されていなかった。むしろアジア通貨危機による暗雲が，世界経済を覆っていた。本書の新版が上梓された2003年には，ミレニアム開発目標の認知度がそれほど高くはなかった。新版の完成から10年以上を経て，開発途上国の状況も開発経済学も変化した。このような変化を踏まえ，第3版では内容のほとんどを書き下ろし，編者や執筆者を一新した。その結果，第3版の執筆者は全員，日本貿易振興機構アジア経済研究所の現職員あるいはかつての職員となった。またこの改定により，初版・新版の，コンパクトな一章読み切りスタイルを踏襲しつつ，現在の開発途上国のダイナミズムや，開発経済学の進展を反映した内容へと衣替えした。

　新版の編者，著者のうち，野上裕生，錦見浩司，伊藤正二，西島章次（執筆順）の4氏がすでに故人となった。ここに記して，本書初版，新版への貢献に，深甚な敬意と感謝の意を表する。

　最後に，新版，第3版と，本書の編集を担当くださった有斐閣の長谷川絵里氏にも，深く御礼申し上げたい。

2014年12月

　　　　　　　　　　　　　　　　　　　　　　　　　　　　編　者

まえがき

　1994年に1ドル79円台という円高が記録された。この円高も手伝って，日本からの海外旅行者は年間3000万人を突破した。また，円高によりドル・ベースの生産コストが高くなり，日本企業の国際競争力が弱くなり，東アジアへの生産基地のシフトが加速した。このように人や企業が海外に出ていく一方で，逆に海外から日本への流入も加速しつつある。成熟しつつある日本経済を活性化するために規制緩和が必要となり，それが外国資本の受入れを促している。これまで日本は金融の開放には消極的であったが，金融ビッグバンによって外国の銀行や証券会社などに市場が開放され，その日本市場でのウエイトを高めつつある。

　このように国際化が進む中で国際問題や開発問題への関心が高まっている。一般の人々が仕事を通して，あるいはNGO等による市民活動を通じて，海外の人々と交流する機会が増えた。そしてこのような背景から国際問題や開発を扱う学部，大学院が多くの大学で創設された。これらの学部等ではしばしば発展途上国の経済が教えられるが，どのような授業をするべきか，教育の現場から悩みの声が寄せられることが多い。また，開発問題に興味を持ちはじめた人々からも，どのようにして勉強したらよいのか，と問われることがある。

　私たちは，このように国際問題に関心を持ち，開発経済学を初めて学ぶ人にも読みやすいテキストブックを目指して編集を行った。読者はまず途上国の経済の実態を理解する。つぎにその実態を説明できる理論を学び，1冊で実態と理論の両方を身につける。巻末には用語集をつけ，読者の便宜を図った。一方，開発経済学の最先端をもわかりやすく説明するよう努めた。

　開発に関心のある，また開発にかかわりたい方々は，本書を手がかりに開発経済学のエッセンスを理解していただきたい。つぎの段階ではそれを応用し，必要であればより上級のテキストに進んでいただきたい。このような気持ちを込めて私たちはこのテキストブックを編集した。本書が開発にかかわる人材の育成の手助けとなることを心から祈ってやまない。

本書の作成にあたって，下村恭民氏から貴重なアドバイスをいただいた。また，有斐閣の伊東晋部長のご指導なしにも本書は完成しなかった。加賀美充洋，笠井信幸，木村福成，佐藤幸人，服部民夫，山本裕美の諸氏にも，編集の最初の段階から有益な助言をいただいた。

　本書はアジア経済研究所の山田勝久所長の発案で始まり，完成まで数年を要した。残念ながら，その間，われわれの指導者であり仲間であった伊藤正二氏，平田章氏が故人となった。伊藤氏は本書第12章を執筆直後に亡くなられた。平田氏は存命であるならば，当然本書の執筆をお願いしたい人であった。改めてご冥福をお祈りするとともに，お二人に本書を捧げたい。

　1997年9月

朽木昭文・野上裕生・山形辰史

視覚障害者のために本書の「録音図書」「点字図書」「拡大写本」を非営利目的で製作することを認めます。その際は有斐閣（書籍編集第2部）までご連絡下さい。

目　次

序章　何を学ぶのか ———————————————————— 1
　　　世界経済のダイナミズムと開発の課題　1　　国際開発の潮流と開発経済学の展開　2　　本書の構成　4

第1部　開発と人間

第1章　貧困と不平等 ———————————————————— 8
　　　はじめに　8
　1. 貧　困 ·· 8
　　　貧困の捉え方　8　　世界の貧困の実態　10　　貧困指標　12　　確率的優位性　14　　慢性的貧困と一時的貧困　16
　2. 不平等 ·· 18
　　　ジニ係数とローレンツ曲線　18　　不平等度の世界的傾向　18　　経済成長，貧困，不平等の三角関係　20

第2章　二重構造と労働移動 ———————————————— 25
　　　はじめに　25
　1. 経済発展による産業構造転換と都市化 ··············· 26
　2. ルイスの二重経済モデル ····························· 28
　　　ルイスの「無制限労働供給」(unlimited labor supply)　28　　ルイスの「転換点」(turning points)　30
　3. ハリス＝トダロ・モデル ······························ 32
　　　ハリス＝トダロ・モデルの基本設計　32　　ハリス＝トダロ・モデルの含意　34
　4. 二重経済モデルへの批判と新たな研究視点 ········· 35
　　　ハリス＝トダロ・モデルへの批判と家計内リスク・ヘッジ　35　　都市労働市場の理論仮説　36

第2部　開発のメカニズム

第3章　経済成長 — 42
　はじめに　42
　1. 経済成長の展望 …………………………………… 43
　　経済成長の歴史　43　　現代の経済成長　44　　成長要因分解　46
　2. 経済成長モデル …………………………………… 48
　　AKモデル　49　　新古典派モデル　51
　3. 経済成長と経済政策 ……………………………… 54
　　コラム：経済成長の実感——バングラデシュ …………………… 55

第4章　人的資本 — 59
　はじめに　59
　1. 人的資本蓄積の推移・現状 …………………………… 60
　　教育——就学率，PISA　60　　保健——GBD, DALY　62　　格差——ジェンダー　65
　2. 人的資本蓄積のメカニズム …………………………… 65
　　最適な人的資本量の決定　66　　人的資本投資が少ない理由——供給不足と需要減退　67
　3. どうすれば人的資本蓄積を支援できるのか ………… 68
　　社会的に最適な人的資本投資　68　　支援策の例　69

第5章　貿　易 — 76
　はじめに　76
　1. 貿易と経済開発の深い関係 …………………………… 76
　2. 貿易はなぜ起こるか——その理論 …………………… 80
　　「比較優位」とは　80　　リカード・モデル——「生産技術の違い」が比較優位を決める　80　　ヘクシャー＝オリーン・モデル——「要素賦存」の違いが比較優位を決める　82
　3. 貿易と「動態的な比較優位」とは ……………………… 85
　　「比較優位」とは，「いま得意なこと」　85　　韓国の事例　85　　幼稚産業保護の政策　86
　4. 経済統合と開発 …………………………………… 87
　　経済統合の背景　87　　経済統合の静態的な効果　88　　経済統合の

　　　　動態的な効果と開発途上国　90
　　5．貿易と開発——まとめと展望 ………………………………… 90
　　コラム：「交易条件の長期的悪化傾向」について ……………… 91

第6章　海外直接投資 ─────────────────── 95
　　はじめに　95
　　1．なぜ企業は海外に投資するのか ……………………………… 96
　　　　直接投資のタイプ——水平型　96　　直接投資のタイプ——垂直型　97
　　2．途上国における直接投資と投資環境 ………………………… 98
　　　　途上国における投資環境　99
　　3．直接投資に関する開発政策と国際投資ルール ……………… 102
　　　　輸出志向工業化と外国資本の誘致　102　　国際投資ルールの構築　103
　　4．直接投資が途上国に与える影響 ……………………………… 105
　　　　直接効果　105　　間接効果　106　　直接投資と経済成長　106
　　コラム：アフリカ開発会議（TICAD）——援助から投資へ ……… 107

第7章　技　　術 ─────────────────────── 109
　　はじめに　109
　　1．技術移転の経路 ………………………………………………… 110
　　　　資本財に体化された技術　110　　経営者に体化した技術　111　　形式知による技術　112　　労働者に体化した技術　114
　　2．技術吸収能力の影響 …………………………………………… 114
　　　　自助努力の必要性　114　　国内R＆D　116　　初等，中等教育から高等教育の重要性　117　　中所得国の罠　118
　　3．知的財産権保護の影響 ………………………………………… 120
　　　　知的財産権の目的　120　　知的財産権の種類　120　　知的財産権に関する課題　121

第8章　産業連関 ─────────────────────── 125
　　はじめに　125
　　1．産業連関表の枠組み …………………………………………… 126
　　2．生産波及のメカニズム ………………………………………… 127

3．国産産業連関分析への展開 ……………………………… 128

第9章　制　　度 ————————————————————— 135
　　はじめに　135
　　1．植民地支配と途上国における制度の形成 ……………… 137
　　　　経済発展経路の違いとそのメカニズム　137　　初期条件とその後の
　　　　制度の形成　139　　自然条件の役割　140
　　2．制度的遺産の長期的な影響 ……………………………… 142
　　　　イギリス領インドにおける土地制度　142
　　3．制度を分析する際の留意点 ……………………………… 144
　　　　制度を捉えることの難しさ　144　　制度的遺産がすべてを決めるわ
　　　　けではない　145　　メカニズムを解明する　146
　　コラム：インドにおける女性への留保制度 ……………………… 147

第3部　開発への取組み

第10章　貧困削減戦略 ————————————————— 152
　　はじめに　152
　　1．開発経済学・国際開発の潮流 …………………………… 153
　　　　構造主義　153　　改良主義と新古典派アプローチ　155　　政府の役
　　　　割の見直しと貧困削減への舵取り　156　　開発経済学のパラダイム
　　　　シフト　158
　　2．政策インパクト評価の方法 ……………………………… 161
　　　　インパクト評価　161　　Before-after分析とその限界　162
　　　　With-without分析とその限界　164　　バイアスを軽減する手法
　　　　165　　実験的手法　167

第11章　政府開発援助 ————————————————— 170
　　はじめに　170
　　1．援助とは ………………………………………………… 171
　　　　援助の必要性　171　　援助の推移と構造　172
　　2．援助の出し方・使い方 …………………………………… 175
　　　　政府開発援助の基本ルール　175　　基本ルールの限界とプログラム
　　　　援助　177　　ファンジビリティとガバナンス　178

3. 援助の効果を上げるために ………………………………… 179
　　援助の量が問題か，方法が問題か　179　　援助協調　179　　援助協調の現在　181
4. 日本のODA——再びたぐり寄せられるヒモ ………………… 181

第12章　農村金融 ——————————————————— 185
はじめに　185
1. 市場の失敗 ………………………………………………… 186
　　金融取引の特徴　186　　契約履行　187　　アドバース・セレクション　188　　モラル・ハザード　190
2. 農家の対応 ………………………………………………… 191
　　リスクへの対処　191　　インターリンケージ　192　　社会的ネットワーク　193
3. 制度の革新 ………………………………………………… 194
　　マイクロファイナンスの成功　194　　フィールド実験　196
4. 今後の課題——保険とリスク抑制 ………………………… 198
コラム：タイの洪水と渇水 ………………………………… 199

第13章　マクロ経済安定化 ————————————————— 202
はじめに　202
1. 開発途上国のマクロ経済の特徴 ………………………… 203
　　高い成長率と大きな変動　203　　国際収支の変動も激しい　205
　　国外からのショックに弱い経済構造　206　　対外ショックと途上国（代表的な事例）　207　　政策面での対外依存　208
2. マクロ経済安定化政策とは ……………………………… 209
3. 途上国のマクロ経済安定化政策の課題 ………………… 210
　　金融政策の課題　210　　財政政策の課題　211　　為替政策の課題　212　　外貨準備政策の課題　213　　政府への信任はあるか——ノミナル・アンカーとインフレーション・ターゲット　215　　政策の組合せの問題　215　　国際的な連関　216
4. 通貨危機とIMF支援プログラム（IMF融資） …………… 216
　　IMFの役割　217　　世界銀行との縄張り争いと「構造調整」政策　217　　IMF支援プログラムへの批判　218　　地域金融協力　219
結語　219

第14章　経済統合 ———————————————— 221
　　はじめに　221
　1. 東アジア統合の深化——事実上の統合から制度的統合に向けて
　　　　　　　　　　　　　　　　　　　　　　　　　　　…………… 222
　2. 経済統合と産業立地 …………………………………………… 223
　　　東アジアの雁行型発展メカニズム　223　　後発国のキャッチアップ
　　　226
　3. 経済統合による立地条件の変化 ……………………………… 227
　　　貿易費用の低下　227　　生産要素の移動　228　　産業の「再分散」
　　　と開発政策　229
　4. 経済統合と後発国の開発戦略——サブサハラ・アフリカの事例
　　　　　　　　　　　　　　　　　　　　　　　　　　　…………… 230
　コラム①：第2次アンバンドリング ……………………………… 232
　コラム②：アフリカの経済統合と日本の経済協力 ……………… 232

第15章　環　　境 ———————————————— 236
　　はじめに　236
　1. 「開発 vs. 環境」から「持続可能な発展」へ ………………… 237
　2. 経済成長・経済発展と環境問題 ……………………………… 239
　　　環境クズネッツ曲線をめぐって　241　　所得の向上に伴って悪化し
　　　ている環境指標　241　　途上国における環境問題への対応　242
　3. 地球環境問題と開発途上国 …………………………………… 243
　　　共通であるが差異のある責任の原則　243　　京都議定書とクリーン
　　　開発メカニズム（CDM）　244　　さまざまな国際環境条約　246
　　　崩れつつある「先進国 vs. 途上国」の図式　246
　4. 環境と貿易 ……………………………………………………… 247
　　　地球温暖化対策と貿易　247　　先進国の化学物質関連規制と途上国
　　　248　　環境貿易措置と GATT/WTO　249
　コラム：中古品の越境移動 ………………………………………… 250

第16章　障　　害 ———————————————— 253
　　はじめに　253
　1. 障害と開発 ……………………………………………………… 255

　　　　包摂的な開発とアマルティア・セン　255　　開発課題としての障害
　　　　257　　障害の社会モデル　258
　2．貧困と障害 ……………………………………………………… 259
　　　　障害者の雇用　259　　教育の収益　260　　自立生活運動　260
　3．国際社会の取組みと障害者政策 …………………………… 262
　　　　国連障害者の権利条約　262　　ポストMDGsと障害　264
　コラム：マンデラ追悼式典での「偽通訳問題」 ……………… 265

今後の学習案内　269

用 語 解 説　273

索　　　引　283

執筆者紹介　291

写 真 解 説　294

本書のコピー, スキャン, デジタル化等の無断複製は著作権法上での例外を除き禁じられています。本書を代行業者等の第三者に依頼してスキャンやデジタル化することは, たとえ個人や家庭内での利用でも著作権法違反です。

序章　何を学ぶのか

黒岩郁雄・高橋和志・山形辰史

世界経済のダイナミズムと開発の課題

　新ミレニアムの幕開けから10年以上経過し，世界経済は当時と大きく様相を異にしている。まず，中国が繁栄を謳歌しており，インドも経済全体としては成長を続けている。2つの大国がダイナミックな変化を遂げている一方，東アジア経済はさらなる発展の時期を迎えている。シンガポールや香港は世界で最も豊かな地域の1つとなり，先発ASEAN諸国は，中進国となった。これらに加え，インドの周辺の南アジア諸国やサブサハラ・アフリカ諸国でさえ，マイクロファイナンスやITといった，制度的・技術的革新が浸透している。この結果先進国のGDPシェアは，1980年代後半に7割だったものが，現在では5割以下にまで低下している。

　このように，アジアを中心とした開発途上国に経済発展が生じたことは明らかであるが世界から貧困や人権侵害がなくなったわけではない。発展を続けるアジアでも，高齢者，子ども，女性，失業者，少数民族，障害者，といったグループのなかには厳しい状況下に置かれている人々がおり，紛争地，過疎地，災害多発地域に住む人々の生活は不安定である。国際化が進行する現在，彼ら

が直面するリスクは，より広範囲に及ぶ場合がある。感染症，犯罪，放射能を含む環境汚染，世界経済不況は国境を越えて，人々の生活に危害を及ぼす。

そして弱い立場に置かれている人々は，リスクへの対処能力が弱いうえ，複数のリスクに同時にさらされやすい。それによって一時的にであれ所得が減ったり生産能力が損なわれたりすると，その状態からの回復が難しく，貧困や人権侵害がよりいっそう深刻化しやすいという問題を抱えている。地球規模の温暖化が引き起こす水害によって住んでいた土地が浸食され，生活手段を失ってしまったことから，家族が一緒に住めなくなってしまった人々。子どもがおらず，夫とも死別してしまったために，町に出て，物乞いをして日々の衣食住を満たさざるをえなくなった高齢の女性。エイズによって両親が亡くなり，遠縁の親戚を頼ったり，見ず知らずの人の善意に身を寄せざるをえない子どもたち。麻薬と犯罪の街で，暴力に巻き込まれ，回復しがたい傷を負うことで，将来の夢を失ってしまった若者。開発途上国の人々は，先進国の人々より多くのリスクに直面する傾向にあり，そのうえ，そのリスクに対処するための法的・制度的・社会的対抗策が少ない。それが現代の開発途上国の貧困の根源である。

開発とは，人々の生活水準向上や人権擁護を導く，物質的または制度的改善の試みをさす。生活水準向上や人間らしい暮らしの維持のために直接作用する保健プロジェクトや生計向上プロジェクトも開発であるが，時間はかかっても長期的に多くの人々の所得向上や雇用機会の増加につながり得る生産関連インフラ建設も，開発の重要なプロセスといえる。開発経済学とは，この意味での開発を進めるための経済学全般をさしている。[1]

国際開発の潮流と開発経済学の展開

開発経済学は，そのときどきに開発途上国が直面する問題に応えようと努めてきた。第2次世界大戦後の1950～60年代には，それぞれの国の独立が指向され，経済的にも対外依存度を下げながら国民の生活水準を上げていくことが急務であった。その時代には，輸入品を国内生産によって代替したり，輸出という形で外需に応えていくことで，国民所得を上げることが試みられた。そのために国際貿易論が重用された。

1970～80年代には世界経済が2度の石油価格上昇によって供給ショックを

受け，開発途上国も大きなマクロ経済不均衡の問題を抱えた。オイル・ショックによって産油国に流入したオイルダラーは，当初は開発途上国を潤したが，80年に採用されたアメリカの高金利・ドル高政策により，大きな債務負担に転じた。膨らんだ対外債務をどのように管理し，持続的に債務返済するかが多くの開発途上国の関心事となった。この時代には国際金融論が力を発揮し，債務問題が開発経済学の扱うべき課題として取り上げられた。

債務を持続的に返済するためには，財政金融のみならず，生産や消費，投資を含めた経済全体の「構造調整」が必要とされた。そこで1980～90年代に，経済構造を大きく変えることを条件（コンディショナリティー）とし，世界銀行と国際通貨基金（International Monetary Fund: IMF）が中心となって，重債務開発途上国に対する構造調整融資を実施した。しかしこのコンディショナリティーが内政干渉だととられ，とくに重債務貧困国（Heavily Indebted Poor Countries: HIPCs）においては，世界銀行とIMFへの反感が高まった。

一方1980年代後半から90年代前半にかけて，東アジア経済は順調に拡大していた。85年のプラザ合意，87年のルーブル合意で，それぞれ円，韓国ウォン・新台湾元が切り上げられ，それを契機に日本，韓国，台湾企業の東南アジア諸国への生産拠点の移転が進んだ。また90年代以降は中国に向けて大量の直接投資が流入するようになり，中国は「世界の工場」と呼ばれるようになった。その結果，東アジアの経済発展における政府の積極的な役割が評価されるようになり，それを分析する手法として，内生的経済成長理論やゲーム理論，制度論が用いられた。その後，日本のバブル崩壊や，97年のアジア通貨危機以降，東アジアをモデルとする見方は退潮し，むしろ企業グループや公的部門の運営やガバナンスのあり方が問われるようになった。

1990年代終わりから，その多くを公的部門が担っている国際協力に対しても，新公共管理と呼ばれる，民間の経営手法を原則にした運営が適用されるようになった。その1つが成果主義であり，この原則が，新千年紀（ミレニアム）に入るとともに導入されたミレニアム開発目標に採用された。開発の目標が，それぞれ貧困削減，ジェンダー平等，教育・保健・環境の改善，といった観点から設定され，その目標を達成するための努力が，開発途上国と国際社会に求められた。どれだけどのように努力したかというプロセスよりも，どのような

成果が上がったかという結果が重視されることとなり，貧困，ジェンダー，教育，保健，環境といった，広義の社会部門への関心が高まった。さらには，社会経済的な観点から開発の効果を測るために，ランダム化比較実験（Randomized Controlled Trial: RCT）に代表される「開発のミクロ経済学」が大きな力を発揮している。

2000年代には，中国，インドの急速な経済成長に牽引された資源ブームによって，サブサハラ・アフリカの成長率も高まった。さらに2010年代には，国際開発の努力の総体により，それまで発展の兆しをみせなかった南アジアやサブサハラ・アフリカの貧困層までもが，携帯電話に代表されるICTや太陽光発電といった技術革新の利益を得られるようになり，経済全体も一定の持続的成長を見せている。それに応じて，民間部門による貿易や投資，技術革新や移転も活発化している。

このように，国際開発が社会面で一定の成果をあげ，それが産業成長によって支えられつつある。開発途上国は，開発の課題を抱えつつも，世界経済にいくつかの財・サービスを供給する生産基地として，大きな位置を占めるようになった。したがって本書は，開発の課題を貧困，不平等など社会的側面から分析しつつ，生産，貿易，投資，技術といった，開発途上国の供給能力の分析にも注力する，という方針で編集された。

本書の構成

『テキストブック開発経済学』初版は，1990年代末に上梓され，新版（第2版）は2000年代の国際開発潮流を一定程度反映した。しかし，新版において「開発のミクロ経済学」的アプローチの紹介は部分的であった。なおかつ，前節で述べたような，現在の低所得国におけるダイナミズムを正当に評価する必要性から，本書は生産，貿易，投資の分析に再び重きを置いた。

具体的には，第1部で問題提起，第2部がメカニズム，第3部が政策論という大くくりで，本書は構成されている。第1部は「開発と人間」と題し，「貧困と不平等」（第1章），「二重経済」（第2章）を開発の根本問題として分析した。貧困は，生活水準の低さを表す直接的な概念であり，それが社会的疎外や差別といった不平等の問題に転化しやすい。さらにはそれをマクロ的に規定

する二重構造が，それらの問題の背後にある。

　第2部は「開発のメカニズム」と題し，開発途上国の経済成長とそれを支えるメカニズムに焦点を当てる。まず，生産と所得の逐次的拡大を経済成長として把握する。生産のためには人的資本を体現した労働力，そして物的資本の投入が要る。物的資本は，国内資本蓄積と海外からの借入れや直接投資，政府開発援助等によって形成される。そして，それらの投入と生産を組み合わせるのが技術や制度である。生産された財・サービスは，国内で消費されるのみならず，貿易という形で国境を超えて取引され，世界の消費者の厚生を高めることとなる。これら一連のメカニズムを分析するために，経済成長（第3章），人的資本（第4章），貿易（第5章），直接投資（第6章），技術（第7章），産業連関（第8章），制度（第9章），と名づけた章を配している。

　第3部の「開発の取組み」では，主として開発の営為（または政策）を，分野別に記述している。ただし，第2部が「メカニズム」，第3部が「政策」を扱うというくくりは多分に便宜的なもので，第2部にも政策の議論が一定程度盛り込まれており，第3部にもメカニズムの分析が含まれている。

　第3部の最初の章（第10章）においては，貧困削減戦略を歴史づけたうえで，現在関心が集まっている政策インパクト評価の取組みを紹介する。第11章において開発援助を扱った後，第12章では，農村における情報の不完全性に着目し，それに対処する1つの方法として発展した，マイクロファイナンス等の農村金融の試みを紹介する。第13章では，金融危機のメカニズムと，それに対処するマクロ経済政策について論じる。第14章においては，国境を越えた開発途上国同士の連携や結びつきを，経済統合という視角から分析する。第15，16章は，社会政策の観点から，それぞれ環境，障害という課題を論じる。

　このように，本書が扱う「開発」の範囲は非常に広い。近年出版された開発経済学の教科書が，インパクト評価を中心とする「開発のミクロ経済学」に焦点を当てる傾向にあるのに対して，本書は経済成長や産業構造変化，貿易・投資，金融，マクロ経済安定化についてもくわしく論じている。また援助に加えて，環境，障害，保健といった国際開発の現場で直面する課題について分析していることも特徴といえる。

本書は大学の学部生を念頭に置いて編集されている。しばしば数式や経済学用語が用いられているが，数式はおおむね，高校の数学の知識で理解可能なものか，または，数式をスキップしても前後の流れから内容を理解できる範囲にとどめている。経済学用語については，可能な限り，注などにおいて解説を加えている。これにより，経済学を履修していない学部生でも，ほとんどの記述は理解可能である。

＊　＊　＊

　かつて国際開発は，停滞している開発途上国社会を，どのようにすれば活性化できるか，ということを主たる課題としていた。しかしいまでは，サブサハラ・アフリカであれ南アジアであれ，それぞれすでに外部社会から大きな刺激を受けており，めざましく変貌を遂げている。今後は，開発途上国社会を，望ましい貧困削減や社会開発に向けて，どのようにして導くか，ということが課題となる。したがって，変貌を遂げる社会経済を観察することと，それによって見いだされた観察事実を解釈すること，さらには，それらに対する適切な政策を講じることが，開発経済学に求められている。本書はこれに応えようとするものである。

---- 注 ----

1)　本書で扱う地域の範囲は，アジア（東アジアから中東まで），アフリカ，東・中欧，中南米，オセアニアで，そのなかで国連その他が定義する開発途上国である。ただし，日本を含め，かつては低所得国であったが，その後発展を遂げて，現在では先進国や中進国とみなされるようになった国々の発展過程も，本書の分析対象としている。

第1部 開発と人間

第1章 貧困と不平等

高橋 和志

はじめに

　世界の最貧困層の生活を向上できるような環境を作り出すことは，私たちが暮らす社会に残された重大な課題である。戦後の不断の貧困削減の努力の結果，世界全体の貧困人口は着実に減少しているものの，依然としてきわめて多くの人々が劣悪な生活環境に置かれている。開発経済学は，貧困に苦しむ人々の実態を理解し，貧困と経済格差を解消するためにいかなる開発・制度が有効であるか探求することを究極の目標として発展してきた学問である。本章では，開発経済学が研究対象としてきた貧困・不平等の概念を整理する。

1. 貧　困

貧困の捉え方

　開発経済学はもともと開発途上国（developing countries）を研究の主たる対象に置いていた。開発途上国とは，経済発展の水準が比較的低い国や経済圏のことである。その定義は必ずしも一様ではないが，たとえば世界銀行の最新の

分類では，2012年時点で人口1人当たりの国民総所得（GNI）[1] 1035ドル以下の国が低所得国，1036〜4085ドルが低位中所得国，4086〜1万2615ドルが高位中所得国，それ以上が高所得国である。このうち，高所得国を除いた国々が広い意味での開発途上国である。第2次世界大戦後は世界の多くの国々が開発途上国に属していたが，東アジア諸国やラテンアメリカ諸国など，めざましい発展によって，現在では高所得国に分類されるようになった国々も存在する。そのため，開発経済学が対象とする国も開発途上国に限らず，低所得から脱却した新興国も含めるようになっている。

貧困は途上国だけに存在する問題ではない。ただし，その圧倒的多数は途上国に集中している。貧困削減の国際的な取組みを象徴するのが，2000年9月の国連ミレニアム・サミットで採択された「国連ミレニアム宣言」と，それに基づいて作成された「ミレニアム開発目標」（MDGs）である。MDGsは新ミレニアムを迎えるにあたり国際社会が緊急に取り組むべき8つの目標を掲げている（表1-1）。その第1番目に据えられているのが「極度の貧困及び飢餓の撲滅」であり，具体的な数値目標として「1990年から2015年までに，1980年の購買力平価（PPP）[2]で1日1ドル未満で生活する最貧困人口と飢えに苦しむ人々の割合を半減させること」が設定された。

MDGsでは「1日1ドル」という生活水準を便宜的に「貧困線」として用い，そこを境に貧困層と非貧困層を区分しているが，「1日1ドル」という基準自体に明確な合理性があるわけではないことには注意が必要である。生活ニーズを満たすための所得や資産の欠如に加え，劣悪な生活環境，教育機会の不足，栄養失調・病気，社会的抑圧など，貧困層が直面している問題は多岐にわたる。それら物質的・非物質的欠乏のうち，どのような特徴をもった人を貧困と呼ぶか，すべての社会に共通した合意はない。しかし，貧困分析をするためには，貧困を統計的に把握することが不可欠である。そのための中心的指標として，所得（あるいは消費）水準が使われることがこれまで一般的であった。むろん，教育，健康等を含めて，より多面的に貧困を定義することは可能であり，その努力も行われてきているが，[3]本章でもこれまでの慣例に従い，便宜上，所得水準や消費水準に基づいた議論を行う。[4]

貧困線の設定にはいくつかの方法がある。開発途上国で広く適用されてきた

表 1-1 国際社会が緊急に取り組むべき 8 つの目標（MGDs）

ゴール 1	極度の貧困と飢餓の撲滅
ゴール 2	初等教育の完全普及の達成
ゴール 3	ジェンダー平等推進と女性の地位向上
ゴール 4	乳幼児死亡率の削減
ゴール 5	妊産婦の健康の改善
ゴール 6	HIV／エイズ，マラリア，その他の疾病の蔓延の防止
ゴール 7	環境の持続可能性確保
ゴール 8	開発のためのグローバルなパートナーシップの推進

のは「食料貧困線」(food poverty line) と「総合貧困線」(overall poverty line) である。前者は，健康で文化的な生活に最低限必要とされる食料エネルギー量（例：1 日 2100 kcal）を得るのに必要とされる費用を基準に算出した貧困線である。それに対し後者は，食料，衣服，住居，基礎教育，医療など生活のベーシック・ニーズを満たすのに必要となる総費用を基準に算出したものである。財・サービスの費用が国・地域ごとに異なることを反映し，これらの貧困線は通常，各国，あるいはそれぞれの国のなかの地域（たとえば都市と農村）によって異なる水準に設定され，その水準以下の低所得者が貧困層と認定される。

　国別の貧困線では，国際比較が容易ではないことから，全世界に適用させる共通の基準としてとくに頻繁に用いられているものが，MDGs にも適用された「1 日 1 ドル未満」の貧困線である。必要消費を支える購買力が各時代・各国で異なることを考慮し，実際の為替レートではなく，当初は 1985 年の購買力平価（PPP）に基づいて「1 日 1 ドル未満」の生活水準で暮らす人々が最貧困層と定義された。その後修正を経て，2013 年現在は，05 年の PPP で「1 日 1.25 ドル未満」の人を最貧困層とする国際的基準が用いられている。

世界の貧困の実態

　では，貧困は世界中でどのように分布し，時間を通じてどのように変化してきたのだろうか。表 1-2 は世界銀行（以下，世銀）のデータ（PovcalNet）に基づき，1 日 1.25 ドル未満（2005 年 PPP 換算）の貧困層の分布について 1981 年から 2010 年までの推移を示したものである。過去 30 年間の高い人口成長率による資源の相対的稀少化にもかかわらず，貧困は明らかに改善されてきた。81 年には世界全体の半数以上である 52.2% の人々が貧困にあえいでいたが，

表1-2 貧困層の分布の推移(1981〜2010年)

貧困人口(100万人) (貧困人口比率)	1981年	1990年	1999年	2008年	2010年
東アジア・大洋州地域	1,096.50 (77.18%)	926.42 (56.24%)	653.56 (35.47%)	284.36 (14.34%)	250.9 (12.48%)
南アジア地域	568.38 (61.14%)	617.26 (53.81%)	619.46 (45.11%)	570.73 (35.97%)	506.77 (31.03%)
東ヨーロッパ・中央アジア地域	8.21 (1.91%)	8.64 (1.86%)	17.97 (3.82%)	2.23 (0.47%)	3.15 (0.66%)
ラテンアメリカ・カリブ海地域	43.33 (11.89%)	53.43 (12.24%)	60.1 (11.86%)	36.85 (6.47%)	32.29 (5.53%)
中東・北アフリカ地域	16.48 (9.56%)	12.96 (5.75%)	13.64 (5.01%)	8.64 (2.7%)	7.98 (2.41%)
サブサハラ・アフリカ地域	204.93 (51.45%)	289.68 (56.53%)	376.75 (58.01%)	399.34 (49.15%)	413.73 (48.47%)
世界全体の貧困人口(100万人)	1,937.83	1,908.45	1,741.50	1,301.93	1,214.98
世界全体の貧困人口比率(%)	52.16%	43.05%	34.05%	22.66%	20.63%

(出所) 世界銀行 PovcalNet データベースから作成。

2010年には総人口に占める貧困者の割合(貧困人口比率)は20.6%にまで激減した。この間,絶対数においても,貧困人口は19億人から12億人まで減少している。

地域別にみると,貧困削減においてとくにめざましいパフォーマンスを示してきたのは,東アジア・大洋州地域であった。この地域は,1981年には最大の貧困人口を抱えていたが,80年代以降,タイ,インドネシア,ベトナムなど多くの国々で,高成長とともに貧困者数を減らすことに成功した。とりわけ貧困削減に大きな寄与を果たしてきたのが,世界最多の人口を抱える中国である。中国では81年から2010年にかけて,人口が9億9000万人から13億3000万人まで増加したが,貧困人口割合は84%から12%に激減した。地域集計データに反映される比重の大きい中国の発展の結果,東アジア・大洋州全体でも1981年から2010年までの間に貧困人口比率は77.2%から12.5%へと大きく減少した。

南アジアでは,現在人口10億人以上を擁するインドを筆頭に,人口1億人超のパキスタン,バングラデシュいずれの国々でも,1980年代初頭の貧困人口比率が60%を超えており,それが地域全体の貧困率を押し上げていた。貧

困人口の絶対数も南アジアでは81年ですでに5億7000万人弱いたが、その数は99年までに6億1900万人へとさらに膨れ上がった。しかし21世紀に入ってからは着実に貧困削減を実現しており、貧困人口は2010年に5億人へと減少し、地域の貧困人口比率も31％へと減少した。ただし、この間の東アジア・大洋州の大幅な貧困削減の結果、10年において全世界の貧困者総数の41％以上が南アジアに集中することとなった。

東ヨーロッパやラテンアメリカ、中東の地域は、もともとの貧困人口比率も南アジアや、かつての東アジア・大洋州地域に比べて低いが、過去30年の間にさらにそれが減少している。

サブサハラ・アフリカは、貧困人口が過去30年間増加しつづけている世界で唯一の地域である。この地域では、高い人口成長率と低い経済成長率が相まって、貧困人口が過去30年間で2億から4億1000万人と倍増し、貧困人口比率は51％から48％へと微減にとどまった。その結果、1981年には世界の貧困者総数の11％を占めるにすぎなかったが、2010年にはその3割以上をサブサハラ・アフリカが占めることとなった。

貧困指標

これまでみてきた通り、貧困を集計する際に最もよく使われる指標が、貧困者数と貧困人口比率である。この2つの指標を検証していくことで、ある社会において、どのくらいの人数と割合が貧困に陥っているのか把握することが可能となる。ただし、これらの指標は貧者の生活水準が向上しても、改善された所得・消費水準が相変わらず貧困線以下であった場合には数値がまったく変化しないため、貧困がどの程度深刻なのか理解するためには不向きであるという弱点がある。

仮に、いま、社会に3人おり、それぞれ生活水準が年間 (A) 500ドル、(B) 300ドル、(C) 200ドルだったとしよう。貧困線は1日1ドルの基準で365ドルとする。この場合、総人口3に対して、貧困線未満の人口2であるから、

$$貧困者数 = 2$$
$$貧困人口比率 = \frac{2}{3} \times 100 = 66.7\%$$

となる。このとき、Bの生活水準が250ドルに落ち込んでも、貧困人口比率

には変化が生じない。そのため，貧者の生活がより貧しくなったかどうか知りたいような場合には貧困人口比率は適さない。貧困の程度をよりよく示す指標として考案されたものが貧困ギャップ比率である。貧困ギャップ比率は，分母にその社会の総人口が貧困線に達するまでの必要総額を置き，分子にその社会における貧困者の実際の生活水準と貧困線からの乖離総額を置くことで求められる。いまの例では

$$貧困ギャップ比率 = \frac{(365-300)+(365-200)}{3 \times 365} \times 100 = 21\%$$

となる。Bの生活水準が300ドルから250ドルに減少すると貧困ギャップ比率は21%から25.6%に増加するため，貧者の生活がより貧しくなった状況を把握することが可能である。こうした特性をもつ貧困ギャップ比率は，しばしば貧困の深さ（poverty depth）を示す指標として利用されている。

しかし，貧困ギャップ比率は，貧困層のなかで貧困線に近い暮らしを送る比較的豊かな層と貧困線から遠いきわめて貧しい層も同じウェイトで換算しているという欠点がある。たとえば，CからBに50ドル渡った場合に，社会の総所得は同じであるが，貧しかったCがより困窮するため，社会全体としては貧困度が悪化したと考えることも可能である。しかし，貧困ギャップ比率ではそれがあらわれない。そこで考え出されたのが，二乗貧困ギャップ比率である。二乗貧困ギャップ比率は貧困線からの乖離率を二乗したもので，貧困層の間でもより貧しい人たちの所得変化により敏感に反応する。元の例では

$$二乗貧困ギャップ比率 = \frac{(365-300)^2+(365-200)^2}{3 \times 365 \times 365} \times 100 = 7.87\%$$

となる。この場合，CからBに仮に50ドル渡ると二乗貧困ギャップ比率は11.6%に増加する。このように，二乗貧困ギャップ比率を検証していくことで，経済成長の恩恵が貧困層のなかでもとくに貧しい層にも行き渡っているか分析することが可能となる。このような特徴から，二乗貧困ギャップ比率は当該社会における貧困の深刻さ（poverty severity）を表すものとして利用されている。

フォスター（J. E. Foster），グリアー（J. Greer），ソーベック（E. Thorbecke）は，以上の貧困人口比率，貧困ギャップ比率，二乗貧困ギャップ比率

が、以下の統一的な計算式で求められることを示した（Foster, Greer and Thorbecke [1984]）。

$$P\alpha = \frac{1}{N} \sum_{i=1}^{H} \left(\frac{z-c_i}{z}\right)^\alpha \times 100$$

ここで N は社会の総人口、H は貧困者数、z は貧困線、c_i は i 番目の貧困者の生活水準である。$P\alpha$ は貧困指標であり、$\alpha=0$ が貧困人口比率、$\alpha=1$ が貧困ギャップ比率、$\alpha=2$ が二乗貧困ギャップ比率に対応している。これらの貧困指標は、フォスター＝グリアー＝ソーベックのそれぞれの頭文字をとってFGT指標と呼ばれている。

確率的優位性

FGT指標に代表される貧困指標は、貧困線の設定しだいで数値が大きく変化する性質をもつ。貧困線の恣意的な選出基準によらず、ある国や地域で貧困状況が時間を通じて悪化したのか、改善したのか判断するときに役立つのが確率的優位性という概念である（Atkinson [1987]）。

図1-1aの横軸は仮想的な社会における生活水準の累積分布関数を示している（横軸で示される生活水準以下の人が当該地域に何％いるか、縦軸の値が示している）。ここで、時間は2時点とし、前期と今期からなるものとしよう。また、この社会の前期の生活水準の累積分布関数が $F'(c)$、今期が $G'(c)$ で表されるものとする。貧困線を Za とした場合、Za 未満で暮らす前期の貧困人口比率は30％、今期の貧困人口比率は20％である。$F'(c)$ 曲線と $G'(c)$ 曲線は図上のどの点においても交差していないから、貧困線を Za から横軸方向に任意の（あらゆる）水準に設定したとしても、常に $G'(c)$ 曲線は $F'(c)$ 曲線より低い。このように累積分布関数で比較して常に大小関係が一定である状態を第1次確率的優位が成り立っているという。第1次確率的優位が成立していると、貧困線の設定にかかわらず、低い位置にある曲線の貧困人口比率（この例では今期）が高い位置にある曲線の貧困人口比率（この例では前期）よりも常に少ないということが主張できる。

しかし、図1-1b①のように、$F'(c)$ と $G'(c)$ が Zt で交差しているような場合、貧困線が Zt 以下なら $G'(c)$ の貧困人口比率は常に低いが、貧困線が Zt を

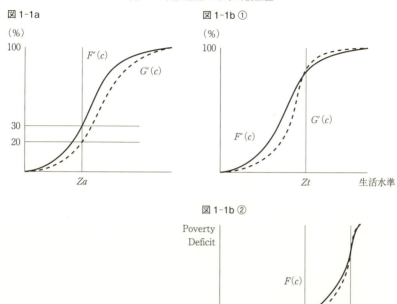

図1-1 貧困指標の確率的優位性

越えると $G'(c)$ の貧困人口比率がより高くなってしまうため，Zt の値をどのように設定するかによって前期と今期の大小関係は逆転することになる。これでは，貧困線の設定しだいで，前期と今期でどちらの貧困状況の方が悪いか，つまり，$F'(c)$ と $G'(c)$ のどちらの貧困状況の方が悪いか，一概にはいえなくなる。そのような場合には，図1-1b②の通り，各生活水準における $F'(c)$ と $G'(c)$ 線以下の面積を示す曲線（つまり F'，G' を c に関して積分した値をプロットした曲線。これを poverty deficit curve という）をみることで，貧困ギャップ比率が $F(c)$ と $G(c)$ でどちらでより望ましいか判断することが可能である。図1-1b②においては，Zt の地点を越えても，Zk までは常に $G(c)$ 曲線が $F(c)$ 曲線より下に位置している。このように Poverty Deficit Curve で比較して常に大小関係が一定である状態を第2次確率的優位が成り立っているという。第2次確率的優位が成立している生活水準の範囲においては（この場合 Zk 以下），

第1章 貧困と不平等 15

貧困線の設定によらず，低い位置にある曲線の貧困ギャップ比率（この例では今期）が高い位置にある曲線の貧困ギャップ比率（この例では前期）よりも低いということがいえる。このように，第1次確率的優位が成り立てば貧困人口比率について，第2次確率的優位が成り立てば貧困ギャップ比率について，一意的な判断ができるようになる。[8]

慢性的貧困と一時的貧困

FGT指標は，ある社会のある時点における貧困の深さや深刻さを統計的に把握するのに便利な指標であるが，それを使うだけでは貧困層がどのくらいの期間，貧困にあえいでいるか知ることはできない。ある人の生活水準が長期にわたって貧困線未満（これを慢性的貧困と呼ぶ）なのか，それとも経済ショック等によって一時的に貧困線未満に落ち込んでしまっているか（これを「一時的貧困」と呼ぶ）によって，貧困の原因も，政策的な対応も異なってくるため，貧困問題を分析するうえでは，両者を区分することも重要である。

貧困の動態的側面を知るうえでは，「所得」と「消費」（支出）を区別して考えることが有益である。一般に，開発途上国の多くの住民は，農業，小売業，日雇い労働など，そのときどきの天候，景気，価格によって，所得水準が大きく変化してしまうような不安定な職業に従事している。また，病気や怪我によって，働けなくなったり，職を失ってしまうこともある。このような生産活動の過程で生じるショックに応じて，消費水準も大きく変化してしまうとなると，貧困層の生活は多大なストレスを受けることとなる。それを避けるため，多くの貧困層は，所得が比較的多いときに貯蓄して将来に備え，所得が少ないときには，貯蓄や家畜などの資産を取り崩したり，周りからの所得移転を受けて，消費水準が常に大きく変動しないように行動していると考えられている。実際，これまでの研究からは，所得に対するショックに直面したときに貧困層は，労働時間をいつもよりも増やし所得減少分を補填する，地縁・血縁者へ借金や送金を依頼し埋め合わせをする，子どもの通学を一時的に止め教育支出を減らすかわりに子どもを働かせる（児童労働），家畜などの資産を売却し，臨時所得を得るなどの方法を採用し，不測の事態に陥っても，最低限の消費を確保する手段を備えていることが明らかになっている（第12章参照）。こうしたリスク対

応戦略の存在を考慮すると，人々の平均的生活水準を測るのに適した指標は毎年大きく変動する所得ではなく，ある程度平準化されうる各年の消費となろう。

この観点に立ち，貧困を動学的に捉えると，一時的貧困とは，平均的な消費水準は貧困線以上であるが，天候，景気，価格などのショックによって，上記のようなリスク対応戦略をとっても完全に平常時の水準に戻すことが難しく，消費が一時的に貧困線以下に低下してしまう，ショックに対して脆弱な層のことをさす。これに対し，慢性的貧困とは，平常時の消費水準が貧困線以下であり，常に生活の危機に立たされている層をさす。[9] 一時的貧困が主に経済ショックによってもたらされるのに対し，慢性的貧困は人的・物的資本の不足など慢性的な所得創出能力の欠如が原因となってもたらされる。たとえば農業によって高収入を得るためには，肥沃な土地，灌漑設備，肥料投入などが欠かせないが，貧困層は，往々にして土地をまったくもっていないか，もっていても痩せたわずかな土地で，天水に依存した農業を行っている。新品種の種子や肥料投入が収量を上昇させることがわかっていても，手持ちの資金が少ないため，それらを利用できない。銀行から借入れして農業投入財を購入すれば，貸出金利以上に収入を増やすことがわかっていても，担保となる資産がなく融資を受けられず，結果として貧しい生活からの脱却ができない。農業以外の所得を高めるために決定的に重要な教育のような人的資本も，親が貧しくなかなか十分に教育を受けさせてもらう機会がなく，稼得能力が低いままにとどまらざるをえない（第4章参照）。このように，貧しいがゆえに所得を増やすための投資が十分に行えない結果，貧困から脱却できない悪循環にはまってしまい，「貧困の罠」に陥っているのが慢性的貧困者の特徴である。

慢性的貧困と一時的貧困は原因が違うため，政策的対処法も異なる。一般に，慢性的貧困への対応としては，貧困層の生産能力を高めるキャパシティ・ビルディングや生産関連資本整備，投資可能性を高める信用供与機会の拡大などが有効である。他方，一時的貧困への対応としては，緊急食糧支援やワークフェア（公共インフラ建設などに必要とされる労働力を提供する対価として，プログラム参加者に賃金や食糧などを配布する）などによるソーシャル・セーフティー・ネットの充実が有効と考えられている。

2. 不平等

ジニ係数とローレンツ曲線

貧困とともに，途上国の実態を理解するうえで重要な概念が不平等（あるいは所得分配）であり，不平等の程度を知るために広範に使われている指標に，ジニ係数がある。ジニ係数は0から1までの値をとり，1に近づくほど分配が不平等であることを示す。数式での表現も可能であるが，直感的にわかりづらいため，以下の図を使って解説したい。図1-2に描かれた曲線は「ローレンツ曲線」と呼ばれるものである。縦軸は，貧しい人から所得を順に並べていった際の「所得の累積度数（％）」であり，横軸は，「人口の累積度数（％）」である。たとえば，ローレンツ曲線上の a の点は所得を下から並べていった際の下位20％の人が，全体の6％程度の累積所得しか得ていないことを示している。完全に平等な社会では，所得の下位20％の人の累積総所得に占める割合も20％であるから，45度線上に位置するはずである。逆に，弓形の曲線が右下へ張り出すほど，不平等な社会となり，1人が社会のすべての所得を得ている極端に不平等な例ではローレンツ曲線は OAB となる。ジニ係数は，45度線とローレンツ曲線で囲まれる網かけの面積を2倍したものであり，ローレンツ曲線が OAB（完全不平等）のときに1を，45度上（完全平等）にあるときに0をとる性質をもっている。

不平等度の世界的傾向

では，世界全体ではどのくらいの不平等がみられるのであろうか。表1-3は1981年から2008年にかけての世界の生活水準の不平等度を示したものである。パネルAは地域ごとの総不平等度，パネルBは同一地域内の国家間の不平等度，パネルCは同一国家内の不平等度である。ここで地域内の国家間不平等とは，同一地域の不平等のなかで，国の平均的な生活水準の格差によって説明される部分のことであり，国家内の不平等とは，同一地域の不平等のなかで，国内の家計間の格差によって説明される部分のことである。パネルBとCを足し合わせるとパネルAの数値となる。たとえば，各家計の生活水準

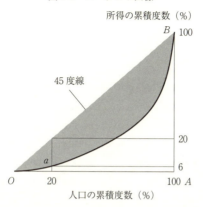

図1-2 ローレンツ曲線

が国内ではみな等しく，国家の平均のみが異なる場合には，パネルCはゼロとなり，パネルBとパネルAの値が等しくなる。逆に，各家計の生活水準が国内でばらつきがあるものの，平均生活水準が国家間で等しい場合には，パネルBはゼロとなる。ジニ係数はこうした分解がしづらいため，表では不平等度を示す指標として便宜上消費額の平均対数偏差（the mean-log deviation）を使用している[11]。表1-3の通り，81年から08年にかけて，世界全体での不平等度は低下する傾向にあった。同一地域内にある国家間の不平等はどの地域のどの時代でも大きくなく，最大でもサブサハラ・アフリカの08年の0.184である。これは地域内の発展水準が非常に似通っていることを示している。ただし，世界全体での地域間格差は比較的大きく，パネルBの7列目の通り，81年に0.446，93年に0.325，05年に0.249と低下傾向にあったが，08年には0.296へと上昇した。パネルBとCの7列目の比較からは，93年までは世界の全不平等に対する地域間格差の寄与度は国内格差のそれを上回っていたが，99年から05年までそれが逆転していることが読み取れる。

　地域別にみると国内格差が最も激しいのがラテンアメリカ（パネルC，3列目）で，それに続くのがサブサハラ・アフリカ（同6列目）である。ラテンアメリカでは域内の全不平等の90%以上が各国内の格差によって説明される。しかしながら，2000年代に入り，国内格差が是正されるようになり，域内全体の不平等度も1999年の0.713から2008年に0.609へと低下した（パネルA，

表 1-3　世界の生活水準の不平等度（1981〜2008 年）

		1981	1987	1993	1999	2005	2008
パネル A：世界の総不平等度							
1	東アジア・大洋州地域	0.283	0.229	0.313	0.322	0.328	0.366
2	東ヨーロッパ・中央アジア地域	0.283	0.283	0.34	0.305	0.279	0.291
3	ラテンアメリカ・カリブ海地域	0.636	0.655	0.695	0.713	0.648	0.609
4	中東・北アフリカ地域	0.358	0.311	0.292	0.311	0.261	0.266
5	南アジア地域	0.164	0.175	0.166	0.194	0.193	0.195
6	サブサハラ・アフリカ地域	0.503	0.552	0.521	0.475	0.502	0.531
7	世界全体	0.651	0.569	0.585	0.518	0.52	0.567
パネル B：地域内の国家間不平等度							
1	東アジア・大洋州地域	0.158	0.079	0.113	0.104	0.089	0.11
2	東ヨーロッパ・中央アジア地域	0.155	0.152	0.067	0.089	0.062	0.066
3	ラテンアメリカ・カリブ海地域	0.096	0.09	0.037	0.043	0.045	0.048
4	中東・北アフリカ地域	0.101	0.063	0.06	0.081	0.042	0.052
5	南アジア地域	0.008	0.007	0.009	0.012	0.011	0.014
6	サブサハラ・アフリカ地域	0.165	0.176	0.166	0.149	0.141	0.184
7	世界全体	0.446	0.344	0.325	0.252	0.249	0.296
パネル C：同一国家内の不平等度							
1	東アジア・大洋州地域	0.125	0.15	0.201	0.218	0.238	0.256
2	東ヨーロッパ・中央アジア地域	0.128	0.131	0.272	0.216	0.217	0.225
3	ラテンアメリカ・カリブ海地域	0.541	0.565	0.658	0.67	0.603	0.561
4	中東・北アフリカ地域	0.256	0.249	0.232	0.229	0.219	0.215
5	南アジア地域	0.156	0.168	0.157	0.182	0.182	0.181
6	サブサハラ・アフリカ地域	0.338	0.376	0.355	0.326	0.361	0.347
7	世界全体	0.205	0.226	0.26	0.266	0.271	0.271

（出所）　Ravallion［2012］に基づき筆者作成。

3 列目）。東アジア・大洋州地域は比較的域内の不平等が小さかったが（パネル A，1 列目），近年，上昇傾向にある。南アジア地域は域内の不平等が他地域よりも最も小さいが，東アジア同様，近年，不平等が拡大する傾向にある。

経済成長，貧困，不平等の三角関係

　貧困削減を達成するうえで最も重要なマクロ要因は，経済成長と不平等の是正である。通常，不平等が悪化せず，経済成長が進めば，貧困人口比率は確実に低下する。問題は経済が成長すると所得分配が悪化する傾向にあるかどうかである。初期の開発経済学では，「経済が成長し，国が豊かになれば，その恩

図 1-3 経済成長の貧困削減効果

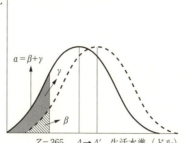

恵はやがて貧困層へと浸透していく」とするトリクル・ダウンのアイデアが流布していた。この考えは，近代の経済成長が一部の富裕層に優先的に偏り，所得格差を拡大する傾向にあったという考えを支持する人の間で大変評判がよくない。実際，1970年代には，トリクル・ダウンのアプローチよりも，貧困層の雇用促進やベーシック・ヒューマン・ニーズ（BHN）の充足を貧困削減政策の中心に据えるべきとする改良主義の考えが大きな影響力をもった（第10章参照）。しかし，開発経済学のなかでは，いまもなお経済成長は貧困削減の前提条件であるという考えが根強い。

　このことに対する直感的な理解の手助けとして，図1-3をみてみよう。図の横軸はある国における1人当たり生活水準，縦軸はその生活水準の国内人口比を示している。単純化のため，生活水準の分布は平均値を境に左右対称の釣鐘型の形状（正規分布という）をしていると想定する[12]。実線で表される分布曲線は，横に広がれば広がるほど国内格差が拡大（不平等が悪化）し，逆に狭まれば狭まるほど全員似たような生活水準となり，格差が縮小（不平等が改善）していることを示す。正規分布のため，この国の1人当たり平均生活水準は垂直線Aの水準である。

　この社会において，仮に年間365ドル未満の生活水準の人達を貧困層と定義するとしよう。この場合，365ドル垂直線よりも左方にあるαの部分の面積が総人口に占める貧困人口の比率となる。ここで，所得分布の形状が変化せず（つまり不平等度はまったく変化せず），経済成長（1人当たり平均生活水準上昇）の結果，分布曲線が実線から点線へ，1人当たり平均生活水準が垂直線Aか

ら A' に右にシフトしたとする。その場合，貧困人口比率は，$α$ から $β$ へとなり，$γ$ の分だけ減少する。このように，経済成長は国内の不平等が悪化しない限り必ず貧困に苦しむ人の割合を減らすのである。

問題は，経済成長に伴い不平等が悪化するかどうかである。経済成長と不平等の関係については，開発経済学のなかでも繰り返し検討がなされてきた。なかでも有名なのが，クズネッツ（S. S. kuznets）の「逆U字仮説」である。クズネッツは，経済成長が軌道に乗る前の低所得段階においては，国民はおおむね皆貧しく不平等度が小さいが，経済成長につれて，いったん不平等度が増し，その後はまた所得分配が均等化していくという仮説を唱えた。この仮説は，経済発展段階を示す1人当たり国民総所得などの指数を横軸に，一国内の不平等度を示すジニ係数などの指数を縦軸にし，時系列変化をプロットした場合に逆向きのU字のパターンを示すことから「クズネッツの逆U字仮説」と呼ばれている。

クズネッツ仮説は当初国際横断面的なデータを使った検証によって支持されていたが（たとえば Paukert [1973]），その後，各国の時系列データを使った研究や，国際横断面的なデータによる，より精緻な検証では支持されておらず，経済発展と所得分配の関係を表す一般法則としては成り立たないというのが通説となっている（Anand and Kanbur [1993]；Deininger and Squire [1998]）。

逆に，不平等があると経済成長が阻害されるか，という関係についても研究が積み上げられてきているが，その結果はまちまちであり，決定的な証拠はまだあげられていない。これまでの傾向としては，クズネッツ仮説に対する検証と同様に，国際横断面的なデータを使うと不平等が成長減衰効果をもつことが支持されやすいが，その効果は各国の時系列データを使った研究等では支持されないことが多い（Li and Zou [1998]；Deininger and Olinto [2000][13]）。

他方，より高い経済成長がより高い貧困削減をもたらすことは，より広範に支持される傾向にある。たとえば，ダラー（D. Dollar）とクライ（A. Kraay）は「国民の平均所得が向上すれば，貧困層の所得もほぼ同じだけ向上する」ことを見出しているし（Dollar and Kraay [2002]），ラバリオン（M. Ravallion）とチェン（S. Chen）も，「経済成長が起こった国では貧困が減少し，経済成長が起こらなかった国では貧困が増加する」傾向にあることを発見している

(Ravallion and Chen [1997])。このように成長の貧困削減効果は広く認められているものの，その程度はまちまちである。そのため，貧困削減に資する成長（Pro-poor growth）がどのようなものであるか現在も研究が進められている（山形[2004]）。また，所得拡大がそもそも起こらず，長期にわたり貧困から脱却できない「貧困の罠」に陥っている国や家計も世界には存在する。そうした国や人々が低成長から脱し，貧困削減を促す仕組みを見いだすことは開発経済学の最重要課題の1つである。

----- 注 -----

1) GNIとは一定期間に国内で生産された財・サービスの付加価値の合計額である国内総生産（GDP）に海外からの所得の純受取を加えたもの。一国の経済力を測る指標として広く使われる。
2) PPPとは，各国の物価水準が異なることを考慮したうえで，同一の貨幣が同一の購買力／価値をもつよう調整したもの。PPP換算の1ドルで買える財・サービスは，各国でほぼ同じと考えてよい。
3) たとえば国連開発計画（UNDP）が「人間開発報告」のなかで使用している人間開発指数（HDI）などがある。HDIは出生時平均余命，成人識字率および初・中・高等教育の総就学率，そして購買力平価（PPP）に換算された1人当たりの国内総生産（GDP）の算術平均から計算される。2010年には改良が加えられ，出生時平均余命，購買力平価（PPP）に換算された1人当たりの国民総所得（GNI）と，教育年数の予測値（就学年齢の子どもがその後の生涯で受けると予測される教育の年数）と平均値（25歳以上の人が生涯を通じて受けた教育の平均年数）の幾何平均に変更された。
4) 所得貧困アプローチの経済学的な意味合いについては黒崎[2009]第1章や大塚[2014]第1章が参考になる。
5) このほか，1日2ドル未満の貧困線もよく用いられる。
6) 1985年PPPで1日1ドルに相当する水準としてこの数値が選ばれた。
7) 貧困と不平等の測定のためのデータベースを世界銀行が広く一般公開している。詳細はhttp://iresearch.worldbank.org/PovcalNet/index.htm。
8) 同様に，各生活水準におけるPoverty Deficit Curve以下の面積を足し合わせた2つの分布曲線（つまりF, Gをcに関して積分した値をプロットした曲線）を比較することで，第3次確率的優位が成立しているかどうか判断することが可能である。第3次確率的優位が成立している範囲においては，二乗貧困人口ギャップ比率について一意的な判断が可能となる。これらを一般化すると，$\alpha-1$次のFGT指標$P_{\alpha-1}$による比較と，α次確立の優位性による比較は一致するということになる。
9) より厳密にいうと，慢性的貧困のなかには，消費水準が常に貧困線以下である「常時貧困者」と，通常時の消費水準は貧困線以下であるが，年によって消費水準が貧困線以上に上がる場合もある「通常貧困者」に分けることも可能であるが，先行文献ではこの区別は明確になっていない。よりくわしい解説は黒崎[2006]参照。
10) ジニ係数（G）は数式的には，n人の個人の所得yを多い順に$(y_1, y_2, \ldots\ldots y_n)$とならべ，その平均所得を$\mu$としたときの

$$G = \frac{1}{2\mu n^2} \sum_{i=1}^{n} \sum_{j=1}^{n} |y_i - y_j|$$

と表される。これは，社会のなかの可能なすべての2人ペアについて，所得格差の絶対値をとり，その平均値を平均所得で除したものと表現できる。2つのローレンツ曲線が互いに交差している場合，どちらの所得分布が望ましいか一意的な判断が難しくなる。

11) 平均対数偏差（MLD）は

$$MLD = \frac{1}{N} \sum_{i=1}^{n} \ln\left(\frac{\bar{y}}{y_i}\right)$$

となる。ここで，Nは社会の総人口，y_iはi番目の人の生活水準，$\bar{y}$はその社会の平均生活水準である。

12) 所得や消費水準を対数変換するとその分布が正規分布に近づくことが経験上知られている。

13) 成長，不平等，貧困の関係に関する文献の包括的日本語レビューとしては，大坪［2008］参照。

------ 参 考 文 献 ------

黒崎卓［2006］「一時的貧困の緩和と円借款への期待」国際協力銀行開発金融研究所 JBIC Discussion Paper, No.9

黒崎卓［2009］『貧困と脆弱性の経済分析』勁草書房

大塚啓二郎［2014］『なぜ貧しい国はなくならないのか』日本経済新聞出版社

大坪滋［2008］「経済成長－不平等－貧困削減の三角関係に関する一考察」国際開発研究フォーラム 36

山形辰史［2004］「経済成長と貧困・雇用——Pro-Poor Growth 論の系譜」絵所秀紀・穂坂光彦・野上裕生編『シリーズ国際開発第1巻 貧困と開発』日本評論社

Anand, S. and R. Kanbur [1993] "Inequality and Development: A Critique," *Journal of Development Economics*, Vol.41, No.1, pp.19-43.

Atkinson, A. [1987] "On the Measurement of Poverty," *Econometrica*, Vol.55, No.4, pp.749-764.

Deininger, K. and L. Squire [1998] "New Ways of Looking at Old Issues: Inequality and Growth," *Journal of Development Economics*, Vol.57, No.2, pp.259-287.

Deininger, K. and P. Olinto [2000] "Asset Distribution, Inequality, and Growth," *World Bank Policy Research Working Paper*, No.2375, The World Bank.

Dollar, D. and A. Krray [2002] "Growth is Good for the Poor," *Journal of Economic Growth*, Vol.7, No.3, pp.195-225.

Foster, J.E., J. Greer and E. Thorbecke [1984] "A Class of Decomposable Poverty Measures," *Econometrica*, Vol.52, No.3, pp.761-766.

Li, H. and Heng-fu Zou [1998] "Income Inequality Is Not Harmful for Growth: Theory and Evidence," *Review of Development Economics*, Vol.2, No.3, pp.318-334.

Paukert, F. [1973] "Income Distribution at Different Levels of Development: A Survey of Evidence," *International Labour Review*, Vol.108, pp.97-125.

Ravallion, M. [2012] Monitoring Inequality.
http://blogs.worldbank.org/developmenttalk/monitoring-inequality

Ravallion, M. and S. Chen [1997] "What Can New Survey Data Tell Us about Recent Changes in Distribution and Poverty?" *World Bank Economic Review*, Vol.11, No.2, pp.357-382.

第2章　二重構造と労働移動

寶劔 久俊

はじめに

　開発途上国を旅行した人の多くは，まず都市に暮らす人々の数の多さと，そのあふれんばかりの熱気に圧倒されることであろう。中国の上海や北京，タイのバンコクやインドのニューデリーといった途上国の大都市には，働くための機会と生活の糧を求めて，全国各地から膨大な数の人が押し寄せてきている。

　その一方で，途上国の中心部から離れた郊外に足を伸ばせば，一面に広がる田畑や，牛や馬を使って農作業をする農民の姿を目にすることができる。一見，のどかな田園風景であるが，途上国の農民の多くは農業生産からわずかな現金収入しか得ることができず，自然災害による農産物の不作や市況の変化にもさらされている。また，農民が保有する生産手段（土地，農業機械，投資資金など）の不足や使用する農業技術の遅れ，地元での農外就業機会の不足といった要因も，途上国の農民に対して重くのしかかっている。そのため，農村からの都市への労働移動は，農民が貧困から脱却するための数少ない手段の1つなのである。

　いまや「世界の工場」として広く知られる中国では，1億7185万人（2017

年)もの農村出身の労働者(中国語で「農民工」)が都市へ働きに行き,安価な賃金と劣悪な生活環境に耐えながら,製造業や建設業,サービス業などさまざまな仕事に従事している。中国の製造業部門における圧倒的な価格競争力を語るうえで,農民工の存在を欠かすことができない。その一方で,多くの農民工には都市に定住するために必要な戸籍が与えられず,医療保険や年金制度,子女の学校教育といった面で差別的な扱いを受けるなど,都市と農村との間には歴然とした壁が存在する。

　このような,開発途上国における都市－農村の格差と経済発展に伴うその構造的な変化は,「二重構造」(dualism)と呼ばれ,開発経済学の主要な研究分野として位置づけられてきた。本章では,開発経済学がこの二重構造の問題,とりわけ都市－農村間の労働移動をどのような理論的フレームワークによって把握してきたのか,そしてフレームワークがどのように発展してきたのかについて考察していく。

1. 経済発展による産業構造転換と都市化

　「二重構造」に関する理論モデルの説明に入る前に,経済発展とともに各国の主要な産業がどのように変化してきたのかについて,簡潔に説明していこう。経済発展と産業構造の変化との関係について,古典的な経験則として「ペティ＝クラークの法則」と呼ばれるものが存在する。「ペティ＝クラークの法則」とは,経済発展(1人当たり GDP の増加)に伴い,第1次産業から第2次産業,そして第3次産業へと,一国経済における産業の比重が変化する法則のことである。開発途上国では一般に経済全体に占める第1次産業の割合が高く,多くの労働者が農業生産に従事しているのに対して,欧米諸国や日本などの先進国では,製造業や重化学工業を中心とした第2次産業を発展させることで,高い経済成長を実現してきた。

　しかしながら,経済の成熟化が進展してくると,先進国は労働コストの上昇に苛まれる一方で,アジア NIEs など新興国と製造業の分野で価格競争に直面するようになる。そのため先進国は,より高度な知識や技術を必要とする金融業や IT 産業,あるいは観光業といった第3次産業へと産業構造の転換を進め

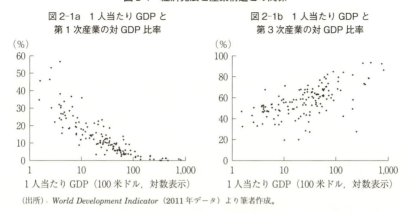

図 2-1　経済発展と産業構造との関係

図 2-1a　1 人当たり GDP と第 1 次産業の対 GDP 比率

図 2-1b　1 人当たり GDP と第 3 次産業の対 GDP 比率

(出所)　World Development Indicator（2011 年データ）より筆者作成。

図 2-2　1 人当たり GDP と都市人口比率

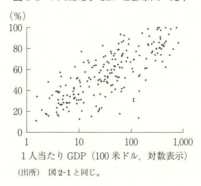

(出所)　図 2-1 と同じ。

てきた。

　このような経済発展と産業構造との関係を具体的に示すため，世界銀行の世界開発指標（World Development Indicator：WDI）の国別データ（2011 年）を利用して，2 つの散布図を作成した（図 2-1）。横軸はともに国民 1 人当たり GDP（米ドル，2005 年価格）であるが，図 2-1a の縦軸には第 1 次産業の GDP 比率（％），図 2-1b の縦軸には第 3 次産業の GDP 比率をプロットしている。図 2-1a に示されるように，第 1 次産業の GDP 比率と国民 1 人当たり GDP との間には明確な負の相関が存在する。それに対して，第 3 次産業の GDP 比率と 1 人当たり GDP との関係は，第 1 次産業のそれよりも明確ではないが，緩やかな正の相関を観察することができる。したがって，各国の経済

力が高まれば高まるほど，経済全体に占める第1次産業の比率が明確に低下する一方で，国民経済の中心は第2次産業，第3次産業へと移っていくことがわかる。

さらに，このような産業構造の転換とともに，多くの国では農村から都市への人口移動が急速に進展している。経済発展と都市化の関係については，同じく世界銀行のデータ（2011年）を利用して，図2-2に示した。図の縦軸には全人口に占める都市人口比率（%），横軸は国民1人当たりGDPを用いた。図2-1に比べると，図2-2の点は散らばり度合いが全体的に大きいものの，1人当たりGDPと都市化率には正の相関が存在することがわかる。

2. ルイスの二重経済モデル

前節で示したように，経済発展につれて産業構造の転換や急速な都市化といった現象が進展している。このような経済発展に伴う一国の構造的な変化について，早い段階から多くの研究者によって注目されてきた（鳥居 [1979]）。そして1950～60年代のルイス（A. Lewis）による先駆的研究（Lewis [1954]）とラニス（G. Ranis）とフェイ（J. Fei）の研究（Ranis and Fei [1961]）によって，都市－農村の二重構造は「ルイス・モデル」として体系化され，その後の開発経済学に大きなインパクトをもたらした。

このモデルでは，「偽装失業」（disguised unemployment）と呼ばれる労働限界生産性のきわめて低い労働者が農村に大量に滞留していることを前提とする。そして，開発途上国において農村部門に滞留する安価な労働力を工業部門が吸収しながら拡大する過程を描いている。本節では，ルイス・モデルの理論的枠組みについて，簡潔に整理していく。[2]

ルイスの「無制限労働供給」（unlimited labor supply）

ルイス・モデルでは，一国の経済が工業部門と農業部門の2つの部門から構成され，農業部門では経済環境は厳しく，人々は最低生存水準の生活にあえいでいることを前提とする。そして農業部門には限界生産性がゼロの労働力（「過剰労働力」〔redundant labor〕）が存在する一方で，農村固有のコミュニティ

図2-3 ルイス・モデルによる農工間関係

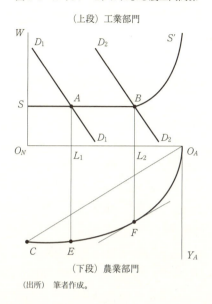

（上段）工業部門

（下段）農業部門

（出所）筆者作成。

―原理によって農業労働者は生存水準の賃金（「生存賃金」〔subsistence wage〕、あるいは「制度的固定賃金」〔constant institutional wage〕）が保証されている。そのため、工業部門では、農業労働者に対して生存賃金と同額の賃金を支払うことができれば、農業部門に大量に滞留する労働力を無制限に雇用することが可能であると想定する。

図2-3では、ルイス・モデルの基本的な枠組みを整理した。図2-3の上段は工業部門における労働の需給関係を示していて、図の縦軸は賃金水準（W）、横軸は工業部門に雇用される労働者数であり、右下がりの D_1D_1（D_2D_2）曲線は工業部門の労働需要関数、右上がりの SS' 曲線は労働供給関数を示している。農業部門から排出される労働力は生存賃金（S）で無制限に雇用が可能であるため、労働供給曲線は点 B まで水平に描かれている。

他方、図2-3の下段には農業部門の生産状況が示され、縦軸は農業生産量（Y_A）、横軸は農業労働者数、曲線 O_AC は農業生産関数となっている。なお、通常の生産関数では左下を原点としているが、図2-3の下段では生産関数を時計回りに180度回転させ、右上が原点になっている。そのため、農業生産

関数は左下に行けば行くほど生産量が多くなり，農業労働の就業者数も増加する。ただし，経済全体の労働者の総数は一定水準（$O_N O_A$）に固定されているため，工業労働者数が増えれば増えるほど，農業労働者数が減少する。その一方で，図 2－3 下段の EC の区間では，農業労働力が $O_A L_1$ から $O_A O_N$ に増えても農業生産量に変化はなく，農業部門において過剰労働力が存在することを示している。

前述のように農業部門では農村固有のコミュニティー原理によって農業生産物の平等的な配分が行われ，その生存賃金（S）は直線 $O_A C$ の傾きに等しい。農業労働者は生存賃金を確保できれば，農業部門で働くことと工業部門に従事することは経済的メリットの面で違いがなくなるため，安価な労働力を活用したい工業部門の経営者は，生存賃金を提示することで農業労働者を雇用することが可能となる。

そして工業部門の労働需要関数が $D_1 D_1$ 曲線の場合，工業部門に従事する労働者数は $O_N L_1$ となる一方で，農業部門の労働者数は $O_A O_N$ から $O_A L_1$ に減少するものの，農業生産量は変化しない。したがって，過剰労働力の存在する経済では，工業部門は農業生産量を損ねることなく農業部門の労働者を吸収することができ，それが経済全体の厚生水準の向上につながるのである。

ルイスの「転換点」（turning points）

上記のように農業部門に過剰労働力が存在し，工業部門が生存賃金で農業労働者を雇用できる局面は，ルイスの第 1 局面と呼ばれる。そして，労働者が農業部門から工業部門へと移動するに伴い，ルイス・モデルでは途上国の経済は 2 つの転換点を通過することを指摘する。

まず，農業労働者数が $O_A L_1$（点 E）よりも減少すると，農業部門に滞留する過剰労働力が枯渇するため，経済全体の農業生産量 Y_A が減少しはじめる。この点 E は「食糧不足点」（shortage point）と呼ばれる。ただし図 2－3 の下段からわかるように，この局面では農業の限界生産性は依然として生存賃金（S，あるいは $\angle O_N O_A C$）を下回っているため，工業部門は引き続き農業部門の労働者を生存賃金で雇用することが可能であるが，食糧価格は相対的に上昇するため，生存賃金は実質的に上昇しはじめる。[3] この局面はルイスの第 2 局面

と呼ばれる。

　そして，安価な労働力を利用した工業部門のいっそうの拡大（労働需要関数のD_2D_2曲線へのシフト）とともに，農業生産量の減少は続き，経済全体の食糧不足が深刻になっていく。農業労働者がO_AL_2に減少すると，農業生産量は点Fとなり，農業労働の限界生産性は生存賃金と等しくなる。したがって，農業労働者のO_AL_2への減少によって，工業部門は生存賃金で農業労働者を雇用することができなくなり，農業労働者はその機会費用（opportunity cost）に見合った賃金が工業部門から提示されなければ，工業部門に移動しなくなる。このことは，図2－3の上段において労働供給関数のSS'曲線が点Bより右側では右上がりになっていることで示されている。この点B（点F）は，ルイスの第3局面の出発点である「商業化点」（commercialization point）に相当する。この局面に入ると，途上国は市場経済へと完全に移行し，生存賃金ではなく市場価格に基づいて労働需給が決定される。

　ルイス・モデルの転換点で注目すべき点は，農業発展による経済全体への影響である。図2－3では農業生産関数は一定と仮定したが，1970年代のアジア地域（東南アジア，南アジアなど）では，穀物の高収量品種の導入と灌漑設備の整備，肥料・農薬の多投による急速な穀物増産（「緑の革命」〔green revolution〕）を実現してきた。このような技術革新を通じた穀物の増産は，他の途上国でも実現可能である。もしルイス・モデルの第1局面で農業技術革新が起こり，農業生産関数が上方にシフトし，生存賃金が一定に保たれる場合には，農工間労働移動による農業生産量の減少は抑制され，点E（点A）での「食糧不足点」への到達は回避される。その結果，工業部門は引き続き，生存賃金によって農業労働者を雇用できる。[4]

　その一方で，農業部門の技術革新は農業労働者の限界生産性を上昇させるため，点B（点F）よりも先に第3局面のスタートである「商業化点」に達する可能性もあり，ルイス・モデルの第2局面が縮小していくと考えられる。このようにルイス・モデルは，経済発展における農工間関係の重要性を明確に示したもので，農業の技術革新が工業部門の発展を下支えすること，工業部門における安価な労働力に依存する生産から，より資本・技術を集約的に利用する生産への構造転換の重要性を示唆するものといえる。

3. ハリス＝トダロ・モデル

　ルイス・モデルでは，農業部門から工業部門に労働力が無制限に供給され，それらの労働力がすべて工業部門に吸収されることを前提としていた。しかしながら多くの開発途上国の事例が示すように，都市に移動した人々は工業部門で安定的な就業先をみつけることが難しく，その多くは低賃金でかつ身分の不安定な仕事への就業を余儀なくされ，都市近郊のスラムに居住しながら生計を維持している。このような都市部における「偽装失業」の存在は，前述のルイス・モデルでは説明することができない。

　そこで，ハリス＝トダロ（Todaro [1969]; Harris and Todaro [1970]）は，都市フォーマル部門での「期待賃金」(expected wage) という新たな概念を導入することで，ルイス・モデルの理論的拡張を行った。本節では，ハリス＝トダロ・モデルの特徴と含意について解説する。[5]

ハリス＝トダロ・モデルの基本設計

　ハリス＝トダロ・モデルでは途上国経済が都市フォーマル部門，都市インフォーマル部門，農村部門の3部門から構成される。そして図2-4に示したように，都市フォーマル部門では，都市フォーマル労働者の賃金水準はその限界生産性（MP_N）に見合う形に決められていること，さらに農村部門では過剰労働力の存在を前提とせず，ルイス・モデルの第3局面と同様に，農業労働者の賃金は限界生産性（MP_A）によって決定されると想定する。もし一国経済で完全競争が成立している場合には，都市フォーマル部門と農村部門の限界生産性が交わる点 E^0 が均衡点となり，$W_A^0 = W_N^0$ の賃金水準で最適な労働資源配分が実現される。

　しかしながらハリス＝トダロ・モデルでは，法定最低賃金といった政府による規制や労働組合と経営者との労使交渉の結果，都市フォーマル部門の賃金（$\bar{W}_N$）は相対的に高く設定され，都市フォーマル部門の労働者数も $O_N L_N^*$ に制限される状況を想定する。ただし，都市フォーマル部門には農村部門から移動してきた労働者も就業可能で，就業できなかった労働者は都市失業者として

図2-4 ハリス=トダロ・モデル

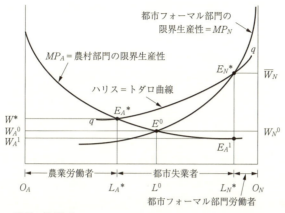

(出所) 筆者作成。

の都市インフォーマル部門に滞留することとなる。その都市フォーマル部門への就業確率は，都市部門の労働者（都市フォーマル部門とインフォーマル部門の労働者の合計）に対する都市フォーマル部門の労働者の割合で示される。

もし，都市フォーマル部門以外のすべての労働者が農村部門に就業した場合，農業労働者数は$O_A L_N^*$となり，賃金水準もW_A^1に低下する。しかしながら，農村部門の就業者はそのような低い賃金水準を受け入れず，「期待賃金」（都市フォーマル部門の賃金水準と就業確率の積）と農業の限界生産性が等しくなるまで，農業労働者は主体的な意思決定として都市に移動する。すなわち，その均衡点では以下の関係が成立している。

$$W_A = \frac{O_N L_N^*}{O_N L_A^*} \bar{W}_N$$

この期待賃金と農業賃金，失業率との関係を示した直角双曲線は，一般に「ハリス=トダロ曲線」と呼ばれ，図2-4の曲線qqに相当する。ハリス=トダロ曲線と農村部門のMP_A曲線との交点は，都市フォーマル部門の限界生産性の弾力性の大きさに依存し（図2-4では弾力性が1より小さいと想定），E_A^*が均衡点となる。このときの農業労働者の賃金水準（W^*）は完全競争均衡の賃金水準（W_A^0）よりも高くなるため，農業労働者数は完全競争均衡よりも少ない$O_A L_A^*$となる。その一方で，都市失業者数は$L_A^* L_N^*$となり，農村部門から

都市インフォーマル部門に流入した労働者の多くが都市失業者になってしまう。

ハリス＝トダロ・モデルの含意

このように，期待賃金の存在とそれに呼応した農業労働者の行動によって，経済全体の均衡点は競争均衡の点 E^0 から点 E_A^* に移動する。それに伴い，社会全体としての経済厚生の損失が発生し，その大きさは点 $L_A^* E_A^* E^0 E_N^* L_N^*$ で囲まれた面積に相当する。すなわち，農業労働者は期待賃金の高さから都市インフォーマル部門に流入するが，その多くが失業者となり，生産活動に従事しないため（あるいは低賃金の周辺的な労働に従事するため），経済全体として非効率な労働配分が発生するのである。

この労働配分の非効率性を解消するため，以下の2つの方法が考えられる。第1の方法として，農業における技術革新（新品種の導入，土壌の改善など）を通じて農業の労働限界生産性を高めることである。MP_A 曲線を上方にシフトさせることができれば，農業労働者数は増加（都市失業者数は減少）し，均衡水準の賃金（W^*）も上昇するため，経済全体の経済厚生の損失は縮小していく。他方で，工業生産の技術革新や再投資を通じた都市フォーマル部門の労働限界生産性の上方シフトは，都市フォーマル部門への就業確率の上昇も誘発し，農業労働者の均衡賃金に影響を与えてしまうため，必ずしも経済厚生の損失を縮小するとは限らない。

第2の方法は，都市フォーマル部門と農村部門の労働者に対し，政府が適切な補助金の支出を実施することで，労働配分を最適な水準に戻すことである。具体的には，都市フォーマル部門では $L^0 L_N^*$ 分の労働者に対して1人当たり（$\bar{W}_N W_N^0$）の補助金，農村部門では $L^0 L_A^*$ 分の労働者に対して1人当たり（$W^* W_A^0$）の補助金を支出することで，完全競争均衡と同様の労働配分が可能となる。

しかしながら，第2の方法を実施するには膨大な財政支出が必要となるが，財政基盤が脆弱になりがちな開発途上国において，このような補助金政策の実現可能性は低い。また，補助金による相対的に高い賃金の保証は，労働者の勤労意欲を損ねたり，経営者による技術革新に対するインセンティブを阻害する危険性も存在する。したがって，非効率な労働配分を解消するためには，都市

インフォーマル部門への労働者の流入を適切に抑制しつつ，農業技術革新を促進し，農業と工業のバランスのとれた経済政策を実施することが重要といえる。

4. 二重経済モデルへの批判と新たな研究視点

このように二重経済モデルはルイス・モデルからハリス＝トダロ・モデルへと発展し，開発途上国の実態をより反映したものへと変化してきた。しかしながら，これらの二重経済モデルの前提条件やモデルの定式化に関して，多くの批判が行われると同時に，農家の保険的行動や都市部門における合理的な賃金決定などさまざまな角度から，理論・実証研究が積み重ねられている。

ハリス＝トダロ・モデルへの批判と家計内リスク・ヘッジ

まずハリス＝トダロ・モデルの問題点として指摘されるのが，農村部門から都市に移動してきた労働者は，就業活動後に一定の確率で都市フォーマル部門に就業できるという想定である。途上国の実態に鑑みると，農村からの出稼ぎ労働者の多くは，都市フォーマル部門で働くための十分な技能を有していないため，都市フォーマル部門に就業できる可能性は非常に低く，就業活動をすること自体も稀である。また，ハリス＝トダロ・モデルでは都市フォーマル部門に就業できない労働者は生産活動に貢献しない失業者と想定しているが，実際には建築業やサービス業などの日雇い労働に従事したり，零細な小売店や飲食店を経営したりするなど，都市インフォーマル部門で生産活動に従事している（Williamson［1988］）。

さらに，ハリス＝トダロ・モデルに対する強い批判として，都市への労働移動は必ずしも個々の労働者のみによって決められているのではなく，労働者が属する家族全体の意思決定と不可分な関係にあるという点があげられる。この点についてスターク（O. Stark）が中心となり，労働移動に伴う都市流入労働者による農村家族向けの送金（remittance）の経済学的意義について多くの議論がなされている（Stark［1984］; Lucas and Stark［1985］）。これらの研究によると，都市への移動理由は必ずしも期待賃金の高さに基づいて行われるのではなく，農業固有のリスク（干魃、洪水，虫害などよる収穫量の減少や市況変化による

農産物の価格変動)への農家の対処行動としての送金の役割が強調されている。すなわち,農家は世帯全体としての所得・消費安定化を図るため,農業生産との関連性が相対的に低い都市インフォーマル部門に家族内の一部の労働者を就業させ,都市労働者からの送金を利用したリスク・ヘッジを図っているという[6]。

都市労働市場の理論仮説

他方,ハリス=トダロ・モデルでは,法定最低賃金や労使交渉のため,都市フォーマル部門労働者の賃金は外生的に高めに固定化されると想定した。しかしながらその後の研究では,企業経営者が途上国労働市場の特性を合理的に考察したうえで,競争均衡よりも高めの賃金水準を都市労働者に対して提示していることが理論的に示された[7]。

その仮説の1つが,「離職モデル」(labor turnover model) である。都市労働市場では企業に雇用された就業者が企業から離職してしまうと,労働者の新規雇用やその訓練のためのコストを企業が負担することとなる。一方,就業者の離職率は都市フォーマル部門と農村部門との賃金格差や,都市部門における失業率によって影響される。したがって,都市フォーマル部門の賃金が相対的に高く,かつ都市部門の失業率が高ければ,就業者は相対的に高い賃金を獲得できる就業先を都市部門でみつけることが難しくなるため,離職率が低下すると考えられる。

企業経営者はこのような就業者の離職コストを見越したうえで,就業者に対する賃金水準を農村部門のそれよりも高めに設定することを選択する。その結果,就業者の離職は抑制されるとともに,企業経営者もより多くの利潤を獲得することができるのである。

もう1つの仮説が,「効率賃金仮説」(efficiency wage theory) である (Dasgupta and Ray [1986]; Dasgupta and Ray [1987];原 [2002])。この仮説は,労働者の発揮できる生産性の高さはその労働者の栄養状況 (calorie-in-take) と密接に関連していることを前提とし,雇用主である都市部門の企業経営者が一定水準以上の賃金を労働者に対して支払わない場合には,労働者の栄養状況は悪化し,労働者の生産効率性も低下するため,結果として企業経営者の利潤最大化を損ねてしまうことを論証している。

貧困に苛まれる途上国では，農村部門の多くの労働者は慢性的な栄養不良状態に陥っていることが多い。都市部門の企業経営者は，たとえ彼ら（彼女ら）を生存水準で雇用できたとしても，相対的に高い賃金をもらって健康状態が良好な労働者と比べると生産効率が低く，経営者が支払った賃金当たりの生産効率性も劣ることを経験的に理解している。そのため，企業経営者は労働者に支払う賃金水準を必ずしも生存賃金に抑制するのではなく，労働者がより高い生産性を実現できる水準に経営者自身の選択として引き上げるのである。

また，効率賃金仮説には雇い手と働き手の情報の非対称性に焦点を当てた別の説明もある（Shapiro and Stiglitz [1984]）。すなわち，働き手の労働効率はその勤労意欲によって左右されるが，雇い主は働き手の勤労意欲をコストなしに観察することはできない。そこで，雇い主は市場賃金よりも相対的に高い賃金水準を提示する一方で，もし働き手の勤労意欲が低いことがわかった場合には解雇できると想定する。その際，働き手は勤労意欲が低いことがみつかってしまうと，雇い主から解雇され，元の雇い主以上に高い賃金を支払ってくれる働き先をみつけることは困難となる。そのため，働き手は自発的に高い勤労意欲を発揮するのである。その一方で，たとえ他の働き手がそれより低い賃金で働くことを望んだとしても，雇い主は賃金水準を引き下げることはしないため（賃金の下方硬直性），経済全体では非自発的失業者が発生することになる。

以上のように，都市・農村間の労働移動については，1980年代頃から農家や都市就業者，企業経営者などの行動原理を明示的に取り入れ，ミクロデータを利用した実証分析が主流となっている。また，情報の非対称性や不確実性，取引費用や家計の戦略的行動など，ミクロ経済学のツールを取り入れた理論モデルの構築も精力的に進められてきた（黒崎 [2001]）。その一方で，近年の研究では，慣習経済から市場経済への移行とそれに伴う二重構造の変容といった，開発経済学が長年取り組んできた研究枠組みに対する意識が希薄となり，個別地域のデータに基づく緻密な計量分析に終始しているものも散見される。

しかしながら，市場経済化に伴う途上国経済のダイナミックな変化を的確に捉えるためには，個別地域の特性や地域の代表性を明確に認識すること，そして経済の構造転換に関する既存研究の蓄積を批判的に取り込むことは不可欠で

ある。その際,ルイスやハリス=トダロらが提示した理論的フレームワークは,依然として示唆に富んだものであり,常に参照すべき価値を有している。

----- 注 -----

1) 図2-1では,「第1次産業のGDP比率」と「第3次産業のGDP比率」について,WDIデータの「農業部門のGDP比率」と「サービス業などのGDP比率」をそれぞれ利用した。
2) ルイス・モデルの詳細については,Ranis and Fei [1961]; Fei and Ranis [1964]; Basu [1997] 第7章などを参照のこと。
3) 閉鎖経済を想定すると,経済が食糧不足点を越えると食糧生産(あるいは食糧供給)の絶対量が減少しはじめ,工業製品の価格と比較した相対的な食糧価格は上昇していく。そのため,図2-3の労働供給曲線は,実際には点Aから点Bの区間で徐々に右上がりとなっている。
4) 経済発展における農業部門の重要性については,Johnston and Mellor [1961]; Restuccia, Yang and Zhu [2008] などを参照されたい。
5) ハリス=トダロ・モデルの解説については,Todaro [1969]; Harris and Todaro [1970]; Corden and Findlay [1975]; Williamson [1988] に依拠した。
6) Rosenzweig and Stark [1989] によると,インドの農家では地理的に離れ,かつ農業生産のリスクの相関性が低い地域に娘を嫁に出すという結婚を通じた労働移動 (marriage cum migration) によって,農家の消費安定化を図っているという。
7) 都市フォーマル部門の賃金決定の詳細については,Basu [1997] 第9章を参照されたい。

----- 参 考 文 献 -----

黒崎卓 [2001] 『開発のミクロ経済学——理論と応用』岩波書店
鳥居泰彦 [1979] 『経済発展理論』(経済学入門叢書10) 東洋経済新報社
原洋之介 [2002] 『開発経済論』(第2版) 岩波書店
Basu, K. [1997] *Analytical Development Economics: The Less Developed Economy Revisited*, MIT Press.
Corden, W.M. and R. Findlay [1975] "Urban Unemployment, Intersectoral Capital Mobility and Development Policy," *Economica*, Vol.42, No.165, pp.59-78.
Dasgupta, P. and D. Ray [1986] "Inequality as a Determinant of Malnutrition an Unemployment: Theory," *Economic Journal*, Vol.96, No.384, pp.1011-1034.
Dasgupta, P. and D. Ray [1987] "Inequality as a Determinant of Malnutrition an Unemployment: Policy," *Economic Journal*, Vol.97, No.385, pp.177-188.
Fei, J.C.H. and G. Ranis [1964] *Development of the Labour Surplus Economy: Theory and Policy*, Richard D. Irwin.
Harris, J.R. and M.P. Todaro [1970] "Migration, Unemployment and Development: A Two-Sector Analysis," *American Economic Review*, Vol.60, No.1, pp.126-142.
Johnston, B. and J.W. Mellor [1961] "The Role of Agriculture in Economic Development," *American Economic Review*, Vol.51, No.4, pp.566-593.
Lewis, W.A. [1954] "Development with Unlimited Supplies of Labour," *Manchester School of Economics*, Vol.22, No.2, pp.139-191.
Lucas, R.E.B. and O. Stark [1985] "Motivation to Remit: Evidence from Botswana," *Jour-

nal of Political Economy, Vol.93, No.5, pp.901-918.

Ranis, G. and J.C.H. Fei [1961] "A Theory of Economic Development," *American Economic Review*, Vol.51, No.4, pp.533-565.

Restuccia, D., D. T. Yang and X. Zhu [2008] "Agricultural and Aggregate Productivity: A Quantitative Cross-Country Analysis," *Journal of Monetary Economics*, Vol.55, No.2, pp. 234-250.

Rozenzweig, M. R. and O. Stark [1989] "Consumption Smoothing, Migration, and Marriage: Evidence from Rural India," *Journal of Political Economy*, Vol.97, No.4, pp.905-926.

Shapiro, C. and J. E. Stiglitz [1984] "Equilibrium Unemployment as a Worker Discipline Device," *American Economic Review*, Vol.74, No.3, pp.433-444.

Stark, O. [1984] "Rural-to-Urban Migration in LDCs: A Relative Deprivation Approach," *Economic Development and Cultural Change*, Vol.32, No.3, pp.475-486.

Todaro, M.P. [1969] "A Model of Labor Migration and Urban Unemployment in Less Developed Countries," *American Economic Review*, Vol.59, No.1, pp.138-148.

Williamson, J. G. [1988] "Migration and Urbanization," H. Chenery and T.N. Srinivasan eds., *Handbook of Development Economics*, Vol.1, Elsevier Science Publish Cooperation.

第2部 開発のメカニズム

第3章 経済成長

山形 辰史

はじめに

　貧困層の所得をあげるには，経済全体の所得を増やして経済成長するか，富裕層から貧困層へ所得を移転して所得分配を改善するかの，いずれか（または両方）を実現する必要がある。所得分配の改善は，これを全員の所得が同じになるまで続けると，それ以上改善の余地がないので，貧困削減戦略としては，自ずと限界がある。さらに極端な所得再分配政策をとると，労働者や企業家の勤労意欲や投資意欲を損ない，経済成長を減速させて貧困層の所得水準をかえって引き下げるおそれがある。したがって，長期的かつ継続的な貧困削減には，経済成長が必要である。実際，第2次世界大戦後，つまり20世紀後半に貧困削減を実現した東アジア諸国・経済は，いずれも一定期間，高成長を記録している。

　しかし経済成長は，歴史的にみれば，容易には達成されなかった。世界経済の成長が始まったのはつい200～300年前のことである。本章では，経済史をひもときつつ，経済成長がどのようにして起こるのか，そして経済成長を加速するためには何をすべきなのかを考えてみよう。

1. 経済成長の展望

経済成長の歴史[1)]

　生産や所得に関する統計が整備されるようになったのは、20世紀のことである。それ以前の経済状態を表す1つの重要な指標は人口であった。人工的な人口抑制手段が開発される前の時代には、経済が拡大して扶養力が増せば人口は増加したであろうし、経済活動の停滞は人口の停滞を招いたであろう。クラーク（C. Clark）によれば、紀元の初めにおいて世界の人口は約2億6000万人で、その後人口は紀元600年まで減少し、800年に至って紀元の初めの水準を回復した（Clark [1967] 邦訳74頁）。その後、1800年までの世界人口増加率は、年率約0.1％というかなりの低率であった。これに対して、20世紀の世界各国の人口増加率が1％内外であることを考えれば、ここ200年程度の世界の社会経済変化がどれだけ急激なものかがわかる。

　記録に残っている18世紀の生産の成長率、および1人当たり生産成長率は、その後の成長率に比べてきわめて低い。表3-1にみられるように、データの定義、対象範囲がいくぶん異なってはいるものの、イギリスの生産および1人当たり生産の成長率は、その後のイギリスおよび現代の途上国と比べても低い部類に入る。18世紀、つまり産業革命が始まった頃のイギリスでさえ、GDPの成長率は0.7％、1人当たりGDPの成長率は0.3％にすぎない。このように18世紀の経済成長率は、イギリスのみならず世界全体で低かったとされている。

　また日本については、江戸時代の初め（17世紀初頭）に、それまでの戦乱の世の中が平和になり、人口が増加しはじめたと推定されている。これは食糧等の生産増加の裏づけがあって可能になったと考えられる。しかし、主要作物である米の生産高のデータがこの時期から残っており、これによれば、17世紀初めから18世紀初頭に至るまで、人口1人当たりの米の生産高は減少している。その後19世紀後半にかけて回復はするものの、江戸時代初めの水準に戻るには至らなかったと推定されている（速水・宮本 [1988] 42〜64頁）。このように米の生産統計からも、近代以前の日本経済がいかに停滞していたかという

表 3-1 経済成長実績（18〜20世紀）

(年平均成長率：%)

国 期間	GDP	人口	1人当たり GDP	国 期間	GDP	人口	1人当たり GDP
イギリス				日本[3]			
1695-1715 から 1785-1805[1]	0.7	0.4	0.3	1887 から 1904	2.7	1.0	1.6
1801-11 から 1851-61-71[2]	2.5	1.3	1.2	1904 から 1969	4.3	1.3	3.0
1855-64 から 1963-67[2]	2.1	0.8	1.3	インド[4] 1861-69 から 1963-67	1.5	0.9	0.6
アメリカ				ガーナ			
1800 から 1840	4.3	3.0	1.3	1891 から 1963 - 67	3.6	2.1	1.5
1834-43 から 1963-67	3.6	1.9	1.6				

(注) 1)イングランドとウェールズの生産指数, 2)国民所得, 3)GNP, 4)国内純生産。
(出所) 日本以外の国は, Kuznets [1971]（邦訳 13〜34 頁）, 日本は大川・高松・山本 [1974] 16 頁。

ことがわかる。

現代の経済成長

近代経済成長はそれまでの経済状態と一線を画するものであった。ロストウ (W. W. Rostow) はこのような経済成長のスタートを離陸 (take-off) と呼んだ (Rostow [1960])。事実, 戦後世界の経済成長はめざましかった。

表3-2は世界各地域の実質GDP成長率および人口成長率とその差を示している。通常ある国のGDPを実質化するといえば, その国のある時点の価格を固定して数量指数を作成することを意味する。しかし, 異なる国の異なった時点の生産量や所得, 消費の量を比較するためには, 世界共通かつすべての時点に対して共通の価格指数を用いて生産額や名目所得, 消費額を実質化する必要がある。為替レートは, 異なる通貨で生み出された価値の単位を共通化することはできるが, 国境を越えて取引されないサービス（より一般的には, 非貿易財と呼ぶ）の価格変化を反映していない, という問題があるので, 為替レートは, 異なった国々の通貨の真の購買力を反映してはいない[2]。そこで, ペンシルバニア大学の研究チームが, 世界各国の年々のあらゆる財・サービスの価格を調査し, その世界各国・各年の価格を元に実質化した国民所得統計をペン・ワールド・テーブル (Penn World Table) として公表している。表3-2のGDP成長率は, 同テーブルのデータを元にしている。

表 3-2 経済成長実績（1960～2010 年）

(年平均成長率：%)

	GDP	人口	1 人当たり GDP
アジア	5.87	1.78	4.10
アフリカ	3.75	2.57	1.19
ヨーロッパ	2.82	0.46	2.36
北アメリカ	3.20	1.29	1.91
ラテン・アメリカ／カリブ海諸国	3.94	2.01	1.93
オセアニア	3.42	1.48	1.94
世　界	3.95	1.71	2.23

(注)　本表の成長率算出においては，1960，2010 両年のデータが得られた国々のみ，対象としている。各地域を構成する国々の人口や GDP をそれぞれ 60 年，10 年において足し上げ，その成長率（年率）を求めた。1 人当たり GDP 成長率は GDP 成長率と人口成長率の差として求められる。
(出所)　データは，Penn World Table, version 8.0 の実質 GDP（2005 年基準）を用いている。詳細は Feenstra, Inklaar and Timmer [2013]を参照のこと。

　これによれば，1960～2010 年の間の各地域の経済成長率は，アジアを除けば 3% 内外である。60 年代は世界経済全体が拡大した時期であったが，70 年代には 2 度のオイル・ショック等があって少なくとも先進国経済は比較的停滞した。80 年代はそれに加えて途上国を含めた世界全体の成長が鈍化し，途上国の債務問題が顕在化した。80 年代後半には，85 年のプラザ合意，87 年のルーブル合意を経て，東アジア経済が拡大したが，97 年のアジア通貨危機以降，東アジア経済の成長は減速した。各国ともこのような景気の上下を経験したが，トレンドとしては 18 世紀，19 世紀より急速な経済成長を遂げたのである。

　表 3-2 によれば，1960 年から 2010 年にかけて，世界経済は年間 3.95% で成長した。一方，人口は 1.71% の率で成長したので，1 人当たり GDP 成長率は 2.23% の成長にとどまった。この間，世界経済成長を牽引したのはアジア諸国であった。日本の高度経済成長は 60 年代に起こったし，それ以降は，韓国，台湾，香港，シンガポールといったアジア NIEs（Newly Industrializing Economies）と呼ばれる国・地域が高成長を成し遂げた。1980 年代以降，中国がめざましい発展を遂げ（購買力平価 GDP 成長率は 1960～2010 年の間に 7.9%），90 年代以降はインドもこれに続いた（同 5.2%）。この結果，アジアは地域全体として，5.87% という高率の経済成長を遂げた。中国の一人っ子政策の影響もあってか，人口増加率は 2% 以下（1.78%）にとどまったので，1 人当たり

GDPは年率4.10%で成長した。これは約17年間で1人当たり所得が2倍になるという高率である。

一方アフリカは，ボツワナ（8.84%）や赤道ギニア（8.66%）といった天然資源が豊富な国の成長に引っ張られて，3.75%の率で成長したが，人口増加率が2.57%という世界で最も高い値だったことから，1人当たり所得成長率は1%強（1.19%）にとどまった。データが得られた41カ国のうち，ガンビア，ギニアビサウ，コンゴ民主共和国，ザンビア，セネガル，中央アフリカ，ナイジェリア，ニジェール，マダガスカルの9カ国は，1人当たり所得の成長率がマイナス，つまり2010年の物的生活水準が，1960年よりも低い，という結果であった。

北アメリカ，ラテン・アメリカ／カリブ海諸国，オセアニアは，いずれも3%台のGDP成長，1〜2%台の人口成長を経験した結果，1.9%強の1人当たりGDP成長を記録している。ヨーロッパは，GDP成長率は最低であるが，人口成長率も最低で1%を切っているため，1人当たり所得は2.36%で成長した。

成長要因分解

上記のような経済成長は，さまざまな人々の経済活動の結果として生じている。国民が労働者となり，彼らが栄養摂取や教育・訓練によって人的資本を形成して，その労働力を生産活動のために供給する。資本家が資本を生産者に貸し与える。その資本から生産者が資本を形成する（これを資本家が行っても構わない）。そして生産者，あるいは発明家が，新しい技術を開発する。そのような経済活動の結果として経済成長が起こっているのであるが，それらのうち，どの活動が主として経済成長に貢献しているかを分析するにはどのような方法があるのだろうか。

その1つが，経済成長の要因分解と呼ばれる手法である。この手法を用いて，GDP成長率は，労働力の成長[3]，資本蓄積，生産性上昇の3つの要因に分解されることが知られている[4]。

$$g_{GDP} = s_L \times g_L + (1-s_L) \times g_K + g_{TFP} \qquad (3\text{-}1)$$

ここで g_{GDP}, g_L, g_K, はそれぞれ, GDP, 労働力, 資本の成長率を表している。g_{TFP} は, 生産性のなかでも, 労働力と資本を集計した総要素 (total factor) に対する生産性 (これを総要素生産性 [Total Factor Productivity: TFP] と呼ぶ) の成長率を示している。s_L は, GDP に占める労働報酬の割合を示しており, 労働分配率と呼ばれる。対照的に, $(1-s_L)$ は, GDP に占める労働以外の生産要素 (ここでは資本) の取り分を示しており, 資本分配率と呼ばれる。(3-1) 式は, GDP 成長が, 労働, 資本 (両者合わせて要素投入) による貢献と, 生産性上昇による貢献に分割できることを示している。技術進歩は生産性を上昇させるので, 総要素生産性上昇率はしばしば技術進歩率を表しているとみなされている。

　表3-3は, アジアとアフリカからの代表として中国, インド, ケニア, そして日本の1960年から2011年までの52年間の (購買力平価による) GDP 成長率と, 労働力の質 (就学年数と教育の収益率から推計) の成長率, 労働者数の成長率, 資本ストックの成長率, そして, それらから導出される総要素生産性上昇率を, 10年ごとにまとめたものである (最後の2000～11年のみ12年間)。総要素生産性上昇率は, 労働力の質・量および資本ストックの加重平均として産出される「総要素」の成長率を, GDP (生産指標) の成長率から差し引いた残差として求められている。これにより, 各国, 各時代区分の経済成長が, 労働力や資本といった生産要素の投入増加によってもたらされたのか, あるいは, それらだけでは捉えきれない生産性上昇によって説明されるのか, が示されている。

　表3-3は, 1960年代の日本の GDP 成長率が, 購買力平価でみても高かったことを示している (年間9.6％成長)。一方この時期, すでに日本人の就学年数は高かったことから, 日本人の労働力の質には大きな変化はなかったと推定されている (0.1％成長)。労働者数も, 年間1.5％の伸びにとどまっている。これに対して, 資本蓄積は急速であった (10.6％成長)。さらには総要素生産性の伸びも顕著であった (4.4％成長)。この推計によれば, 60年代の日本のGDP 成長のうち, 45.8％が総要素生産性の伸びで説明される (4.4/9.6≈45.8％)。この時期の日本は, 資本蓄積と, 生産効率の上昇や技術革新による生産性上昇が成長の原動力であったといえる。その後, 日本の GDP 成長率は顕著

表3-3 国内総生産と生産要

	国内総生産（GDP）				労働力の質				労働者数			
	日本	中国	インド	ケニア	日本	中国	インド	ケニア	日本	中国	インド	ケニア
1960～69年	9.6	4.3	4.0	5.2	0.1	1.4	0.6	0.8	1.5	2.9	0.8	2.7
1970～79年	4.2	5.5	3.3	4.8	0.7	1.5	1.0	2.1	0.7	3.2	3.1	3.4
1980～89年	4.4	10.3	5.5	4.2	0.5	0.9	1.5	1.5	0.7	2.6	2.7	3.9
1990～99年	1.1	10.4	5.8	2.1	0.7	1.5	1.0	0.8	0.3	1.1	1.8	3.0
2000～11年	0.7	10.2	7.5	4.3	0.4	0.9	1.0	0.6	−0.3	0.8	2.1	2.4

（出所）Penn World Table, version 8.0 の実質 GDP（2005年基準）を用いている。詳細は Inklaar

に低下していく。労働力の質・量共に増加は限定的で，資本蓄積は進んでいたが，それも2000年代には1.0%成長にまで落ち込んだ。総要素生産性の伸びは1970年代以降，縮小するか，またはマイナスに転じていった。

　中国のGDP成長率は時期を追うごとに高まり，1980～2000年代の約30年にわたって年率10%という驚異的な経済成長を記録している。労働力の質・量の成長はそれほど大きくなく，むしろ資本形成が加速していることがわかる。結果として，1980～2000年代の約30年の高成長のうち，30～50%が総要素生産性の上昇によって説明されている。

　インドは中国の後を追うように，経済成長率が徐々に高まり，資本ストックの成長率も高まっている。しかし，総要素生産性の顕著な上昇はまだみられない。ケニアのGDP成長率は1990年代を除いて4～5%台という高さであったが，それを説明しているのは労働者数の増加と加速しつつある資本形成である。総要素生産性上昇は，60年代を除き，大きな貢献をしていない。

　1960年代の日本や80～2000年代の中国において，経済成長の原動力が物的資本蓄積と生産性上昇だったことが注目される。以下の節において，資本蓄積や技術進歩がどのようにして経済を成長させるのかを分析する。

2. 経済成長モデル

　経済成長はいったいどのようなモデルで説明されるのだろうか。現実の経済成長を説明するモデルを構築することによって初めて，どのような手段によっ

素，総要素生産性の成長率

(単位：%)

資本				総要素生産性			
日本	中国	インド	ケニア	日本	中国	インド	ケニア
10.6	4.0	4.3	0.7	4.4	0.1	1.8	2.1
8.8	7.3	3.8	4.3	−0.2	−0.4	−0.8	−0.3
5.3	7.1	4.3	1.8	1.4	5.1	1.3	−0.1
3.6	9.8	5.5	2.1	−1.1	4.5	2.0	−1.1
1.0	11.1	8.9	5.1	0.2	3.2	1.4	0.6

and Timmer [2013] を参照のこと。

て経済を成長させうるか，議論ができるのである。

AK モデル

最も単純に経済成長のエッセンスを伝えるモデルは，その生産関数の特徴から AK モデルと呼ばれている[5]。このモデルの体系は，以下の5本の式で表すことができる。変数はそれぞれ，Y が GDP，K が資本ストック，C が消費，I が投資，S が貯蓄を表す。A は資本の生産性，つまり Y_t/K_t で，ここでは定数と仮定する。$\bar{s}$ は貯蓄率 S_t/Y_t を表す。添字の t は時間を表している。ここでは海外との貿易があるかないかが話の筋に影響しないため，輸出入はないものと仮定している。なお Δ は，変数の増分を表す演算子で，たとえば ΔY_t は $Y_t - Y_{t-1}$ を意味する。したがって，$\Delta Y_{t+1}/Y_t (=[Y_{t+1}-Y_t]/Y_t)$ は，GDP の成長率を表している。

$$\text{生産関数（総供給）}: Y_t = AK_t, \tag{3-2}$$

$$\text{総需要}: Y_t = C_t + I_t, \tag{3-3}$$

$$\text{資本蓄積}: \Delta K_{t+1} = K_{t+1} - K_t = I_t, \tag{3-4}$$

$$\text{所得の配分}: Y_t = C_t + S_t, \tag{3-5}$$

$$\text{貯蓄決定}: S_t = \bar{s} Y_t. \text{（ただし，} 0 \leq \bar{s} \leq 1） \tag{3-6}$$

(3-2) 式は，一定の資本ストックに対応する生産物の供給量を表している。どれだけの投入物（K）によってどれだけの生産量（Y）が得られるかを表しているという意味でこの式は生産関数と呼ばれ，生産技術を体現している。この式において資本の生産性 A は生産効率を表しており，A が大きいというこ

とは技術水準が高いことを意味する[6]。(3-3) 式は，総需要が消費と投資に分けられることを示している。生産された Y がどれだけ現在消費されてしまうか（C），また将来の消費のために投資されるか（I），がこの式で表される。(3-4) は投資と資本ストックの関係を表す式であるが，ここでは投資がそのまま資本ストックの増加となることを表している。(3-5) 式は，家計によってGDPが所得として，消費と貯蓄に配分されることを示している。(3-6) は貯蓄の決定を表す式であるが，ここでは一定の貯蓄率 $\bar{s}$ で所得が貯蓄に充てられ，残りの $1-\bar{s}$ の割合の所得が消費に充てられることを仮定している。

これらの式からこの経済の成長率を求めてみよう。まず，(3-3)，(3-5) の2式から，貯蓄と投資が等しいことが導かれる（$I_t = S_t$: 貯蓄と投資の均等）。投資 I は，(3-4) 式により資本ストックの増加分に等しい。一方，(3-6) 式は貯蓄が Y の関数であることを示している。さらに，(3-2) 式を用いて，資本ストック K の成長率は以下のように決定される。

$$\Delta K_{t+1} = K_{t+1} - K_t = I_t = S_t = \bar{s}Y_t = \bar{s}(AK_t) \Rightarrow \frac{\Delta K_{t+1}}{K_t} = \bar{s}A$$
(3-7)

ここで (3-2) 式より，Y と K は比例関係にあるので，Y の成長率は K の成長率と等しい[7]。つまり，Y の成長率（経済成長率）は $\bar{s}A$ となる。

$$\frac{\Delta Y_{t+1}}{Y_t} = \bar{s}A \qquad (3-8)$$

この式が意味するところは重要である。というのはこの式が，貯蓄率が高ければ高いほど，また生産性（生産技術 : A）が高ければ高いほど経済成長率が高いことを示しているからである。人々が，将来の消費を増やすために，どれだけ現在の消費を我慢できるか（高い $\bar{s}$），また，それによって貯めた資源（貯蓄＝投資）を，生産活動に対してどれだけ効果的に活用できるか（高い A）が，経済成長を加速するための鍵となることがわかる。つまり，貯蓄率を高める工夫，あるいは生産性を高める工夫ができれば，経済成長率は高まるのである。

世界各国の実際の経済成長率（1960〜2010年）は，7〜8％台のボツワナ，赤道ギニア，中国，シンガポール，韓国，台湾から，0.45％のコンゴ民主共和国，1.12％のギニアビサウ，1.27％の中央アフリカまで広く分布している。

このような成長率の違いは，生産性の違いや貯蓄性向の違いによって説明できるかもしれない。

AKモデルを考えるうえで注意したいのは資本ストックKの中味である。ここでいう資本ストックは，通常イメージされるような機械設備や工具等のみを意味するわけではない。生産活動によって生み出され，蓄積に時間がかかり，そしてそれが生産活動に投入されるもの，それらすべてが，ここでいう資本ストックに対応する。たとえば，いわゆる人的資本や知識も，生産活動によって生み出されうるし，蓄積に時間がかかり，それが蓄積された後には生産に貢献するという意味では，資本ストックと呼びうる。

新古典派モデル

いくつかの似通った国・地域の経済成長率と，その成長が始まる初期の所得水準を図にしてみた場合，図3－1で表したアメリカの州のように，当初所得水準が低いところほど成長率が高いことがある。所得の低い国の成長率が高く，所得の高い国の成長率が低ければ，いずれは所得の低い国が高い国に追いついていくことになるので，これを収 斂（convergence）という。このような観察事実は，AKモデルでは説明できない。というのは，AKモデルでは，経済成長率が，一定の貯蓄率と資本生産性で決まってしまうからである。

国々や諸地域の所得の収斂は，(3-2)式で示されたAKモデルの生産関数とは異なった生産技術を仮定した新古典派経済成長モデル（neo-classical growth model）[8]を用いることで説明できる。

(3-2)式で表されたAKモデルの生産関数では，資本と生産量（GDP）が一定率で変化することが仮定されていた。これを労働者1人当たりの変数（小文字で表す）で表現しなおすと，以下のように書き換えられる。

$$y_t = \frac{Y_t}{L_t} = A\frac{K_t}{L_t} = Ak_t. \tag{3-9}$$

この式は図3－2に示したように，直線の関係を表している。これに対して新古典派成長モデルの（1人当たり）生産関数$f(k)$は，1人当たり資本が増加すると，当初は生産量が大きく伸びるものの，その後は生産量があまり伸びない，という生産技術を仮定している。これは，労働等の他の投入の量が増加せずに，

第3章 経済成長

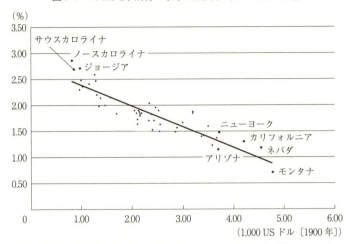

図3-1　1人当たり所得の水準と成長率（アメリカ48州）

(注) 縦軸は1900年から1990年の間の年平均1人当たり所得成長率。横軸は，1900年の実質1人当たり所得（1982〜84年基準）。
(出所) Barro and Sala-i-Martin [1995], p.370, Table 10.4.

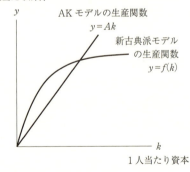

図3-2　AKモデルと新古典派成長モデルの（1人当たり）生産関数

　資本だけ増えてしまうと，資本の生産増加への貢献度が下がる，という見方に基づいている（kの増加と共に，y/kが低下していくことに注目[9]）。kの増加を資本深化 (capital deepening) と呼ぶが，新古典派成長モデルにおいては，資本深化とともに，$A(=y/k)$が低下していく，のである。資本深化は，すなわち1人当たり所得であるyの増加を意味するので，新古典派成長モデルは，経済成長

図3-3 1人当たり所得の水準と成長率（国際比較）

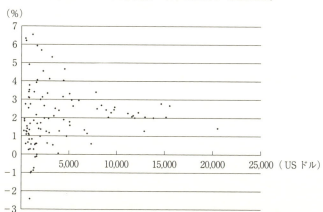

(注) 横軸は，データが得られる世界107カ国の，1960年の1人当たり所得の水準を示している。縦軸はこれらの国々の1人当たり所得の1960〜2010年の間の成長率（年率換算）である。
(出所) Penn World Table, version 8.0の実質GDP（2005年基準）を用いている。詳細はFeenstra, Inklaar and Timmer [2013] を参照のこと。

とともに A が低下していくモデルと特徴づけられる。

AKモデルの成長率は $\bar{s}A$ として一定であったが，新古典派成長モデルにおいては，k の増加と共に A が低下していくので，k が小さい局面にあっては成長率 $\bar{s}A$ が高く，k が大きい局面にあっては成長率が低くなる。k と y の関係を想起すれば，これはすなわち，1人当たり所得の水準と1人当たり所得の成長率が反比例することを意味する。したがって，新古典派成長モデルによって，図3-1でみられたような1人当たり所得の収斂を説明することができる。

しかしこのような1人当たり所得の収斂は，世界の国々の間でも起こっているのであろうか。もしそうであれば，貧しい国の経済成長率は高く，豊かな国の成長率は低いことから，貧しい国の所得は徐々に豊かな国の所得に追いついていくはずである。

図3-3は，そのような収斂が，国際的には生じていないことを示している。図が示しているのは，高所得国の1人当たり所得成長率が1〜3％の間に分布しているのに対して，低所得国の成長率は6％台の値から負の値まで広く分布していることである。つまり，いくつかの低所得国は先進国に追いつくような高成長を達成しているものの，他方でいくつかの低所得国は，成長の気配を

第3章 経済成長　53

見せず，高所得国との格差が拡大している。

　このような低所得国の成長率の大きな格差は，どのようにして説明できるのだろうか。1つの説明方法は，AKモデルと新古典派モデルの成長メカニズムを組み合わせることである。一方では，新古典派成長モデルが説明したような，資本の限界生産性逓減の法則が作用して，低所得国が先進国にキャッチアップする力が働いているものの，他方ではAKモデルが強調したような，それぞれの社会の貯蓄性向や技術水準の違いが，成長率の格差を生んでいる，と考えられる。アメリカの州の間では，貯蓄性向や技術の差が小さいので，新古典派的な収斂が顕著であり，それに対して，所得水準が大きく異なる国々の間では，貯蓄性向や技術水準にも大きな違いがあり，それによって新古典派的な収斂より，AKモデル的な成長実績格差がより顕著に表れているのではないか，と考えられている。

　図3-3は世界全体の国々を対象としているので，全体のなかに隠れてしまっているが，開発途上国のなかには，前掲表3-3で示した1980〜2000年代の中国や，2000年代のインド，および多くの東アジア諸国のように，高成長を遂げて先進国を追走（キャッチアップ）している国々もある。それらの国々は，高い資本の生産性（A）に加え，先発国の技術を導入するといったような形で，後発国ならではの優位性（「後発性の利益」〔advantage of backwardness〕と呼ぶ）を活かして，先進国へのキャッチアップを実現している。

3. 経済成長と経済政策

　新古典派成長モデルにおいては，経済発展とともに資本の生産性が低下していくから，いずれ1人当たり所得は一定値に収斂し，その経済は成長を終えると考えられている。成長を続けるためには外生的技術進歩（exogenous technological progress）が必要で，それは外生的なので，継続的に起こるとは期待できない。

　これに対しAKモデルは，外生的技術進歩を仮定せずとも1人当たり経済成長を説明できたので，AKモデルと同じ構造をもつ経済成長モデルが内生的経済成長モデル（endogenous growth model）と呼ばれ，いくつかのモデルが開

発された。[10]

　前述のように，AKモデルで想定されている資本は，技術に関する知識や人的資本などを含む広い概念である。たとえば知識についていえば，ある1つの技術に関する知識が，同時並行的に多数の人によって利用可能であり，なおかつ（特許制度がなければ）発明者に使用料を支払わずに利用されやすい，という公共財（public goods）的性質をもっている。また，人的資本については，ある人に授けられた教育や訓練によって蓄積された人的資本が，十分な対価が支払われることなく，他人にも利益を及ぼしやすいという意味で，外部性（externality）をもちやすい。このような公共財や外部性の存在のもとでは，市場均衡による配分が最適にならないことが，市場の失敗（market failure）として知られている。[11] 公共財，外部性が存在する場合には，外部性を有する財・サービスや公共財の生産に費やした努力による利益が他人にまで及んでしまうことから，費やす努力が過少となってしまうことが非効率性の原因である。

　このような市場の失敗がある場合には，政府が生産に補助金をつけるなどの産業保護政策を採り，民間企業の生産を増加させることが正当化されうる。内生的経済成長モデルのすべてがこのような性質をもつわけではないが，新古典派成長モデルの下では産業保護政策がまったく支持されなかったことを考えると，政策的含意という意味で，これは大きな変化である。現実の経済成長が市場の失敗と不可分な形で起こっているとしたら，開発戦略のなかでの政府の役割はより重要となる。大きな波及効果をもちうる人的資本蓄積や技術革新を進めるため，教育をはじめとする人材育成政策や，減税や補助金による研究開発投資支援に注力する国が増加している。

コラム：　経済成長の実感——バングラデシュ

　1971年に独立して以来，長らく洪水やサイクロンの自然災害や飢饉に苦しめられてきた最貧国，という印象の強いバングラデシュであるが，91年の民主化以降，徐々に経済成長が加速している。93年から99年までの実質経済成長率は毎年4～5％で，それが2000年代には（アメリカ同時多発テロのあった01年を除き）毎年5～6％へと高まっている。この20年の間，バングラデシュには何が起こったのだろうか。

第3章　経済成長

生産部門で経済を牽引したのは輸出向け縫製業である（山形[2008]）。1980年代に始まったこの産業は，農村の一般女性（字が読めない人も多かった）を，都市に労働者として吸引し，彼女らに貧困線以上のレベルの所得を与えることによって，本人のみならず，出稼ぎ送金を通じて，農村の所得をも向上させた。これに農村で展開されたマイクロファイナンスや社会開発の取組みも相まって，バングラデシュでは貧困人口比率が56.6%（1990/91年度）から31.5%（2010年）にまで低下している。

　この間，人々の生活に起こったことを，筆者の体験や聞き取りからまとめてみよう。2000年に筆者がバングラデシュに住んでいた頃，携帯電話はごく一部の裕福な人々の間でのみ普及していた。それがいまや，農村の一般女性で携帯電話をもっている人は少なくない。彼女らが携帯電話を必要とする理由は，出稼ぎに行っている夫と連絡をとり，彼らから仕送りをしてもらうためである。日本では普及していないが，多くの開発途上国では，携帯電話同士で送金が可能である。バングラデシュではBRACという大手のNGOが銀行を経営しており，その銀行がbKashという携帯電話間送金サービスを提供している。

　女性全体のエンパワーメントも進んでいる。縫製業が盛んになる前には，バングラデシュの女性の典型的な雇用機会は，住み込みのメイドであった。いまは，メイドの地位向上が著しいと聞く。以前は住み込みであるがゆえに，雇い主からの理不尽な扱いが外部からみえにくかったが，いまは女性にとって，縫製業という代替的な雇用機会があるため，メイドになろうとする女性が減っている。したがって，メイドも住み込みではなく，曜日や時間を区切った通いが多くなっている。すると住み込みの際のような，けじめのない長時間労働はさせられなくなるし，他の家でも異なる曜日や時間にメイドとして働いていて，それらの家の事情も知っているので，「奥さん，お宅ではいつ洗濯機を買うんですか。他の家はもうとっくの昔に買っていますよ。それからテレビですけど，白黒なのはお宅だけですよ」といったように，メイドから雇い主が暗に待遇改善を求められることもあるという。

　2013年4月に起こった，縫製工場の入ったビルの崩壊によって，労働条件や安全の面でまだまだ課題が多いことが明らかになったバングラデシュであるが，その一方で，徐々にではあるが，貧困削減と女性のエンパワーメントは進んでいる。

注

1) 本項の論旨は基本的に安場[1980] 11〜30頁に基づいている。よりくわしい内容については，同書および，本文中の原典を参照。
2) 数値を利用したわかりやすい説明として，Weil[2005], chapter 1 を参照。
3) 労働力の成長はさらに，人口成長と労働参加率の上昇に分解される。一般に人口成長は，歴史的に3つの局面に分けられる。第1の局面は高出生率と高死亡率で特徴づけられる。保健衛生水

準や栄養水準の低い時代においては，高死亡率が避けられない。したがって人々は子どもを産んでもその多くが早逝することを前提として，多くの子どもを生もうとする結果，出生率も高くなる。その後，第2の局面では，保健衛生や栄養状態が改善して，死亡率が低下するものの，出生率については，以前の行動様式が保たれるため，高いまま維持される。するとこの局面において，人口成長率は高まることとなる。第3の局面では，死亡率が下がったことに人々が気づき，家族計画を採用するなどして行動様式を変え，出生率が低下して，人口成長率が低下する。このような人口成長の局面変化を人口転換と呼ぶ。

4) (3-1) 式は以下のようにして導出される。GDPをY，労働力をL，資本をK，そして時間をtとすると，GDPの生産関数は以下のように表される：$Y_t = F(L_t, K_t, t)$。この式は，ある時点tにおけるGDP(Y_t)が，労働投入量(L_t)と，資本の量(K_t)，および，その時点で利用可能な技術体系($F(\cdot,\cdot,t)$)で決まっていることを示している。この式を時間tで全微分すると，$dY_t = \left(\frac{\partial F}{\partial L}\frac{dL_t}{dt} + \frac{\partial F}{\partial K}\frac{dK_t}{dt} + \frac{\partial F}{\partial t}\right)dt$を得る。この式の両辺を$dt$および$Y_t$で割ると，以下の式を得る：$\frac{dY_t/dt}{Y_t} = \frac{\partial F}{\partial L}\frac{L_t}{Y_t}\frac{dL_t/dt}{L_t} + \frac{\partial F}{\partial K}\frac{K_t}{Y_t}\frac{dK_t/dt}{K_t} + \frac{\partial F}{\partial t}/Y_t$。ここで労働市場，資本市場が完全であると仮定し，$p, w, r$をそれぞれ，生産財価格，賃金率，資本レンタル料とすると，実質要素価格と限界生産性が一致する $\left(\frac{\partial F}{\partial L} = \frac{w}{p}, \frac{\partial F}{\partial K} = \frac{r}{p}\right)$ことから，$\frac{dY_t/dt}{Y_t} = \frac{w_t L_t}{p_t Y_t}\frac{dL_t/dt}{L_t} + \frac{r_t K_t}{p_t Y_t}\frac{dK_t/dt}{K_t} + \frac{\partial F}{\partial t}/Y_t$を得る。$\frac{w_t L_t}{p_t Y_t}$は労働分配率($s_L$)であり，$\frac{r_t K_t}{p_t Y_t}$が資本分配率である。$\frac{\partial F}{\partial t}/Y_t$が総要素生産性上昇率を表しており，ここで総要素 (Total Factor: TF) は労働と資本の幾何平均として集計されている：$TF = L^{s_L}K^{1-s_L}$。総要素生産性はY/TFである。アメリカの経済成長の経験から，労働所得分配率(s_L)が，長期的には一定であることが，経済成長の「定型化された事実」(stylized facts)の1つとして知られている。s_Lが一定となることを前提とし，総要素生産性をA_tと置けば，生産関数$Y_t = A_t L_t^{s_L} K_t^{1-s_L}$ (Cobb-Douglas型生産関数と呼ばれる) を定義することができる。総要素生産性上昇率は，A_tの変化率として説明することもできる。

5) AKモデルは「労働力に制約がない場合のハロッド＝ドーマー・モデル (Harrod=Domer model)」に等しい。ハロッド＝ドーマー・モデルでは，$1/A$が，資本係数または限界資本係数 (Incremental Capital Output Ratio: ICOR) と呼ばれている。

6) このモデルにおいては，労働力 (＝雇用) が一定と仮定されているので，労働力が明示的に現れていない。人口成長率が低い経済や，失業が多くて，労働力増加が生産増に結びつかないような経済が，このモデルの念頭にある。このモデルにおいて，労働力が増加することは，Aの上昇として扱われる。内生経済成長モデルの典型としてRebelo [1991]が示したAKモデルにおいては，YやKがそれぞれ，1人当たりGDP，1人当たり資本と定義してモデルを展開するので，労働力はそれぞれの変数の分母に取り入れられることになる。

7) (3-2) 式が成り立つということは，$Y_{t+1} = AK_{t+1}$も成り立つということを意味する。この式の両辺を (3-2) 式の両辺で引くと，$Y_{t+1} - Y_{t+1} = A(K_{t+1} - K_{t+1})$，つまり$\Delta Y_{t+1} = A \cdot \Delta K_{t+1}$を得る。これを (3-2) 式の両辺で割ると，$\Delta Y_{t+1}/Y_t = \Delta K_{t+1}/K_t$が得られる。

8) 原典はSolow [1956]。くわしくは，Barro and Sala-i-Martin [1995] pp.14-58，等を参照。

9) これを資本の限界生産性逓減の法則と呼ぶ。資本の限界生産性は$\Delta Y/\Delta K$として定義される。新古典派成長モデルにおいては，限界生産性に加えて，平均生産性 ($Y/K = y/k$) も逓減している

ことにも注目してほしい。
10) 代表的な文献としては Romer [1986], Lucas [1988] がある。代表的な教科書としては Acemoglu [2009], Barro and Sala-i-Martin [1995], Grossman and Helpman [1991], Jones [1998] 等がある。
11) くわしくは，ミクロ経済学の教科書，たとえば西村[1995]を参照。

―――― 参考文献 ――――

大川一司・高松信清・山本有造 [1974]『国民所得（長期経済統計 1）』東洋経済新報社
西村和雄 [1995]『ミクロ経済学入門（第 2 版）』岩波書店
速水融・宮本又郎 [1988]「概説 17-18 世紀」速水融・宮本又郎編『経済社会の成立――17-18 世紀』岩波書店
安場保吉 [1980]『経済成長論（第 2 版）』筑摩書房
山形辰史 [2008]「バングラデシュとカンボジア――後発国のグローバル化と貧困層」山形辰史編『貧困削減戦略再考――生計向上アプローチの可能性』岩波書店
Acemoglu, D. [2009] *Introduction to Modern Economic Growth*, Princeton University Press.
Barro, R. and X. Sala-i-Martin [1995] *Economic Growth*, McGraw-Hill.（大住圭介訳『内生的経済成長論』I，II 九州大学出版会，2006 年）
Clark, C. [1967] *Population Growth and Land Use*, Macmillan.（杉崎真一訳『人口増加と土地利用』農政調査委員会，1969 年）
Feenstra, R.C., R. Inklaar and M. Timmer [2013] "PWT 8.0: A User Guide," Groningen Growth and Development Centre, University of Groningen.
Grossman, G. M. and E. Helpman [1991] *Innovation and Growth in the Global Economy*, MIT Press.
Inklaar, R. and M. Timmer [2013] "Capital, Labor and TFP in PWT 8.0," Groningen Growth and Development Centre, University of Groningen.
Jones, C. I. [1998] *Introduction to Economic Growth*, W.W. Norton.（香西泰監訳『経済成長理論入門――新古典派から内生的成長理論へ』日本経済新聞社，1999 年）
Kuznets, S. [1971] *Economic Growth of Nations*, The Belknap Press of Harvard University Press.（西川俊作・戸田泰訳『諸国民の経済成長』ダイヤモンド社，1977 年）
Lucas, R.E., Jr. [1988] "On the Mechanics of Economic Development," *Journal of Monetary Economics*, Vol.22, No.1, pp.3-42.
Rebelo, S. [1991] "Long-Run Policy Analysis and Long-Run Growth," *Journal of Political Economy*, Vol.99, No.3, pp.500-521.
Romer, P.M. [1986] "Increasing Returns and Long-run Growth," *Journal of Political Economy*, Vol.94, No.5, pp.1002-1037.
Rostow, W.W. [1960] *The Stages of Economic Growth, A Non-Communist Manifesto*, 2nd ed., Cambridge University Press.
Solow, R. M. [1956] "A Contribution to the Theory of Economic Growth," *Quarterly Journal of Economics*, Vol.70, No.1, pp.65-94.
Weil, D.N. [2005] *Economic Growth*, Pearson Addison-Wesley.（早見弘・早見均訳 [2010]『経済成長（第 2 版）』ピアソン桐原）

第4章 人的資本

伊藤 成朗

はじめに

個人が生産に貢献するには、物理的な仕事をする肉体労働（physical labor）、仕事の指針を作る知的労働（intellectual labor）のほか、新しい知識（knowledge）を作り出すなどの方法がある。肉体労働を可能にする筋力は労働（labor）、知的労働や知識生産を可能にする知的能力は人的資本（human capital）と呼ばれ、生産要素として捉えられている。通常、資本とは機械や建物などの物的資本（physical capital）をさすが、シカゴ大学の経済学者シュルツ（T.W. Schultz）は、教育などは経済に貢献するために資本として捉えることができ、その収益率を考えるべきだと指摘した（Schultz [1960]）。同じくシカゴ大学の経済学者ベッカー（G. Becker）は、学校教育やOJTは人的資本蓄積のための投資であり、その結果として所得が増えることから、収益率に応じた投資をすることで資源配分が効率的になることを説明した（Becker [1962][1964][1]）。知的能力は、親から引き継ぐ先天的な才能をベースに、家庭や学校などで受ける教育によって増えると考えられる[2]。

人的資本は技術革新を引き起こして経済発展を促す生産要素であるため（第

3章参照），教育によるその増大が開発政策の目標にあげられることが多い。しかし，途上国特有の市場や制度の未発達により，人的資本投資は多くの国で過小である。また，身体の健康が損なわれると筋力が損なわれるだけでなく，人的資本を利用する機会が制約されて投資収益を回収する期間が減ってしまう[3]。このように，人的資本は健康と切り離して考えることはできない。本章では，人的資本への投資として，通常取り上げられる教育だけでなく，保健についても考えていくことにしたい。

1. 人的資本蓄積の推移・現状

教育や保健は開発において重要性が常に認識されてきたが，その認識が結果に反映されるには長い時間を要している。1990年に万人のための教育（Education for All）宣言が採択されても，初等就学率が低所得国平均で70％を超えたのは2000年以降である。保健についても，万人のための健康（Health for All）が1970年代からWHOなどで提唱されていても，結核，マラリア，HIV／エイズなどに焦点が当てられて安定した予算が配分されるようになったのは，95年のUNAIDS（国連エイズ合同計画）設立，2002年にこの3疾病のためのグローバル・ファンド（Global Fund for Fighting AIDS, Tuberculosis, and Malaria），03年にアメリカでエイズ救済のための大統領緊急計画（PEPFAR）が設立されてからといってよい。以下では，教育や保健に関する結果指標を概観する[4]。

教育――就学率，PISA

人的資本を正確に計測することは困難なので，人的資本量を就学率で代理させる研究が多い。この背景には，学校に行けば子どもは学習するので就学率さえ観察すれば人的資本量を把握できる，という仮定がある。図4-1は過去40年間の就学率の推移である。1970年には低所得国は初等純就学率（初等学齢人口就学者数と初等学齢人口の比率）が50％を切っているが，2010年には75％を超えている。中等純就学率については，中所得国ですら00年に50％を超える程度である。低所得国は10年で50％未満であり，初等教育でみられた大

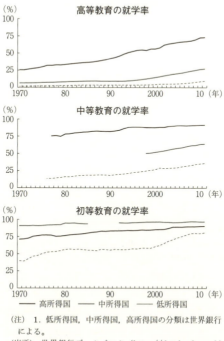

図 4-1 就学率の推移

凡例: 高所得国　中所得国　低所得国

(注) 1. 低所得国，中所得国，高所得国の分類は世界銀行による。
(出所) 世界銀行データバンク (http://databank.worldbank.org/data/home.aspx) のデータより作成。

きな伸びはない。低所得国の就学率は，ミレニアム開発目標 (MDGs) が提唱された 2000 年前後から飛躍的に伸びたが，初等教育以降の就学率の伸びは鈍い。高等教育は低所得国と中所得国の伸びが少ないのに対し，高所得国は 1970 年の 25％ 近辺から 2010 年の 75％ 程度にまで増えている。約 50 ポイントの伸びは，就学率が粗就学率であるという点を割り引いても，驚異的である。これは技術革新と親和性のある高等教育レベルの人的資本への報酬が高所得国で高まっていることを反映していると考えられる (Buchinsky [1994]; Acemoglu [2002]; Card and DiNardo [2002]; Autor, Levg and Murnane [2003]; Autor, Katz and Kearney [2008]; Acemoglu and Autor [2011])。

高度な人的資本への報酬が高まると，学校に通ったことだけでなく，何を学んだかがより問われるようになる。実際に身に付けた知的能力や知識が所得を決定するからである。学校教育の質が低い場合には，就学率をみているだけで

第 4 章　人的資本　61

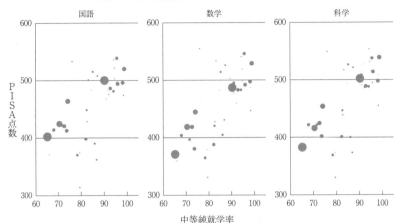

図 4-2 中等純就学率と PISA 点数（2009 年）

(注) 円の大きさは学齢人口規模と比例する。
(出所) 世界銀行データバンク（http://databank.worldbank.org/data/home.aspx），OECD（http://www.oecd.org/pisa/keyfindings/indices_2009.zip）のデータより作成。

は人的資本水準を正確に知ることができない。たとえば，インドでは初等就学率が上昇しているが，読み書きが十分にできないまま卒業する子どもが多いことが問題視されている（Pratham[2011] pp.58-64）。この場合，就学率だけで人的資本水準を判断すると過大評価になる。

教育の質を確かめるために，図4-2は中等純就学率とOECDが実施している学習到達度調査（PISA）の点数を比較している[7]。図では国語，数学，科学の科目の点数が中等純就学率に対して示されているが，就学率が80%以下だとPISA点数も平均である500以下の国が多い。一方，就学率が90%前後になると，平均を超えるようになる。これらの傾向は科目を通じて変わらない。この図からは，高い中等就学率を記録している国では学力は高く，80%以下の就学率だと少数の例外を除いて学力は低いことがわかる。つまり，初等教育と異なり，中等教育については量が足りていれば質も足りていることになる。

保健 ──GBD, DALY

個人の健康状態を計測することは，知的能力を測る以上に困難である。しかし，罹患が人類にもたらす費用を把握することは医学に限られない分野で貴重

な情報となることから,WHO(世界保健機関)では健康についての個人や国で比較可能な統計を整備している。個人間で健康状態を比較するために開発された指標がDALY(Disability Adjusted Life Year)である。これは傷病で失われる時間を計測しており,ある個人が1年間余命を失うと1DALYである。DALYを計算するにあたっては,さまざまな傷病が起こる確率とその逸失期間を各国ごとに計算する。たとえば,重度のアルコール依存症の状態で1年過ごすと,0.549DALYと計算する。WHOは各国について各傷病負担を合計し,世界的な傷病負担(Global Burden of Diseases: GBD)統計を公開している。健康状態を個人間で比較可能な指標で計測するような野心的な試みは,不完全な成果しかもたらしえないが,大まかな傾向を知るうえでは大変参考になる。[8]

図4-3では,2010年時のDALY率(人口10万人当たりのDALY)を東アジア,南アジア,サブサハラ・アフリカの3地域についてGBDの大分類ごとに描いている。[9] DALY率が大きいほど人口は不健康であり,各図および図中の各傷病は面積がその傷病のDALY率に比例するよう描画されている。さらに,死亡率が高いほど網かけが濃くなるよう各傷病を区分けしてある。

3地域で所得が最も高い東アジアは図の面積が最も小さいので,1人当たりの傷病負担合計は最小である。内訳としては非感染症の疾病負担が大きく,死亡率の最も高い疾病は脳血管症である。サブサハラ・アフリカの図は面積が最も大きく,東アジアの2.56倍である。感染症が最大の負担源で,マラリアとHIV/エイズの疾病負担と死亡率が高いほか,予防が比較的容易な呼吸器疾患と下痢,出産や新生児に関わる疾病負担と死亡率の高さも目立つ。公衆衛生環境,感染症知識,母子保健,一次医療提供体制などに課題があることがわかる。両地域の間に位置するのは南アジアである。一次医療提供体制も整備されつつあるために,非感染症の面積が感染症よりも大きい。肺疾患(COPD)や脳血管症も多い一方で,高脂肪の食事が多いため心疾患や糖尿病などの面積が大きく,低所得にもかかわらず治療費用の高い高所得型の疾病構造に移行しつつある。また,サブサハラ・アフリカと南アジアは,東アジアに比べて全体的に色が濃く,死亡率の高い疾病が多いこともみて取れる。

第4章 人的資本

図 4-3 傷病による喪失年数のツリーマップ（2010 年）

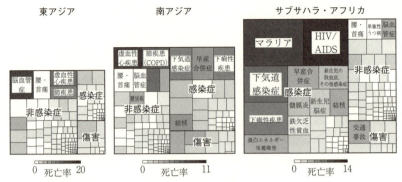

(注) 1) 図の面積は 1 人年当たりの DALY を示す。人口規模に依存しないことに留意。
    2) 各分類内の傷病について、死亡率が大きいほど網かけが濃くなるように区別した。
    3) 地域分類は世界銀行の分類に準じる。
(出所) Global Burden of Diseases, 2010 (http://viz.healthmetricsandevaluation.org/gbd-compare/) のデータから作成。

図 4-4 傷病による喪失年数のジェンダー比較（2010 年）

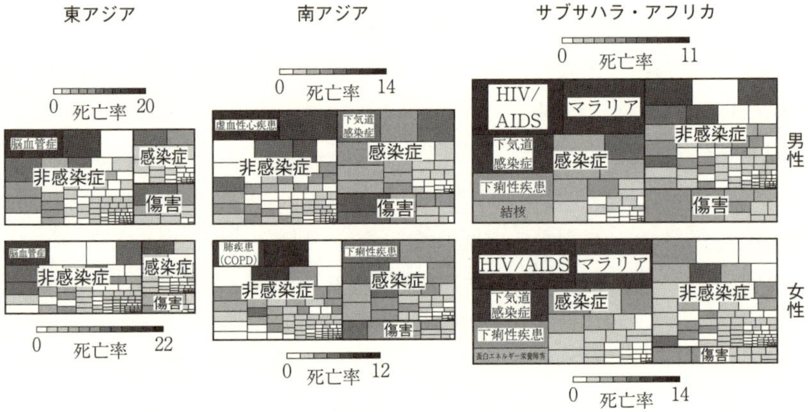

(注) 1) 上部パネルは男性の傷病負担、下部パネルは女性の傷病負担。
    2) 図 4-3 の注を参照。
(出所) 図 4-3 と同じ。

格差——ジェンダー

1970年代から，途上国開発において女性のかかわりや女性の厚生に関する視点が不足しているという認識が高まり，開発における女性（Women In Development: WID）への配慮を明示的に打ち出した開発プロジェクトが実施されるようになった。女性のみを取り上げると男性のかかわりを薄める印象を与えかねないため，現在ではジェンダーと開発（Gender And Development: GAD）という，よりジェンダー中立的な用語が用いられている[10]。

図4-4は図4-3を男女別に描いている。女性の方が長生きするために男性と比べて平均的に高齢で傷病をより多く報告することから，ここでは年齢の影響を除去して男女比較が可能なDALYを用いている。各地域ごとに男女で幅を同じにしてあるので，高さによって各地域内での男女差が表されている[11]。女性はどの地域でも男性よりも負担が小さいが，南アジアが男性と比較して最も大きく（男性の88%），次いでサブサハラ・アフリカ（同87%）であり，両者は東アジア（同77%）よりも女性負担の比率が高いことがわかる。この2地域では女性の権利が保証されにくいことが知られており，女性の権利喪失が健康的な人生を奪う可能性を示唆している[12]。その一方で，傷害では，肉体労働に就く可能性が低い女性に有利な結果となっている[13)14]。

2. 人的資本蓄積のメカニズム

知的能力や健康状態は，その日のうちになくなってしまうフローの性質ではなく，ひとたび到達するとその水準が一定期間保たれるストックの性質をもつ。子どもの知的能力を高めるには，胎内環境をよくするための努力や学校教育を受けるなどの投資が必要である。健康を良好にするにも予防や衛生などの投資が必要である。知的能力も健康状態も，生産活動を効果的にし，そのストック水準達成に投資が必要であるという共通の特徴がある。このため，以下では，両者を区別せずに，人的資本一般が賃金などを通じて個人の厚生に与えるメカニズムを考える。また，経済学的見地から分析するために，人的資本投資のための教育や医療のサービスを供給側と需要側に分けて分析する。

最適な人的資本量の決定

　生産においては人的資本の多い人ほど生産性が高くなりやすいため、人的資本が多いと所得（収益）が高まる。一方、人的資本を増やすための投資には費用がかかる。教育では、授業料、制服費、通学費、教科書費に加えて、就労しないことによる逸失所得、保健では健康維持のための治療や予防のための費用である。経済合理的な個人は、人的資本からの所得と費用の差（純所得）を最大化するように人的資本を選ぶ。

　教育に関する研究では、就学年数で人的資本量 s を代理し、s を一単位増やすことで得られる追加的収益（「限界収益」という）は、s が増えると減る、と実証的に主張されてきた。ブランデル（R. Blundell）らによれば、中等教育修了の限界収益は初等教育修了の限界収益よりも低いことが指摘されている[15)16)] (Blundell, Dearden and Sianesi[2005])。

　人的資本 s を一単位増やすことで必要になる追加的費用（「限界費用」という）は、s が増えると増える、と考えられる。初等教育の逸失所得は少ないが、中等教育、高等教育と年齢が進むとともに、働いた場合に得られる所得が増えるからである。また、学費も高くなる傾向がある。医療でも、軽微な症例への対策であれば費用は少ないが、重症対策には多額の費用がかかるので、健康状態の改善度合いが大きいほど限界費用は高まると考えて大きな間違いはないであろう。

　この2つをあわせて模式化すると、横軸に s、縦軸に金額をとれば、図4-5のような右下がりの限界収益曲線、右上がりの限界費用曲線が描ける。通常の経済学の原理と同様に、純所得が最大化する人的資本量 s_A は限界収益と限界費用が一致する点、つまり、図4-5の交点 A に対応する資本量で与えられる。A の高さ r_A は人的資本量を1単位増やした際の追加的な収益額である。[17)]

　仮に、教育供給側で改革があり、教育の質が向上して就学年数の労働市場での評価が上がるとしよう。この場合、図4-5では限界収益曲線が上にシフトすることに等しい。限界収益曲線が MR' にシフトすると、限界費用曲線が右上がりなので、交点は右上に移動する。均衡 B では、最適人的資本量は s_B に増え、限界収益も r_B に増える。一方、児童労働賃金減少などで教育を需要する個人にとって教育の限界費用が減少すれば、限界費用曲線が下にシフトして

図 4-5 最適な人的資本量の決定

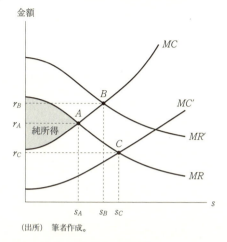

(出所) 筆者作成。

MC' となる。この場合，均衡は限界収益曲線上を右下に C まで移動し，最適人的資本量は s_C に増え，限界収益は r_C に減る。

　人的資本量を就学年数として捉え，賃金 v の対数が就学年数 s に応じてどのように変化するのかを推計する式を，最初に推計した経済学者の名前をとってミンサー方程式（Mincer equation）と呼ぶ。

$$\ln v = a0 + bs + a1\,x1 + \cdots + ak\,xk + u: \qquad (4\text{-}1)$$

ここで $x1\cdots xk$ は，所得に関係するその他の説明変数（年齢，親の学歴，勤務先情報，居住地域など），u はその他の要因を表す回帰式の誤差項である。ミンサー方程式では b が s を一単位増やしたときの所得増加率を示すので，学校教育の限界収益率を示すと解釈できる[18]。

人的資本投資が少ない理由——供給不足と需要減退

　最適な人的資本量は需要と供給の各要因によって決定するため，人的資本投資が少ないのであれば，その原因も供給側と需要側の両方を考える必要がある。この考え方によれば，児童労働は，限界費用が限界収益よりも大きいために，子どもが働くことを自主的に選んでいる状況，という解釈もできる。学校教員が不足していて自習時間ばかりであれば，費用ばかりがかさんで通学しても意味がないかもしれない。医師が欠勤がちであれば，病院に行ってサービスを受

けられないよりも近所のお店で薬を買う方が望ましいかもしれない。人員不足，欠勤と怠業，ぞんざいな勤務態度，施設備品の不備などが原因で供給側が質の低いサービスを提供していると，需要を減らすことが合理的になる。[19]

　人的資本投資が少ない原因が需要側にある可能性もある。人的資本投資の収益性は理解していても，先立つものがなければ（信用制約〔credit constraint〕下にあると）投資できない（Jacoby and Skoufias [1997]; Beegle, Dehejia and Gatei [2006]）。また，もしも投資の便益を過小に期待していると，予防や治療をする意欲が減ってしまう。[20] このように，教育では，学費，制服費，教科書費，教育の質などは供給側の要因，習熟度，逸失所得，通学費などは需要側の要因であるが，供給側（需要側）要因だから限界費用（限界収益）に影響するという機械的な対応関係にないことを注意すべきである。

　需要側への政策介入はサービス利用を増やす効果があると多くの研究で確認されている（Saavedra and Garcia [2012]）。利用が増えたことで学力や健康状態などの人的資本そのものに与える効果は，少数の研究を除きまだ研究途上である。供給側への政策介入は学校組織や病院組織を改編する必要もある。実施への抵抗があるだけでなく時間がかかるため，効果もわかっていないことが多い。信用制約などの理由で抑圧された人的資本投資が喚起されるのは望ましいが，需要増に見合った供給増が見込めないと，需要過多になって提供されるサービスの質が低下しかねない。責任ある政策であれば，需要を喚起したら供給も増やすことに留意すべきである。

3. どうすれば人的資本蓄積を支援できるのか

社会的に最適な人的資本投資

　第2節の最適な人的資本投資が実現するためには，いくつかの条件を満たす必要がある。[21] 第1に，最適に人的資本量を選ぶ際には，投資が人的資本蓄積に与える影響，人的資本が所得に与える影響を大まかであれ個人が知らねばならない。これらは人的資本投資の収益率を個人がある程度知っていることを意味する。感染症予防投資の場合，感染経路，予防，治療の知識が要求される。第2に，投資には費用がかかるので，現金が足りない場合には，借入れなど

で費用を調達できなければならない。感染症予防では予防費用だけでなく医薬品などの予防や治療の手段も調達できなければならない。第3に，感染症の場合，予防や治療の便益として自分が他者を感染させる可能性が減ることも考慮しなければならない。もしも，治療や予防が他者への感染を阻む効果（正の外部性）を無視して投資を決めると，社会全体では感染症対策が過小になってしまう。第4に，人的資本投資を決める人と投資を受ける人が同一，もしくは，利害を共有することが必要である。女性の教育や保健を重視しない地域では，本人が望んでも地域社会や家長が投資を禁じるために，人的資本のジェンダー格差がなくならない傾向がある。第5に，投資手段を提供するサービスが存在しなければならない。遠隔地では教育や医療のサービス提供者が存在せず，投資を考えることが現実的ではない場合がある。

支援策の例

現実には社会的に最適な水準の人的資本投資が実現することは多くない。表4-1と表4-2は，最適投資を阻む原因例を市場の失敗と制度の不備に分けてあげている。信用制約下にあって投資ができない場合には，奨学ローンや学費補助（無償化を含む）などが対策として考えられる。奨学ローンがあれば補助は不要だが，人的資本投資を増やすことで所得が増え，将来の税収が増えることで帳消しになる場合には，返済を求めない補助金も正当化される場合もある。

収益率や予防方法に関する知識がない場合は，知識伝達市場の失敗が原因である。誰かが知識を利用しても他の人が利用可能なように，知識の利用には競合性がない[22]。よって，ひとたび誰かに知識を与えると，意思疎通に費用がかからない範囲内でその内容が無料で共有されやすい。仮に，知識を伝える主体が知識伝達費用を回収しようとすれば，最初に伝える相手に高い価格を請求する必要があるので，誰も知識を進んで得ようとしなくなる[23]。このため，市場は効率的な知識伝達に失敗する。この場合，知識伝達による利益を将来の税収増や医療費用減で間接的に回収できる政府が担当することを正当化できる。

教育や医療に質の高い労働力が欠如している背景には，教育投資金融や医療保険の市場が失敗するために，利用者が高い質に見合う費用を支払えないことがあげられる。さらに，サービス提供機関経営者が被雇用者の勤務努力や能力

表 4-1 市場の失敗とその対策

原　因	対　策
手元現金が足りず借入れもできない	奨学金，学費補助
収益率や予防方法を知らない	宣伝
質の高い教師や医療従事者が足りない	採用増，補助職員採用，怠業防止，遠隔装置利用
他者への感染を考えない	予防策の補助

表 4-2 制度の不備とその対策

原　因	対　策
親や家長が同意しない	条件つき補助金
学校や病院が近くにない	施設建設，交通支援，寄宿舎整備

を観察できない（情報が非対称である）と，怠業（モラル・ハザード）が発生したり，高い能力をもつ従事者を低賃金で排除してしまうアドバース・セレクションが発生しかねない。情報の非対称性への対処は容易ではないが，生徒の成績に給与を連動させる成果主義を採用したり（Muralidharan and Sundararaman [2011]），抜き打ち検査や IT を利用した遠隔監視などの怠業防止策を講じると（Duflo et al. [2012b]），その影響を抑えることができる。情報の非対称性が深刻ではなく純粋に人員が不足している場合には，賃金が相対的に低く解雇が容易な補助従事者を採用したり（Banerjee et al. [2007]; Muralidharan and Sundararaman [2011]），IT を利用して少数の優秀な従事者のサービスを遠隔地にも利用可能にすること（教育では遠隔教育，医療ではテレメディシン）も有益である。その一方で，補助教員採用が腐敗の温床になったり，正規教員の怠業の原因になる可能性も示唆されているために，適切な誘因設計や情報をいき渡らせる注意が必要である（Duflo, Dupas and Kremer [2012]）。

　感染症予防・治療は費用対効果の高いものが多いが，外部性があるので個人にとって合理的な予防努力水準は社会的に最適な水準よりも低くなる（Miguel and Kremer [2004]）。この場合，予防・治療措置に補助金を与えることが古典的な解決策である。たとえば，麻薬常習者に注射針，セックスワーカーにコンドームを無料で配布する政策も，麻薬常習者，セックスワーカーから他者への HIV その他の感染を防ぐ解決策と解釈できる。行動そのものを禁止せずに行動の影響を抑えることを目的としたこれらの政策は被害削減アプローチ

(harm reduction approach) と呼ばれ，感情的な反発を招くことが多い。しかし，高リスク集団への集中介入とその他人口への感染遮断は，感染症対策の原理に沿った政策である。[25]

　地域社会や家長が同意しないので投資ができないという状況は，個人が自分の人的資本投資を決める権限をもたず，意思決定者と個人との間に利害対立がある制度的不具合のケースである。この場合には，条件付き補助金で対応可能である。条件付き補助金とは，一定の条件を満たすと補助金を与える政策である。たとえば，通学や感染症予防の集会参加などを条件にして，意思決定者に補助金を与えるという内容である。この政策はジェンダー格差縮小にも有効であり，メキシコでは子どもの就学と母親が受給者になることを条件にした補助金政策を実施し，就学年数のジェンダー格差が縮小した（Schultz [2004]）。補助金なので財政負担が発生するが，将来の税収増だけでなく，感染を阻止することで医療費用が節約されるので，支出が正当化される場合がある。ただし，条件付き補助金政策は，当事者にとって望ましい結果内容を政府が決めて補助金の条件に設定するため，当事者が自身にとって望ましい結果を実践できない事情がなければならない（Thaler and Sunstein [2008]; Rizzo [2007]）。例としては，家計内利害対立のほかに，知識不足，近視眼的意思決定など，従来では退けられていた人間の経済合理性の限界（限定合理性）があげられる。[26]

　こうした諸問題に加え，現実的に通える距離の範囲内で，投資の手段を提供する組織がなければならない。施設の建設だけでなく，安全な交通インフラや宿泊サービスの整備も肝要である。このように，市場の失敗を具体的に考え，個人による最適な投資を阻む原因を取り除くことで，人的資本蓄積を支援することができる。

--------- 注 ---------

1) 知識は個人がいなくても存在しつづけるが，肉体労働や知的労働は個人の存在が必要なため，個人が活動する時間や場所に制約される。知識は既存の知識や人的資本などを使って生産されるので，人的資本そのものとは区別される。
2) 厳密には，筋力も同様である。具体的なメカニズムは伊藤 [2014] を参照。
3) さらに，出生時の知的能力は，遺伝のみならず胎内での栄養状態や炎症によっても影響を受けることが指摘されている。近年では，胎内環境が知的能力の発育にとって不利であった場合にも，出生後にどのような働きかけ（remediation）をすれば知的能力を伸ばすことができるのか，多く

の研究者が注目しはじめている。

4) 以下でみる初等就学率は MDG の 2 番目，幼児死亡率は MDG の 4 番目，母性保健は MDG の 5 番目，HIV／エイズやマラリアなどの感染症は MDG の 6 番目，教育や保健でのジェンダー格差の解消は MDG の 3 番目の目標に対応している。アジア諸国の医療保険制度については井伊［2009］を参照。教育制度については Psacharopoulos and Woodhall［1985］；豊田［1995］を参照。

5) 参照先のデータには，高等教育については粗就学率（就学者数と高等学齢人口の比率）しか統計が存在しない。高等教育就学者には成人が多く含まれるため，22 歳以下の就学者に限定すると過小評価になってしまうためである。

6) もしも，この解釈が正しければ，高所得国では加速度的に人的資本蓄積と技術進歩が進み，中所得国や低所得国との格差を今後拡大させる可能性がある。

7) PISA（Programme for International Student Assessment）は高所得国である OECD 加盟国や，中所得国である OECD パートナー国が参加している。最近では，教育の質への関心の高まりを反映して，低所得国（インドの 2 州）も参加するようになった。PISA は 1990 年から実施され，毎年 500 点が平均値になるように採点されている（OECD［2009］，第 9 章）。

8) 傷病によって身体機能が制限を受けたとしても，障害をもちながら社会に貢献する方法は数多く存在する（くわしくは第 16 章を参照）。傷病によって喪失した期間を計算するという考え方は，障害者の厚生を軽視している印象を与える可能性がある。それでもなお，こうした統計がない場合よりも，ある方が政策決定の指針として重要な情報源となる。DALY を否定するのではなく，どのように改善するのかを考えるのが建設的な議論の仕方といえるだろう。

9) 地域分類は世界銀行の分類に準じる。

10) 多くの国で男性に比べて女性の社会厚生指標が劣っているという指摘がある。くわしくは田中・大沢・伊藤編［2002］などを参照。

11) 具体的には，男女の 10 万人当たりの DALY を全地域について合計し，その大きさの平方根をとって各地域男女の合計面積がその地域の男女の DALY 合計に比例するようにした。この平方根を各図の幅の比率に等しくなるように設定した。さらに，各地域の男女の図の高さを 10 万人当たり DALY に比例するように設定した。

12) サブサハラ・アフリカでは，人口 10 万人当たりの HIV／エイズの疾病負担が男性で 7980 DALY，女性で 8124DALY で，女性の方が大きい。これは男性よりも女性がより若く婚姻出産することから，若年時から HIV／エイズに感染する確率が高くなるためである。

13) これらの数値は報告された症例を元に作成されるので，医療機関などで検査や治療を受けない場合があるために一般的には過小報告になっていると考えられる。女性の権利が保障されていない地域ほど，女性が医療機関を利用することが少ないために，女性の未報告件数が多いと想像できる。よって，図 4-4 の女性対男性比率がジェンダー差を過小に表している可能性に留意すべきである。

14) ジェンダー差別の実証研究としては，Rose［1999］がインド農村のデータを用いて，経済ショックや所得水準などを考慮しても，女児の死亡率が高すぎること，親の意図が働いている可能性を示している。

15) 高等教育の限界収益は中等教育や初等教育よりも高いことが Blundell, Dearolen and Sianesi［2005］；Colclough, Kingdon and Patrinos［2010］などによって指摘されている。これは先進国で観察される傾向と似ている。Colclough, Kingdon and Patrinos［2010］は途上国において初等教育純収益率が低下していると指摘している。

16) 初等と中等など，異なる階層の教育投資の限界収益を議論するとき，初等教育を終えるとどれだけ所得が増えるか，という計算をする。つまり，初等教育を 1 つの単位として考えて追加所得を計算する。よって，これは金額であるが，見方によっては初等教育を済ませるとどれだけ収益が

あるかという初等教育全体への収益率と考えてもよい。収益率として厳密に議論する際には、初等教育1年当たりという具体的な年月数を分母にすべきである。本節では所得／年数が収益率、その収益率を年数で微分したのが限界収益率と考えている。

17) 人的資本の限界収益率 marginal rate of return to human capital は、収益率＝収益／人的資本量を人的資本で微分した値なので、微分の公式を使うと限界収益／資本量－収益／資本量^2 となる。原点から図4-5のA点に伸ばした直線の角度に収益率／人的資本量を引いた大きさに等しい。

18) 賃金の対数をとるのは、経験年数sの収益率はべき乗の効果をもつので、べき乗部分を指数ではなく係数として表すには対数が必要だからである。なお、ミンサー方程式は需要と供給を区別せずに均衡の限界収益率、人的資本量、所得の関係を表しているので、ミンサー方程式だけからbやsを限界収益や限界費用に分解することはできない。

19) 教育の質が低いと就学しても所得が十分に増えないので、児童労働をした方が将来の所得が高くなるという指摘もある（Beegle, Dehejia and Gatti [2004]）。インドでは、公立校教員は政治力のある労働組合に守られているために、農村部では学校に毎日出勤しないこと（Kremer et al. [2005]）、学校の建物が半壊していたり、教室数が足りなかったり、机と椅子がなかったり、トイレや水道が設置されていなかったりなど、設備の不備（Ministry of Human Resources and Development [2006]）によって効果的な学習が阻まれている。教員数が不十分なことから、1人の教員が同時に複数学年を教える複数学年学級が恒常化し、丁寧な学習指導ができない学校も数多い。保健でも、医療従事者の欠勤、待ち時間の長さ、患者への接し方のぞんざいさ、遠距離などが利用を減らす原因となる。インドでは、民間病院は費用が高く、公立病院は医師欠勤のために無駄足になりがちであり、病院が自宅から遠かったり、病院での待ち時間が長く患者の扱いがぞんざいで、無料治療薬も在庫切れで自費になりがちと受け止められている。このため、農村の貧困層は、軽微な症状については医学こそ学んでいないが親切で近隣に住む農村医療従事者（Rural Medical Practitioners）を利用する頻度が高い（伊藤 [2009]; Ito [2011]）。

20) 予防しても健康状態や寿命に変化がなく、疾病予防の限界収益が低いと考えれば、HIV／エイズのリスクがあってもコンドームなしの性交渉が合理的になる（Oster [2012]）。

21) 経済学で人的資本蓄積支援を議論するとき、市場の失敗を是正する以上のことは立ち入らない、という一大原則がある。市場の失敗とは、何らかの原因で市場機能が十分に作用していないことを指す。市場に失敗がない場合には生産的な人的資本投資はすべて借入れなどを通じて実現できるため、市場の失敗に議論を集中させる。このことは、「教育はそれ自体に価値がある」「健康にはそれ自体で価値がある」という教育や健康の消費的価値には立ち入らないことも意味する。「それ自体に価値がある」のであれば、教育サービスを買うことは、たとえば、アニメのフィギュアに価値があると思って買う行動とまったく変わらないからである。アニメのフィギュア購入に政府が補助金を出すことがありえないように、教育や健康の消費的価値に補助金を出すこともありえない。よって、もしも政府が人的資本蓄積を支援する場合には、投資的価値のみを対象にしていることを想起すべきである。

22) 食物や自動車など、一般の財・サービスには利用の競合性がある。

23) 2番目以降に伝達される人に知識の価値だけ支払う意思があったとしても、知識が誤って伝えられる可能性もあるので、高い価格を支払う動機が減ってしまう。

24) 情報の非対称性については第13章を参照のこと。

25) HIV／エイズについては、被害削減アプローチを採用した国では感染率が低く、予防を呼びかけるだけで積極的に対処しないロシア、東欧、中国などでは感染率が爆発的に増えたという指摘がある（Piot [2012]）。

26) 限定合理性を前提に政策を展開する例としては、イギリス政府出資の Behavioural Insights

Team (通称 Nudge Unit) が有名である (http://www.behaviouralinsights.co.uk/)。

━━━━ 参考文献 ━━━━

伊藤成朗 [2009]「人的資本——格差を広げる公的教育と公的保健の機能不全」小田尚也編『インド経済——成長の条件』アジア経済研究所

伊藤成朗 [2014]「早期児童教育介入と効果発現メカニズム——先行研究のレビューを中心に」『アジ研ワールドトレンド』第230号, 39～44頁

井伊雅子 [2009]『アジアの医療保障制度』東京大学出版会

田中由美子・大沢真理・伊藤るり編 [2002]『開発とジェンダー——エンパワーメントの国際協力』国際協力出版会

豊田俊雄編 [1995]『開発と社会——教育を中心として』経済協力シリーズ, アジア経済研究所

Acemoglu, D. [2002] "Directed Technical Change," *Review of Economic Studies*, Vol.69, No. 4, pp.781-809.

Acemoglu, D. and D. Autor [2011] "Skills, Tasks and Technologies: Implications for Employment and Earnings," *Handbook of Labor Economics*, Vol.4, partB, pp.1043-1171.

Autor, D.H., F. Levy and R.J. Murnane [2003] "The Skill Content of Recent Technological Change: An Empirical Exploration," *Quarterly Journal of Economics*, Vol.118, No.4, pp. 1279-1333.

Autor, D.H., L.F. Katz and M.S. Kearney [2008] "Trends in US Wage Inequality: Revising the Revisionists," *Review of Economics and Statistics*, Vol.90, No.2, pp.300-323.

Banerjee, A.V., S. Cole, E. Duflo and L. Linden [2007] "Remedying Education: Evidence from Two Randomized Experiments in India," *Quarterly Journal of Economics*, Vol.122, No.3, pp.1235-1264.

Becker, G.S. [1962] "Investment in Human Capital: A Theoretical Analysis," *Journal of Political Economy*, Vol.70, No.5, pp.9-49.

Becker, G.S. [1964] *Human Capital: A Theoretical and Empirical Analysis, with Special Reference to Education*, National Bureau of Economic Research, distributed by Columbia University Press.

Beegle, K., R. Dehejia and R. Gatti [2004] "Why Should We Care About Child Labor? The Education, Labor Market, and Health Consequences of Child Labor," *NBER Working Paper* (w10980).

Beegle, K., R.H. Dehejia and R. Gatti [2006] "Child Labor and Agricultural Shocks," *Journal of Development Economics*, Vol.81, No.1, pp.80-96.

Blundell, R., L. Dearden and B. Sianesi [2005] "Evaluating the Effect of Education on Earnings: Models, Methods and Results from the National Child Development Survey," *Journal of the Royal Statistical Society: Series A (Statistics in Society)*, Vol.168, No.3, pp.473-512.

Buchinsky, M. [1994] "Changes in the US Wage Structure 1963-1987: Application of Quantile Regression," *Econometrica*, Vol.62, No.2, pp.405-458.

Card, D. and J.E. DiNardo [2002] "Skill-Biased Technological Change and Rising Wage Inequality: Some Problems and Puzzles," *Journal of Labor Economics*, Vol.20, No.4, pp.733-783.

Colclough, C., G. Kingdon and H. Patrinos [2010] "The Changing Pattern of Wage Returns to Education and its Implications," *Development Policy Review*, Vol.28, No.6, pp.733-747.

Duflo, E., P. Dupas and M. Kremer [2012] "School Governance, Teacher Incentives, and Pupil-Teacher Ratios: Experimental Evidence from Kenyan Primary Schools," Massachusetts Institute of Technology Department of Economics Working Paper Series.

Duflo, E., P. Dupas, M. Kremer, R. Hanna and S.P. Ryan [2012] "Incentives Work: Getting Teachers to Come to School," *American Economic Review*, Vol.102, No.4, pp.1241-1278.

Ito, S. [2011] "Health Inequality in India: Results from NSS data," Hirashima, S., H. Oda and Y. Tsujita eds., *Inclusiveness in India: A Strategy for Growth and Equality*, Palgrave MacMillan.

Jacoby, H.G. and E. Skoufias [1997] "Risk, Financial Markets, and Human Capital in a Developing Country," *Review of Economic Studies*, Vol.64, No.3, pp.311-335.

Kremer, M., N. Chaudhury, F.H. Rogers, K. Muralidharan and J. Hammer [2005] "Teacher Absence in India: A Snapshot," *Journal of the European Economic Association*, Vol.3, No.2-3, pp.658-667.

Miguel, E. and M. Kremer [2004] "Worms: Identifying Impacts on Education and Health in the Presence of Treatment Externalities," *Econometrica*, Vol.72, No.1, pp.159-217.

Ministry of Human Resources and Development [2006] "Chapter on Elementary Education (SSA & Girls Education) for the XIth Plan Working Group Report".

Muralidharan, K. and V. Sundararaman [2011] "Teacher Performance Pay: Experimental Evidence from India," *Journal of Political Economy*, Vol.119, No.1, pp.39-77.

OECD [2009] *PISA 2006 Technical Report*, OECD Publishing.

Oster, E. [2012] "HIV and Sexual Behavior Change: Why not Africa?," *Journal of Health Economics*, Vol.31, No.1, pp.35-49.

Piot, P. [2012] *No Time to Lose: A Life in Pursuit of Deadly Viruses*, Norton.

Pratham [2011] *Annual Status of Education Report (Rural), 2010*, Pratham Resource Centre.

Psacharopoulos, G. and M. Woodhall [1985] *Education for Development: An Analysis of Investment Choices*, Oxford University Press.

Rizzo, M.J. [2007] "Should Policies Nudge People? An Exchange with Richard Thaler on Libertarian Paternalism," *Wall Street Journal On-Line "Econoblog"*, May.

Rose, E. [1999] "Consumption Smoothing and Excess Female Mortality in Rural India," *Review of Economics and Statistics*, Vol.81, No.1, pp.41-49.

Saavedra, J. and S. Garcia [2012] "Impacts of Conditional Cash Transfer Programs on Educational Outcomes in Developing Countries," *Rand Corporation Labor and Population Working Paper*.

Schultz, T.P. [2004] "School Subsidies for the Poor: Evaluating the Mexican Progresa Poverty Program," *Journal of Development Economics*, Vol.74, No.1, pp.199-250.

Schultz, T.W. [1960] "Capital formation by education," *Journal of Political Economy*, Vol.68, No.6, pp.571-583.

Thaler, R.H. and C.R. Sunstein [2008] *Nudge: Improving Decisions about Health, Wealth, and Happiness*, Yale University Press.

第5章 貿　易

石戸　光

はじめに

　本章では，「貿易と開発が密接な関係にある」ということを中心に考えたい。[1)]「輸入代替工業化」および「輸出志向工業化」という用語を聞いたことがあるだろうか。以下では，この2つの用語を出発点に，貿易を通じた開発の歴史を概観したい。それから貿易と経済開発の関係が深い点に言及していく。第1節では，貿易と経済開発の関係について，図をもとに考察したい。第2節では，開発をもたらす貿易の理論について「比較優位」という考え方を中心に学ぶ。続く第3節では，「動態的な比較優位」とはどういうことかについて，開発を軸に考えてみる。第4節では，1990年代後半以降に急速に拡大してきた経済統合の動きと開発政策とのかかわりについて展望する。最後の第5節では本章のまとめを行うこととしたい。

1. 貿易と経済開発の深い関係

　19世紀の経済学者マーシャル（A. Marshall）は経済の進歩と貿易が密接に

関係していることを指摘している。その秘密を解く鍵は,「貿易とは分業に他ならない」という事実である。読者のみなさんは,「分業をすると効率が高まる」という事実を経験しているに違いない。貿易による開発とは,「国際的な分業」によってモノやサービスを生産でき,それらを輸出によって交換しあうことによって,結果的により多くの種類のモノやサービスが消費できるようになることを意味するのである。

ここで図5-1を中心にして,貿易（X：輸出,M：輸入,図では太字にして強調）と経済開発（Y：GDP,図では太字にして強調）の関係を考えてみよう。$Y=C+I+G+X-M$ は経済全体（マクロ経済）の均衡（バランス）を表わす式で,常に成り立っている。この規模がだんだん大きくなっていく過程が経済発展の様子である。この式の左側は「供給量」つまり「モノやサービスを作れる量」,右側は「需要量」つまり「それらのモノやサービスを買いたい量」を表している。左辺が先か,右辺が先か,というのは経済学全体での大きなテーマなのだが,基本的に,経済発展の初期段階では,「モノやサービスが作れるかどうか」,つまり左辺の供給能力があるかが,「それらが売れるかどうか」の右辺（需要側）よりも先に決まっている。ちなみに現在の日本経済では,「（能力としては）作れるけれど,（需要がないので）作れない」という状況となっている（不況時に典型的に現れる状況）。

図5-1 貿易と経済開発の関係

$Y=C+I+G+X-M$

$Y=C+I+G+X-M$

$Y=C+I+G+X-M$

$Y=C+I+G+X-M$

$Y=C+I+G+X-M$

$Y=C+I+G+X-M$

$Y=C+I+G+X-M$

$Y=C+I+G+X-M$

式の意味は　供給量（左辺）=需要量（右辺）

日本の歴史を振り返ると，貿易の活用によって戦前は海外に綿糸・綿布などの繊維品，戦後には自動車，電機製品を中心に輸出し，得られた外貨を輸入のために使うことで，国内において多くの財・サービスを消費することができる。とくに 1945 年の終戦を経て 50 年代前半の「朝鮮特需」(朝鮮戦争による軍需製品を日本製造企業がアメリカに大量に輸出したことをさす) をきっかけとして，日本は「貿易を通じた開発」を本格化させてきた。そして東アジアの開発途上国もまた，日本の成功例から習おうと，工業化を伴う貿易拡大の政策をとってきた。[3] その政策は具体的には 2 種類あって，輸入代替工業化および輸出志向工業化 (X の拡大による Y の拡大) である。これらを順に考えたい。

　式の右辺にある M (輸入) は「海外による供給」であり，もともと左辺にあって Y＋M＝C＋I＋G＋X と書いた方が本当はわかりやすい。こうすると，Y は国内からの供給 (たとえば国内産の自動車か家電製品)，M が海外からの供給 (たとえば海外生産された自動車や家電製品) と考えられる。そして Y を増やせば，それだけ国内で雇用が生まれて給与所得が増大するので，人々はより多くの消費 (C) を行って，豊かな生活が送れるというシナリオが考えられる。この輸入 (M) をなるべくやめて代わりに国内生産 (Y) を増やすことによって左辺を増大させ，その結果得られる国内所得を使って消費を拡大し，豊かさを得よう (経済発展しよう)，という政策が「輸入代替工業化政策」である。具体的には，輸入品に関税をかけ，その分だけ国内品よりも販売価格を高くすることで高コストの国内産品を保護し，育成していく政策である。「価格の歪み」による国内産業保護といえる。東アジアにおいては，日本が 1950 年代より朝鮮特需と並行して，アメリカからの輸入自動車を国産自動車に切り替える形で工業化を図ってきたが，これはまさに輸入代替工業化戦略であり，日本に続いて韓国，台湾，シンガポール，香港などの NIEs (新興工業経済) も輸入代替工業化政策を採り，1960 年代以降は輸出志向工業化へ移行した歴史がある。そしてこの過程で生産技術の国内開発もしくは海外からの導入によって，効率的な国内生産の達成もめざされた。さらに 1970 年代には ASEAN (東南アジア諸国連合) のタイは自動車関連の最終生産，マレーシアは家電製品を中心として輸入代替工業化政策を開始し，さらに 1980 年代からは輸出志向工業化への転換を本格化させていった。

ここで,
- Y：GDP つまり国内総生産（Yield「生産」の頭文字 Y で表すのが通例）
- C：消費（Consumption）
- I：投資（Investment）
- G：政府支出（Government Expenditure）
- X：輸出（eXport），ちなみに記号 E は経済学では他の意味で使われることがあるので，輸出には 2 番目の文字 X を使っている。
- M：(iMport)，ちなみに記号 I は投資（Investment）で使うので，輸入には M を使っている。

次に Y＝C＋I＋G＋X－M のなかの X，つまり海外への輸出を増やすことで，需要（右辺）を拡大させ，それに釣り合うだけの国内供給 Y（左辺）を（生産技術の移転や開発などを通じて）増やすことで経済発展を狙う政策が「輸出志向工業化政策」である（そしてこの過程で生産技術の国内開発もしくは海外からの導入によって，効率的な国内生産の達成も同時にめざされる点は，輸入代替工業化の場合と同様である）。日本は自動車について輸入代替工業化政策の後に 1960 年代より輸出志向工業化政策へと転換し，その後 70 年代からは家電製品，80 年代には半導体もアメリカ，ヨーロッパをはじめとした海外へ輸出することで経済発展を促進させてきた。また上記の通り，NIEs は 60 年代以降，ASEAN 諸国は 80 年代以降に輸入代替工業化政策から輸出志向工業化政策へと転換して現在に至っている。

このように輸入代替工業化と輸出志向工業化は，日本を含めた東アジア諸国において顕著に観察され，世界の注目を浴びてきた。さらに今後は最貧国の多いアフリカにおいても，まず輸入代替工業化によって工業化を進め，その後に輸出志向工業化を進めていこうとしている。ここで輸入代替工業化は，1950 年代から 60 年代のラテンアメリカ諸国や東アジアの一部の国以外ではうまくいかなかったことと，そのことの背景として，国内企業による「レントシーキング」，つまり関税による産業保護によって独占的な利益を得るための政治活動を活発化させることのみが目立ち，肝心の生産技術開発がおろそかになってしまった歴史は知っておく必要があろう。また後述するように「経済統合」，すなわちいくつかの諸国間での関税の引下げが活発になってきた現在，関税の

第 5 章 貿 易 79

維持を要件とする輸入代替工業化政策が現実的でないという見方もあろう。したがって途上国のめざすべき貿易を通じた開発の方向性としてはむしろ，貿易・投資の自由化を通じた外資系企業の誘致（直接投資の推進）により国内生産力を強化し（外国企業の活用による輸入代替），同時に輸出志向する政策が現実的かもしれない。

2. 貿易はなぜ起こるか——その理論

「比較優位」とは

　前節では，貿易をすると経済が発展するということをみたが，この節では，貿易はそもそもなぜ起こるかについての代表的なモデルを2つだけ紹介したい。その際に重要となる概念が，「比較優位」(comparative advantage) である。これは，「自分の国としては一番得意」という意味である。たとえば「自国」と「他国」の2つの国，「農産品」と「工業製品」の2つの商品がある場合[4]，「自国としては農業が得意」ということを「自国は農産品に比較優位をもつ」と表現する。この比較優位こそが，貿易モデルのなかでは2国間での貿易のパターンを決定している。以下で取り上げるリカード・モデルとヘクシャー＝オリーン・モデルの2つの貿易モデルは，ともにこの比較優位を基礎にしている。それではこれら2つの代表的な貿易モデルを順にみていこう。

リカード・モデル——「生産技術の違い」が比較優位を決める

　生産技術の違いが比較優位を決めるとするモデルが，19世紀の経済学者リカード (D. Ricardo) による表5-1のような「リカード・モデル」である。自国と他国が，ワインと毛織物をそれぞれ1単位生産するとした場合にどのくらいの労働者が必要となるかを示している。ワインも毛織物もまったく同じ品質で，国の違いによるブランドなどは考えないとすれば，労働者が少ないほど，「生産技術が優れている」と考えられる。すると，自国はワインの生産においても毛織物の生産においても，他国よりも多くの労働者を必要とするため，生産技術が低いといえる。つまり自国は，いわば生産技術の低い開発途上国の状況である。

表 5-1 リカード・モデルの数値例

	ワイン1単位の生産に必要な労働者数	毛織物1単位の生産に必要な労働者数
自 国	120人	100人
他 国	80人	90人

(出所) Ricardo [1817] 第7章 (On Foreign Trade) の数値例。

しかしここで視点を変えて「自国としては，ワインと毛織物のどちらがより得意か」を考える。そのためにたとえば「自国で1単位のワインを生産するのに必要なのは120人だが，この人数をワインでなく毛織物生産に使えば，何単位分の毛織物ができるか」と考える。すると120人÷100人＝1.2単位の毛織物，という計算となる。一方，「他国で1単位のワインを生産する生産するのに必要なのは80人だが，この人数をワインでなく毛織物生産に使えば，何単位分の毛織物ができるか」について考える。すると他国では80人÷90人＝約0.89単位の毛織物，という計算になる。これら2つのことは，合わせて考えると「ワイン1単位の生産をやめて毛織物を生産するとした場合，自国の方がより多くの毛織物を生産できる」ことを表す。つまり自国はワイン生産よりは毛織物生産の方が「比較的に得意」といえるのである。そしてこの場合の「比較」とは，直接的にはワインと毛織物の比較（数式的には「割り算」のこと）である。言い換えると，「自国は毛織物生産に比較優位をもつ」のである。逆に毛織物1単位の生産をやめてワインを生産するとした場合を考えると，上で考えた割り算の分母と分子を入れ替えて考えればよく（計算してみてほしい），結果的には「他国はワイン生産に比較優位をもつ」といえる。ワイン生産と毛織物生産に必要な生産技術が自国と他国で異なるため，必要な労働者数に差が生まれ，その差が「比較優位」を決めているのである。これがリカード・モデルの骨子で，開発途上国的な自国にとっての意義は，「仮に生産技術は他国より優れていなくても，比較優位をもつ商品（産業）は必ず存在する」，つまり輸出できる商品は存在する（このモデルでは毛織物），という点である。端的に表現すると，どの国にも貿易を行ううえでの「取り柄」，すなわち比較優位は存在するのである。

もしこのリカード・モデルが現実にあてはまるとすれば，開発途上国は必ず

何かの商品・サービスを輸出でき，それによって得られる適正な利潤を使って経済発展が可能となるはずである。しかし現実をみると，グローバリゼーション反対の運動が開発途上国を巻き込んで活発であることが示すように，認識として比較優位の理論が必ずしもあてはまらず，むしろ「絶対優位」的な考え方で貿易パターンが決定されている主張もある。たとえばアフリカ諸国の比較優位が軽工業品である（ハイテク製品は生産できない）としても，アフリカの軽工業品より絶対的に価格の安い軽工業品をアフリカ以外の国（たとえば中国）が輸出すれば，アフリカ産の軽工業品は売れなくなるであろう。すなわち，比較優位があっても，価格が絶対的に低いことが要求されるのもまたグローバルな市場における現実である[5]。実はリカード・モデルはいくつかの「単純化」のための仮定に基づいており，それが現実の状況に合わないという見方ができ[6]，そのことが比較優位と絶対優位のどちらの理由で現実の貿易が行われるかを決めているのかもしれない。

ヘクシャー＝オリーン・モデル——「要素賦存」の違いが比較優位を決める

　ヘクシャー＝オリーン・モデルは，リカード・モデルと並んで有名な貿易モデルである。こちらは生産技術の違いを貿易の理由とするリカード・モデルに対して，「要素賦存」の違いが比較優位を決める，ということを表している。すなわち，「仮に生産技術に差がなかったとしても，貿易は2つの国の間で行われる。その理由は，それぞれの国のなかに存在している生産に必要な要素の量の比率（要素賦存）が2国間で異なるからである」ということを説明する貿易モデルである。そのため，「生産要素」として「労働」の他に「資本」の合計2つをモデルに入れている。たとえば多くの人口を抱える開発途上国の場合，「労働」という生産要素が「資本」（具体的には工場設備や舗装道路など）という生産要素と比べて相対的に豊富である。するとその開発途上国は，より「労働集約的」な財，つまり生産において労働を資本よりも比率として多く使用する種類のモノやサービスの生産に比較優位をもつといえる。労働集約的な財の具体例は農産品や繊維製品なのであろう。一方，日本を含めた先進国においては，相対的にいって資本が労働よりも豊富で，結果的に「資本集約的」な財，つまり生産において資本を労働よりも比率として多く使用する種類のモノやサ

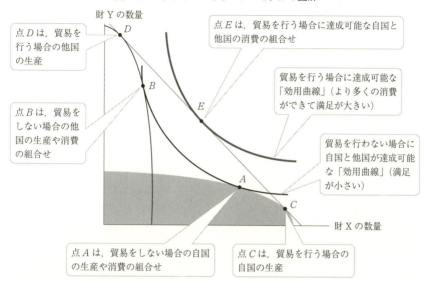

図 5-2　ヘクシャー＝オリーン・モデルの図解

(出所) ヘクシャー＝オリーン・モデルに関する諸文献を元に筆者作成。

ービスの生産に比較優位をもつといえる。資本集約的な財の具体例は，自動車や半導体を用いた電子機器類であろう。

　このようなことを図 5-2 を用いて考えたい。世界に 2 つの国があるとすると，それぞれの国が得意な分野に特化して生産し，交換，つまり貿易をすれば，どちらの国でも，全体として満足度（効用水準）が増す。図の点 E は，自国だけでは生産できない量の財 X と財 Y の消費を表す。つまり自給自足では達成できないほど多くの量の消費である。グラフの横軸はある財 X（たとえばバナナなどの農産品）の量を表し，縦軸は別の財 Y（たとえばコンピュータなどの工業製品）の量を表す。人間の快適な生活のためには，どちらも必要であり，どちらも量が多いほど，満足度（効用）はより高いはずである。片方の財が少ないとき，もう片方が多くなれば，効用は同じになる。その同じ効用となる財 X と財 Y の組合せをすべてつなぐと，図にある弓形の曲線（これを「効用曲線」と呼ぶ）になる。この効用曲線は効用の水準に応じて無数に描け，右上にあるほど，消費する人に高い効用水準をもたらす。

　一方，財 X も財 Y も生産される必要がある（生産しなければ消費できない）。

第 5 章　貿　易　83

そして自国の財X，財Yを生産できる可能性の集合は図の網かけ部分となる。同様に「その他世界」の生産可能性の集合は，図で自国と同じような形（ただし縦長）の図形となる。自国の生産可能性集合は横長で，その他世界の生産可能性集合は縦長である。つまり自国は財Xをつくることが得意であることを示す。貿易を行わない自給自足の場合には，点Aの組合せで財X，財Yを自国で生産し，自国で消費するしかない。しかし，自国は財Yの生産が不得意なため，達成可能な効用は低い。これに対して，貿易を行えば，自国は点Cで生産を行い（つまり得意な財Xの生産にほとんど専念し），得意なためにたくさん生産できた財Xの一部を「その他世界」にあげ（輸出し），逆に「その他世界」が得意な財Yの生産にほとんど専念して，その結果できる多くの財Yの一部を自国がもらう（輸入する）ことで，自国も他国も，点Eという高い効用の水準で消費を行うことができる。これこそが，自由貿易による利益である。貿易用語では，「専念」とは「特化」と表現し，比較優位に特化して輸出を行うことが各国の全体としての利益につながっているのである。このような貿易モデルを，その構築に貢献したヘクシャー（E. Heckscher）とオリーン（B. Ohlin）という2人の20世紀の経済学者の名から，「ヘクシャー＝オリーン・モデル」と呼んでいる（オリーンはこのモデルによりノーベル経済学賞を受賞している）。

　ヘクシャー＝オリーン・モデルのポイントもリカード・モデルと同様，「貿易を通じた開発は重要で，多くの国々が貿易を通じた開発を国の政策としてきた」ということである。貿易を通じた「開国」は，国を繁栄させるもとと考えられるのである。そしてヘクシャー＝オリーン・モデルでさらに明らかにされることは，比較劣位の（比較優位をもたない）産業は縮小し，その産業で豊富に使用する生産要素への「報酬」（工業化をめざす開発途上国であれば，往々にして工場など資本設備の収益率）は下落しかねない。比較優位をもつ産業で貿易による利益が生まれ，国全体ではプラスの効果が生じる一方で，縮小部門に属する資本家（そして失業を余儀なくされるその産業の労働者）からの反発を招きやすい。このこともまた，いくつかの開発途上国がグローバリゼーションに反対している理由である。すなわち自国としては将来的に工業化をめざしたいのに，他国との競争上，自国の工業製品の輸出を伸ばすことができず，結果的に自国の工

業部門が成長できない,という状況が想定されるのである。

　またこのモデルにもいくつかの仮定があって,それらのうち代表的な3つは,「完全競争の仮定」(多くの生産者が潜在的にいるため,生産者が賃金などの正当な利潤を超える不当なまでに高い利潤をあげられないという仮定),「小国の仮定」(貿易を行う国の行動が世界全体の生産量に影響を与えないという仮定),そして「生産要素は国内的には移動が自由で,国際的な移動はできないという仮定」である。これらがいずれも現実にはあてはまっていないのではないか,そうだとすれば貿易が参加する各国に利益をもたらさない可能性もあるのではないか,という批判もグローバリゼーション反対の理由となっているようである。けれども「自由貿易体制がうまく機能すれば,すべての参加国に差引でプラスの利益(したがって経済発展)をもたらす可能性がある」という点を主張し,それが成り立つためにはどのような留意点が必要かを示唆しているヘクシャー＝オリーン・モデルは非常に重要な考え方の枠組みである。

3. 貿易と「動態的な比較優位」とは

「比較優位」とは,「いま得意なこと」

　貿易モデルが着目する「比較優位」とは,「いま得意なこと」を表している。本節では,「比較優位はどんどん変わりうる」という話を紹介したい。一国の経済発展を人の成長に例えるならば,幼稚園の子が「いま得意なこと」は,ダンスや簡単な工作かもしれない。しかし成長するにつれて,比較優位は変化し,たとえば「数学」(微分積分) が得意になるかもしれず,むしろ変化しなければならない。一国の経済発展も同様で,「幼稚産業」を一時期保護することは容認されるとしても,その段階をなるべく速やかに脱却してより自由な貿易体制下で高度な工業製品の輸出を伸ばし,また同時に関税を撤廃して輸入も行っていくことが経済の自立となって適切である。前節の図5-2でいえば,生産可能性フロンティアの形は国民の努力と政策による誘導で変わりうるのである。

韓国の事例

　ここで韓国の事例をあげてみたい。世界銀行は韓国に対して,戦後まもなく

の頃の「低開発国」韓国に対して，農業生産に特化するようにとのアドバイスを行った経緯がある。その理由としては，農業生産こそが韓国のもつ比較優位であるから，という世界銀行のエコノミストらのもつ基本的な認識があった。しかし韓国はこの世界銀行の勧告を100％受け入れることはせず，必ずしも比較優位をもたなかった工業品の生産を（主として日本からの技術移転によって）継続した。その結果，ちょうど日本がそうであったように，農業から繊維産業，そして軽工業品，自動車，半導体を内蔵した家電製品へと輸出の主力品目が時間を通じてどんどん移り変わっていった。[9] また生産方式自体も次第に変わっていった。そして輸入から国内生産への代替，さらには輸出により得られる所得増は，消費財の多様性という形で韓国におけるライフスタイルを大きく変えてきている。[10] これはまさに「動態的な比較優位」を見すえた輸入代替工業化政策が韓国において採られ，さらに輸出志向工業化も行われた結果として経済発展が韓国にもたらされたことを示している。

幼稚産業保護の政策

外国からの輸入品に関税をかけることで国内の同種の産業を保護し育成しようとする「幼稚産業保護[11]」の政策は，このような動態的な比較優位の変化が期待できる状況下で大きな意味をもつといえよう。別のいい方をすると，産業政策と結びついた貿易政策による積極的な誘導が貿易面の比較優位をどんどん変えていくのである。そして生産拡大による学習効果や競争効果，さらには「収穫逓増（ていぞう）」（生産するほどさらに生産性が増す状況）などの効果が働くと，まず国内産業に生産性の上昇がもたらされるのである。これらはまさに，動態的な比較優位の変化を通じた開発の姿である。このことはシンガポール（漁港から金融などサービス重視国へ）やマレーシア（農園から家電を中心とした工業重視国へ），タイ（農園から自動車を中心とした工業重視国へ）など多くの東アジア諸国でもこの動態的な比較優位の変化はみられ，これら諸国は日本に続いて1960年代以降よりめざましい経済発展を経験してきている。世界銀行はこの状況を「東アジアの奇跡[12]」と呼んでいる。今後はベトナムやインドネシア，カンボジアやミャンマーなども動態的な比較優位の変化を経済開発へとつなげる政策がより積極的にとられていくであろう。

さらに1990年代以降に顕著なのは、東アジアにおける「産業内貿易」の進展である。これはとくにタイ、マレーシア、フィリピンなどのASEAN諸国に日系企業が直接投資を行い（これを「事実上の経済統合」と呼んで、次節でみる法的措置を通じた「公式の経済統合」と区別することがある）、それぞれの国の工場で収穫逓増（あるいは「規模の利益」とも呼ばれる）を狙った部品など中間財の一カ所生産を行い、それらを互いの国に輸出し合う、というもので、同じ工業という産業内での双方向貿易を意味している。リカード・モデルもヘクシャー＝オリーン・モデルもともに農業と工業など、「産業間」の貿易を分析するものであるが、これらを修正して収穫逓増原理を入れた産業内貿易の理論も構築されている。[13]

4. 経済統合と開発

経済統合の背景

本節では、「グローバリゼーションのなかでの開発途上国」という視点から貿易と開発について考えてみたい。経済統合とは、自由貿易協定（Free Trade Agreement: FTA）によって2つ以上の国の経済活動が関税の撤廃や法制度の統一によって「公式の経済統合」がなされ、あたかも1つの経済圏とみなされるような状況を作り出すことである。EU（European Union, 欧州連合）はその最たる事例であり、ヨーロッパの複数国間で経済統合が進展している。アジア太平洋地域においては、日本とシンガポールなど二国間のFTAや、RCEP（Regional Comprehensive Economic Partnership, 東アジア地域包括的経済連携）やTPP（Trans Pacific Strategic Economic Partnership, 環太平洋パートナーシップ）の名で知られる複数国間での経済統合の動きが重要である。

これら「公式の経済統合」の動きは、世界的には1990年代よりWTO（World Trade Organization, 世界貿易機関）による多角的自由貿易交渉（WTO加盟国すべてで経済統合しようという交渉）を上回る勢いをみせはじめ、日本においても、この経済統合の交渉の動きが加速している。

そもそも自由貿易はそれを行う国に全体として利益をもたらすのであるが、急に自由貿易が進行すると、比較優位に基づいて伸びる産業部門が存在する一

方で，縮小する産業が出てくる。これは失業問題につながりかねない。そのような状況を懸念する開発途上国と先進国では，比較優位の分野が異なるため，双方とも失業問題を中心にWTOによる大規模な貿易自由化を嫌い，WTOによる多角的貿易自由化交渉（2001年からは「ドーハ開発アジェンダ」という開発途上国に配慮した名称で交渉を行っている）は停滞してしまっている。そこで「縮小が懸念される分野をお互いに除外しあって，残りの分野でのみ自由貿易とすればよいではないか」ということを2国間や複数国で行う動きが活発化しはじめた。これがまさにFTAが活発化してきた理由である。

経済統合の静態的な効果

経済統合，具体的にはFTAの締結によってすぐに出てくる「静態的効果」としては，貿易創出効果と貿易転換効果があげられる。FTAの締結によって経済統合が行われると，経済統合を行った地域（国同士の集まり）のなかで，貿易が新たに行われはじめる。これを貿易創出効果（Trade Creation Effect）という。また同時に，域外との貿易が縮小し，その分が域内との貿易に転換される。これが貿易転換効果（Trade Diversion Effect）である。貿易創出効果と貿易転換効果は，既存の産業の状態が「変化しない」（静態的，static）という状況において観察されるため，ともに「静態的効果」であるとされる。ここでは自国とB国，C国の三国が存在する世界を考え，当初はいずれの国もWTOに基づく輸入関税政策をとっているとしよう。そこで，自国とB国が新たに経済統合（すなわちFTA）を締結するとする。自国とB国の間では輸入関税が相互に撤廃される。数値例で示すと以下の表5-2および表5-3のようになる。

表5-2において，自国とB国，C国のこの商品（たとえば自動車とし，商品はすべて同品質と仮定する）の国内生産費は，通貨単位が同じであると仮定して，それぞれ100，90，85であるとする（金額の単位は何でもよいが，たとえば万円などと考えればよい）。すなわち生産効率においてC国が1番，B国が2番，自国が最も劣る状況にある。

もし，WTOベース（多国間ベース）で自国がB国とC国に対して関税賦課（輸入品に対する20％の従価関税）を実施するならば，自国内における販売価格は，表5-3の2行目にある通り，自国商品が100，B国商品が108，C国商

表 5-2　貿易創出効果の数値例（FTA が自国と B 国との間で結ばれるケース）

	自国	B 国	C 国
国内生産費（＝国内価格）	100	90	85
自国による関税（20%）賦課後の価格（WTO の MFN 待遇）	100	108	102
自国と B 国間での自由貿易協定締結後の価格	100	90	102

（出所）　筆者作成。

表 5-3　貿易転換効果の数値例（FTA が自国と B 国との間で結ばれるケース）

	自国	B 国	C 国
国内生産費（＝国内価格）	100	90	80
自国による関税（20%）賦課後の価格（WTO の MFN 待遇）	100	108	96
自国と B 国間での自由貿易協定後の価格	100	90	96

（出所）　筆者作成。

品が 102 に上昇する（B 国商品, C 国商品に関する計算式はそれぞれ 90×(1＋0.2) ＝108，85×(1＋0.2)＝102 である）。すると経済合理的な自国内の消費者は, 最も販売価格の低い自国商品を購入する。

　そこで新たに自国と B 国との間で自由貿易協定（FTA）が締結されたとすれば, B 国から自国への輸入品には関税がかからなくなるため, 自国内における B 国商品の販売価格は元のように 90 に引き下げられる。すると, 自国内の合理的な消費者は, 今度は最も販売価格の低い B 国からの輸入品を購入するようになる。すなわち, 自国の国内産商品の購入を手控え, 代わりに B 国商品の輸入を新しく行うようになる。これが貿易創出効果である。これは, 経済効率の劣る自国商品からより効率の優れた B 国商品へ消費者の需要が移るためであり, 経済資源のより効率的な活用の観点からみて望ましいものである。ただし, 世界的に最も価格が安いのは依然として域外の C 国商品であるから, 本来は C 国商品の輸入増大が最も望ましい。しかし, 自国と B 国間のみで自由貿易協定が成立しているので, いわば次善の策として B 国からの輸入創出効果が生じているのである。域外の C 国商品は差別されている。

　次に表 5-3 においては C 国の生産費を今度は 80 であると仮定し, その他は不変とする。すると, 表の 2 行目のように関税が 20% 賦課された後でも C 国からの輸入商品が最も安い。したがって WTO 下での貿易体制において C

国商品の輸入が自国において実現する。その状況で，表5-3と同様に自国とB国間で自由貿易協定が結ばれる。すなわち，自国とB国との間で関税が撤廃される。すると，今度は，経済効率において，本来C国より劣っているB国からの輸入商品が最も安くなる。これまでのC国からの輸入はなくなり，B国からの輸入に転換される。これが貿易転換効果である。経済効率の面でC国より劣るB国の生産者が選好されることになる。これは，経済学的に（もしくは資源配分上）望ましいことではない。自国とB国間の自由貿易協定によってC国が政策的（人工的）に排除されたために起こる現象であり，自由貿易協定の弊害とみなされている。

開発途上国にとって望ましいのは，経済効率の良いC国のような国を除外することではなく，むしろ自由貿易協定に取り込むことである。つまり自由貿易協定を開かれた状態に保つことである。そしてこれを地球規模に広げて考えるならば，究極的には，やはりWTOベースの多角的な貿易自由化が最も好ましい，という結論に至る。地球上のいずれの国も（南の国も北の国も），何らかの経済効率ないし比較優位をもっているからである。各々の自由貿易協定も究極的にはその方向に向かい，これを通じた途上国開発をめざすべきであろう。

経済統合の動態的な効果と開発途上国

なお経済統合にはさらに時間が経つにつれて出てくる「動態的な効果」もある。それらは大きく分けて「生産性上昇効果」と「資本蓄積効果」である。これらは前節でみた比較優位の動態的な効果（学習効果，競争効果，収穫逓増など）とほぼ同じ効果で，それらの効果がFTA域内で生じることによって，生産性が上昇したり，海外からの投資が活発化したりすることをそれぞれ意味している。開発途上国は，上でみた静態的な効果に惑わされることなく，より長期的に高度な商品を輸出することが可能となるよう，この動態的な効果をこそ重視した開発政策を採るべきであろう。

5. 貿易と開発——まとめと展望

本章では，貿易の活発化を通じた開発の仕組みと歴史，政策課題を考察した。[15]

貿易と開発の仕組み（理論）部分をまとめると，次の2つになる。①どの国にも「取り柄」（＝比較優位）は存在する。したがって，開発途上国はいまもっている比較優位の分野に特化すれば，海外との貿易によって外貨を獲得することができる。②この外貨を使って，いまは得意でないけれども将来伸ばしたい分野に投資を行って生産能力を伸ばすことができれば，開発途上国は比較優位を変えていきながら経済発展を実現することができる。これを示す歴史的な事実として，日本を含めた東アジア諸国の経済発展があげられる。

　貿易と開発を巡る重要な点として，貿易理論的には「どの国も比較優位の分野に特化すれば利益を得られ」，東アジア諸国が貿易により大いに発展してきた。しかし同時に，「絶対優位」によって輸出がなされることも現実にはありうるため，輸出機会を得られない国も存在する（そしてこれは失業の増大など開発問題と密接に関連している）。この点を懸念する途上国と先進国の対立によって，WTOによる自由貿易は現在停滞気味である。本章の貿易理論で主に考察した有名な「比較優位」の論理を現実に観察される「絶対優位」の論理とどのようにマッチさせるかが，貿易と開発というテーマにおける大きな政策課題である。「人類史上最大の経済学的実験」とも呼べるWTOを通じた多角的貿易自由化の取組みとFTAの併存状況が貿易による開発にどのように影響していくのかは，大きな研究課題である。

コラム：「交易条件の長期的悪化傾向」について

　交易条件とは，「貿易の際の交換条件」のことで，一番簡単な式で表すと「輸入量／輸出量」である。これは「貿易が自国にとってどれだけ有利か」を示し，この数値が大きいほど貿易による利益が大きく，数値が小さいほど貿易は自国にとって不利となる。たとえば日本とフィリピンの関係でいうと，バナナはフィリピンが日本に輸出し，自動車は日本がフィリピンに輸出しているが，バナナは1本だいたい20円くらいである。一方，自動車は車種にもよるが，1台200万程度であると考える。するとフィリピンは20円のバナナを10万本も日本に輸出しなければ，日本から200万円の自動車を輸入する金額は得られない。このときフィリピンにとっての日本との交易条件は，輸出量が「10万」本のバナナで，輸入量が「1」台の自動車であるから，1/10万＝0.00001となる（現実の輸出と輸入ではそれぞれ貨幣で取引され，また両国間で取引される品物も多数であるが，簡単化するとこう

なる)。もしフィリピンが輸出するバナナの値段が高くなれば，交易条件の数字は大きくなり（改善し），より少ない本数のバナナの輸出で，1台の自動車を輸入できるに違いない。しかし実際には，バナナの値段は歴史的に低下傾向で，一方自動車の値段は絶えざる技術進歩によってむしろ上昇傾向である。つまり農産品のバナナだけを輸出していたのでは，自国の交易条件は悪化しつづけてしまう。農産品に比較優位をもつ開発途上国と工業製品に比較優位をもつ先進国の間で経済格差は拡大してしまうのではないか。そうであるとすれば，開発途上国にとって深刻な事態である。

UNCTAD (United Nations Conference on Trade and Development, 国連貿易開発会議) は開発途上国の経済発展促進と南北問題の是正のために国連が設けた機関で，1963年に活動を開始しているが，そこでの議論はまさにこの「交易条件の長期的悪化傾向」であった。これを唱えた2人の指導的経済学者の名にちなんで，「プレビッシュ＝シンガー命題」とも呼ばれる主張であり，簡単にいうと，「交易条件（貿易の際の交換条件）が開発途上国にだんだん不利になる傾向があるので，途上国からの農産品輸出の時の価格支持などで改善をめざそう」という動きにつながる。この主張は，いわば「手放しのグローバリゼーション」に反対し，「公平な貿易」(Fair Trade) を推進しようという議論（たとえば Stiglitz and Charlton [2005]）の背景となっている。貿易による開発途上国の経済発展を重視する UNCTAD と，先進国も含めた世界全体の自由貿易体制の確立による全世界的な経済発展をめざす WTO が「せめぎ合っている」のが現在の世界貿易システムの状況である。

------ 注 ------

1) 開発経済学の観点から貿易を扱った文献としては，Ray [1998] や Todaro and Smith [2011] などがある。
2) これについては身の回りに多種多様な例があるが，アダム・スミスはその有名な著書『国富論』の冒頭で，釘工場を例にあげており，鉄を伸ばすこと，切ること，頭の部分を丸くすることなど，別々の作業をそれぞれの作業員が受け持って専念するからこそ，多くの釘の生産が可能になっている，と指摘している。そして同書の後半で自由貿易の利益を論じており，分業と貿易とは深く関連しているのである。
3) なぜ（農業化でなく）工業化なのかというと，工業製品は「需要の所得弾力性が高い」からである。経済が発展して所得が増えると，消費者は所得のうちより多くの割合をテレビや自動車など工業製品の購入に使うようになる，という意味である。そのため工業製品を生産した方が，世界全体が経済発展をしている状況下では利益を得やすいのである。もちろんすべての国が工業化重視となると，農産品は少なくなって価格は上昇し，農業化を行った方が儲けやすいという状況もでてくるかもしれない。ちなみにベトナムは，工業化と同時にコーヒーなど農産品重視の貿易政策を行っており，今後の経済発展ぶりが注目される。
4) ちなみに伝統的な貿易理論では，2つとは「たくさん」という意味合いをもっている。もちろん

現実には世界全体で200カ国ほどの国々が存在するが，それらをすべて貿易モデルで登場させると複雑すぎるので，「自国」と「それ以外の国々」の2つに簡単化している，と考えるとよいかもしれない。

5) たとえば，「私の国では技術水準が全体的に低く，織物生産があえていえば比較優位です。それでも絶対的には質が低いのですが，自動車を生産する場合の質の低さよりはましなので，ぜひこの織物を買って（輸入して）ください」という状況で「そうですか，織物があなたの国の比較優位であればもちろんあなたの国から輸入しましょう」とスムーズに決まる世の中ではないということである。やはり消費者は，絶対的な質のよさを求めることが多く，途上国の輸出面での「取り柄」や「出番」がなくなってしまう結果，途上国が貿易自由化に反対している状況が現実にみられる。

6) 具体的には，自国と他国の双方で労働者の完全雇用が達成されていること，商品の輸送コストがかからないこと，労働者の移動は国内では完全に自由で，二国間ではできないこと，等である。

7) 身近な例えとして，大人が湯船に入ると，お湯の高さが「変化する」が，子どもが入ったところで，ほとんど「変化しない」のである。小国の仮定とはまさにこの例の子どものように，世界全体のモノの生産量（＝お湯の高さ）に影響を与えることができないほど小さい国，という状況を指している。そしてこのことは，モデルのなかで「X財やY財の価格は，自国の生産量の増減によって変化しない」ということにつながっている。なお，開発と輸出品や輸入品の価格については，コラムを参照。

8) 19世紀から20世紀初頭の議論として，ミル（Mill [1848]）は「ある産業が保護によっていずれ自立可能となるならば，幼稚産業として保護が是認される」とし，またバステーブル（Bastable [1917]）は「幼稚産業の保護によって得られる将来の利益が保護による当面の損失より大きいならば，幼稚産業の保護は是認される」と主張した。

9) 筆者は「三星シューズ」という韓国系企業が製造した靴のテレビコマーシャルが1970年代に日本で放送されていたのをかすかに覚えている。しかしいまや「三星」は「サムスン」と読み，この会社は靴などの軽工業品ではなく，液晶テレビをはじめとしたハイテク家電製品の分野で有名である。すなわちこの会社の比較優位は時間を通じて動態的に変化してきたのである。

10) 経済発展の消費に与える効果とは，同じ商品がたくさん消費できるということにかぎらず，たとえばiPhoneや高画質の薄型液晶テレビ，自動掃除ロボットなど，多様で，より進歩した財やサービスの消費が含まれる。そして消費の多様性は貿易を通じた財の多様化によって可能となるのである。

11) 収穫逓増のもたらす経済開発面への効果については，第14章を参照。

12) 詳細については，World Bank [1993] を参照。

13) 産業内貿易についてはKrugman [1979] [1980]，中間財の集中生産と貿易による双方向貿易については，Ethier [1979] が代表的な理論研究である。

14) 開発途上国においては，経済統合の域外からの優れた商品を関税で差別することの貿易転換効果が大きいため，これは開発途上国にとってとくに重要であろう。

15) 貿易金額や輸入関税率などの数字は取り上げなかったが，現在ではネット検索（たとえばwww.worldbank.org や www.unctad.org，www.wto.org などの国際機関のサイト内検索）により，最新の貿易関連統計が入手できる。

------ 参 考 文 献 ------

Bastable, C.F. [1917] *The Commerce of Nations*, University of Michigan Library.

Ethier, W. [1979] "Internationally Decreasing Costs and World Trade," *Journal of International Economics*, Vol.9, No.1, pp.1-24.

Krugman, P. [1979] "Increasing Returns, Monopolistic Competition, and International Trade," *Journal of International Economics*, Vol.9, No.4, pp.469-479.
Krugman, P. [1980] "Scale Economies, Product Differentiation, and the Pattern of Trade," *American Economic Review*, Vol.70, No.5, pp.950-959.
Mill, J.S. [1848] *The Principles of Political Economy*, available at: http://www.gutenberg.org/ebooks/30107.
Ray, D. [1998] *Development Economics*, Princeton University Press.
Ricardo, D. [1817] available at: http://www.econlib.org/library/Ricardo/ricP.html.
Stiglitz, J.E. and A. Charlton [2005] *Fair Trade for All: How Trade Can Promote Development*, Oxford University Press.
Todaro, M.P. and S.C. Smith [2011] *Economic Development*, 11th ed., Pearson.
World Bank [1993] *East Asian Miracle: Economic Growth and Public Policy*, Oxford University Press.

第6章 海外直接投資

田中 清泰

はじめに

　経済のグローバル化が進むにつれて私たちの生活は開発途上国とのつながりを強めてきた。途上国で作られた自動車や洋服は日本に輸入され，いまや国内で簡単に買うことができる。途上国からみると，日本の消費者向けにモノを作って売ることができ，貧困から抜け出すだけの所得を生み出す新しい仕事の機会が生まれている。こうした日本と途上国のつながりは，日本企業が途上国に海外直接投資を行い現地生産したり，途上国企業に生産を発注したりすることで支えられている。

　たとえば日産自動車が販売している「マーチ」という車は，これまで国内で生産して海外に輸出されてきた。しかし日産が直接投資を行い，タイで操業する現地工場で生産されたマーチは2010年7月から日本に輸入されており，日本の消費者に販売されている。一方，「ユニクロ」のブランドをもつファーストリテイリングは，直接投資をせずに，中国やベトナムの現地企業に衣料品を発注している。さらにカンボジアやバングラデシュなどにおいてユニクロ・ブランドの委託生産を積極的に広げている。

このように日本企業は，途上国に直接投資を行ったり，製品の発注を行って，世界市場や国内市場に製品を販売している。途上国には高い生産技術や品質管理の手法，海外市場の販売網をもった企業が少ないため，直接投資を積極的に受け入れることで，雇用機会を創出したり，産業を育成することが多い。本章では，こうした海外直接投資と途上国の関係について説明していきたい。

1. なぜ企業は海外に投資するのか

はじめに海外直接投資を明確に定義しよう。海外直接投資とは海外市場における長期的な経営・生産を目的とした投資をさす[1]。そのため配当や利子を目的とした証券投資とは区別される。直接投資の形態には，投資先の市場に新規法人（工場建設など）を設立するグリーンフィールド投資や，投資先市場の海外企業や事業部門の合併・買収（クロスボーダーM＆A〔merger and acquisition〕と呼ばれる）がある。また，直接投資によって海外に生産・販売拠点をもつ企業を多国籍企業と呼ぶ。多国籍企業は2つ以上の国に経営拠点をもち，投資送出国において本部機能および生産・販売拠点をもつ親会社と，投資受入国で生産・販売拠点をもつ子会社で構成される。

直接投資を行う企業は，どのような優位性を発揮して，海外進出しているのだろうか。優位性とは，企業のもつ経営資源（たとえば，経営戦略や研究開発能力，特許を得た技術のような知的財産権，ブランドなど）である。マークセン（J. R. Markusen）はこのような経営資源を「知識資本」（Knowledge Capital）と呼んでいる（Markusen〔2002〕）。この知識資本による経営サービスは，物理的に遠い場所へも低コストで提供することができ，地理的制約を受けずに海外市場でも活用できる。このようにして，知識資本をより多く保有している企業は，海外市場に広く直接投資を展開することができる。

直接投資のタイプ——水平型

直接投資には水平型と垂直型がある。水平型の直接投資とは，投資受入国の市場へのアクセスを目的とする直接投資であり，マークセンやブレイナード（S.L. Brainard）が経済理論化している（Markusen〔2002〕；Brainard〔1997〕）。

海外市場にアクセスするために，企業は直接投資による現地生産か，または国内生産からの輸出を選ぶ。もし企業が自国内で生産して海外市場に輸出する場合，必要な費用は国内工場の生産費と輸出にかかる貿易費用である。一方もし企業が，目的とする市場の存する国で生産して現地販売する場合，貿易費用は必要としないが，代わりにその国での工場生産費用が必要である。

企業がどのような場合に水平型の直接投資を選ぶかを，直観的に説明しよう。第1に，市場の存する国の関税が高い，または輸送費が高いと，貿易費用が上昇して，輸出による企業の利益は減ってしまうため，直接投資によって現地生産をするメリットが高まる。第2に，市場の存する国において，外資規制の撤廃や投資環境の改善などによって現地工場の設立費用が減少すると，輸出より直接投資を選ぶメリットが高まる。第3に，工場レベルの規模の経済性が低い業種では，国内工場に生産を集中させても大量生産による費用逓減の効果は小さいため，国内と海外で複数の工場をもつことで失われる規模の経済性は小さい。つまり，国内生産の特化で得られる規模の経済性の魅力がなくなり，直接投資を選ぶメリットが高まる。最後に，投資先の市場規模が大きい場合，現地生産による平均費用が（規模の経済性によって）低くなるため，生産量1単位当たりの利益率が高まる。つまり，投資先の市場規模が大きいと直接投資が選好される。

直接投資のタイプ——垂直型

次に海外生産による生産費用の節約を目的とする垂直型の直接投資を説明しよう。このタイプの直接投資は Helpman［1984］や Helpman and Krugman［1985］で分析されている。このタイプの直接投資は，直接投資をして投資受入国で生産することによる生産費用の低下を目当てに行われる。ここで企業が当該国市場への製品供給のための生産地を選択するという場合を考えよう。当該企業が直接投資を行わず，国内生産することを選んだ場合，企業は労働費などの国内生産費を支払うことになる。一方，直接投資による海外生産を選んだ場合，海外工場で生産および組立てを行い，製品を逆輸入して国内販売をする。生産工程の川上から川下まですべてを海外に移転することは少なく，国内で生産した中間財を海外に輸出して，海外で組み立てるパターンが多い。そして中

間財を生産する国内では熟練労働者や資本をより多く使う。一方，組立て作業が中心の海外工場では，非熟練労働者を多く使う傾向がある。

ここで，企業が垂直型直接投資を選択する要因を分析しよう。第1に，国内の生産費用より海外の生産費用が低いと，企業が直接投資を選ぶメリットは高くなる。たとえば，日本では国内の労働費用が高いので，必要とされる技能がよほど高い生産工程でないと，国内生産は費用に見合わない。とくに製品組立工程など，それほど高い技能が労働者に要求されない工程は，人件費の低い開発途上国に移転（直接投資）することにより，生産費用を節約することができる。第2に，海外で工場を設立して運営するための経営費用が低い場合，企業が海外直接投資を行うメリットが高まる。第3に，海外で組み立てた最終財を国内に輸入するための貿易費用が低いほど，垂直型の直接投資をするメリットが高まる。

2. 途上国における直接投資と投資環境

次に途上国における直接投資の特徴をみてみよう。国連貿易開発会議（United Nations Conference on Trade and Development: UNCTAD）の海外直接投資データから，先進国と途上国に分類した対外・対内直接投資フローを使い，世界全体の直接投資流出入に占める途上国のシェアを図6-1に示した。

まず，世界全体の直接投資のうち，途上国に流入する投資（対内直接投資）の額の割合をみてみよう。途上国に流入する対内直接投資のシェアは1970年代以降から変動がありつつも拡大を続けており，2000年代後半には50％を超えた。背景として，途上国は先進国に比べて非熟練労働者の賃金が低いため，生産費用の削減を目的とした垂直型の直接投資が途上国で増えてきたことがあげられる。国際物流の発展や貿易自由化によって貿易費用が下がり，生産工場を途上国に移転する経済的な利点がさらに高まってきた。また，経済成長を続ける途上国において市場規模がだんだんと拡大してくると，途上国の市場を目的とした水平型の直接投資も増えてくる。こうして垂直型の直接投資に加えて水平型の直接投資が増加することで，途上国向けの対内直接投資が増えてきている。

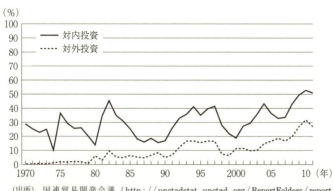

図6-1 対外・対内直接投資フローの途上国シェア

(出所) 国連貿易開発会議 (http://unctadstat.unctad.org/ReportFolders/reportFolders.aspx)。

　また，途上国に進出する多国籍企業の産業にも特徴がある。途上国の直接投資において豊富な非熟練労働力を活用することが最大の利点なので，労働集約的な産業において直接投資が多い。たとえば，繊維，衣類，電気・電子機器などの産業がその代表である。一方，途上国において資本集約的な産業の直接投資は少ない。たとえば，鉄鋼，石油，化学などの産業においては労働力よりも資本設備の依存度が高いので，資本が相対的に過小である途上国に生産設備を移転する経済的利点は小さい。

　次に，途上国からの直接投資の動向も分析しよう。近年，途上国の企業のいくつかは，積極的な海外展開を試みている。世界全体の直接投資に占める途上国からの直接投資（対外直接投資）のシェアを図6-1に示している。このシェアは1970年代から2000年代にかけて少しずつ増加してきている。

途上国における投資環境

　途上国政府は外国資本を積極的に誘致するために，投資環境の整備を試みている。しかしながら，途上国における投資環境は，先進国に比べてまだ十分に整備されていない。世界銀行の「世界開発指数」データから2009年度におけるインフラ関連の指標をみてみよう。電力アクセスをみると，途上国では平均で61.6％の人口にしか電力が供給されていない。電力供給を申し込んでから，実際に電気がくるまでに要する日数は，先進国の平均値が103.4日であるのに

対して途上国の平均値は129.5日となっている。次に,全道路のうち舗装済み道路の比率をみると,先進国の平均値は76.6%であるのに対して途上国の平均値は51.0%である。工業製品の生産と輸送には電力供給と整備された道路が不可欠であるが,途上国ではこうしたインフラ整備が遅れている。

通信インフラをみてみると,固定ブロードバンド・インターネットの100人当たり契約者数は,先進国の平均値が37人に対して途上国では19.3人である。海外現地法人は母国にある本社との連絡を行うが,途上国における不十分な通信環境は投資障壁となる。次に良好な水にアクセスのある人口比率に関して,先進国ではほぼ100%の人々がアクセス可能であるのに対して途上国の平均値は82.2%である。工業用水の確保が難しい途上国では水インフラの整備も重要となっている。

物理的インフラに加え,制度的な投資環境も,投資家が懸念するところである。途上国では国内産業を保護するために,特定産業において外国資本の規制を行うことがある。外資企業の参入を規制して地場企業の競争力を高めることが目的である。また,政治的理由で,国内産業を保護することもある。たとえば,資源開発に投資した外国資本の資産を政治的理由で現地政府が国有化することもある。このように,外資誘致を積極的に行って成功した途上国がある一方で,外資規制が強く法制度や外資政策の運用が不透明な途上国もある。

世界銀行グループは2009年度に,「Investing-Across-Borders」というタイトルの調査を行い,対内直接投資に関する法的規制とその制度運用の実態を分析している[2]。途上国における投資障壁の高さを精査するために,産業別の外資規制と商業紛争解決の法的制度の指標を表6-1に示した。これらの指標の値が低い場合,規制が厳しい,および法的制度整備が進んでいないことを意味している。

対内直接投資の自由化指標の平均値をみると,交通とメディア以外の分野においては,先進国の外資自由化の程度が高いことがわかる。一方,一部の産業を除くと,途上国における外資規制は先進国よりも若干強い。しかしながら,軽工業への投資に関して途上国の自由度が先進国の値を上回っており,途上国が軽工業への投資に優遇を与えてきた経緯を示唆している。また,途上国における産業間の外資規制の違いとして,サービス産業の規制が製造業よりも相対

表6-1 外資規制および紛争解決に関する指標

	先進国		途上国	
	対象国数	平均値(%)	対象国数	平均値(%)
対内直接投資自由化の度合				
鉱業, 石油, ガス	13	100.0	69	91.8
農業, 林業	13	100.0	69	95.2
軽工業	13	95.8	69	97.0
情報通信	13	94.8	68	87.2
電力	13	88.9	67	88.1
銀行	13	100.0	69	90.8
保険	13	100.0	69	90.4
交通	13	70.0	64	82.5
メディア	13	75.5	69	67.6
建設, 観光, 小売	13	100.0	69	98.4
商業紛争解決における法的制度整備の程度				
法制度の強さ	13	93.1	71	83.8
仲裁過程の利便性	13	81.6	71	69.0
司法的解決の有効性	13	76.1	71	54.5

(注) データは2009年度。先進国は高所得OECD加盟国、途上国は中・低所得経済に対応している。指標の値が高いほど、自由化、制度整備が進んでいることを示している。
(出所) World Bank Group [2010] "Investing Across Borders."

的に強いことがうかがえる。

次に商業的な紛争を解決するにあたって重要な、法的制度の整備状況を検討する。本社から遠く離れた投資受入国においては、商習慣の違いや法制度の違いによって、取引先との商業的な問題が起こる可能性が高い。こうした紛争は法的なルールに基づいた手続きにより解決することが望ましいが、途上国では紛争解決の仕組みが整っていない傾向にある。表6-1の下段の指標は、紛争解決に関する法制度の整備や仲裁手続きの利便性、また司法的解決の有効性について示している。先進国ではいずれの側面においても途上国より値が高く、途上国に比べて先進国では、商業的な紛争解決を図る法的な仕組みがよく整備されていることがわかる。

これらに加えて途上国では一般に、外資企業が現地法人を設立してビジネスを始めるために必要な行政手続きが煩雑であるといわれている。この煩雑さは投資家にとって、直接投資のコストとして認識される。途上国における外資企業の投資振興のためには、行政手続きの簡素化や合理化が必要である。

3. 直接投資に関する開発政策と国際投資ルール

次節でくわしく述べるように，対内直接投資が途上国の経済発展を後押しするという理解が広まってきたことで，途上国の開発戦略の一環として，直接投資を積極的に誘致する政策が採用されるようになっている。実際に先進国の投資家が，途上国への投資を決める際には，途上国が，国際的な投資ルールに準拠した投資制度を構築することが有用である。本節では，とくに東アジアにおける開発戦略の一環として，直接投資優遇政策が採用されてきた経緯をまとめたのち，途上国で加速する，投資ルール構築の状況を紹介する。

輸出志向工業化と外国資本の誘致[3]

第2次世界大戦が終結して，多くの開発途上国は輸入代替工業化政策を採用した。海外から輸入していた工業製品に対して高関税を課して輸入を制限し，代わりに国内で工業製品を生産することで産業育成を試みたのである。しかし，輸入代替工業化は，国内市場が飽和することで行き詰まり，多くの途上国は輸出志向工業化へと政策転換を図った。国内で生産された工業製品を海外市場へと輸出することで，国内需要の不足を克服して工業化を実現する政策である。韓国，台湾，香港，シンガポールといった新興工業国・地域では，労働集約的な産業において輸出競争力が高まり，輸出産業の成長とともに高度経済成長が達成された。

こうした輸出志向工業化の成功をさらに後押ししたのが対内直接投資の自由化と積極的な誘致政策であった[4]。東アジア諸国では輸出加工特区としてインフラ設備が充実した工業団地が設立され，外国資本の企業に対して税制優遇策などを提供して，積極的に外国企業による直接投資を呼び込んだ。たとえばタイやマレーシアでは，1980年代に輸出を主な条件として，100％外国資本の企業設立を認可することで，多国籍企業からみた投資市場としての魅力を高めた。また，中国は沿海部に経済特区を設置して，外国資本の企業の誘致を積極的に行ったことで，輸出産業がめざましく発展して経済成長に貢献した。

国際投資ルールの構築

途上国が外資主導の開発戦略を重視するようになってから,途上国に流入する直接投資は増加した。図6-2に示されているように,1980年時点の値を100とした途上国向け直接投資ストック額は,90年代以降に大きく増加している。こうした途上国向けの直接投資は,先進国における多国籍企業を中心になされている。しかし,先進国に比べて途上国の投資環境は制度的に不透明な部分が大きく,途上国政府の差別的な投資関連政策によって,投資した財産が損害を受ける可能性がある。そのため,1990年代に,途上国も参加した国際投資ルールを構築する必要性が高まった。

図6-2が示すように,途上国が参加する発効済み二国間投資協定は,1990年代に入って飛躍的に増加している。その数は80年にわずか81だったものが,2010年には1747にまで激増している。この二国間投資協定は国際的な投資ルールの代表例であり,その目的は,政府の非合理的な強制収用から外資企業の投資財産を保護すること,および投資先政府や企業との間の商業的な紛争処理や仲裁の方法を定めることである。二国間投資協定は,海外で投資を行う自国企業を政府レベルで保護するために,投資送出国の政府が,主要な投資受入国と結んでいる。

二国間投資協定を結んでいない場合でも,自由貿易協定(FTA)や経済連携協定(EPA)において投資に関するパートが設けられ,その枠組みで,外資企業の投資保護や投資の自由化を規定していることがある。たとえば,日本とマレーシアは2005年に経済連携協定を締結した。この協定のなかに投資に関する規定が盛り込まれ,両国間の投資を円滑・拡大するために投資ルールが構築されている。

1990年代には,上記の二国間投資ルールに加えて,多国間投資ルールを構築する動きも加速した。86~93年に実施されたGATTウルグアイ・ラウンド[5]では,貿易に関連する直接投資の政策について交渉が行われた。ウルグアイ・ラウンド合意によって95年には「貿易に関連する投資措置に関する協定」(Trade-Related Investment Measures: TRIM協定)が発効した。この協定は,その基本原則として,外国企業と現地企業の間の差別や貿易制限的な投資ルールを禁止している。具体的には,進出企業の生産活動における投入財として,国

図6-2 途上国向け直接投資と投資協定

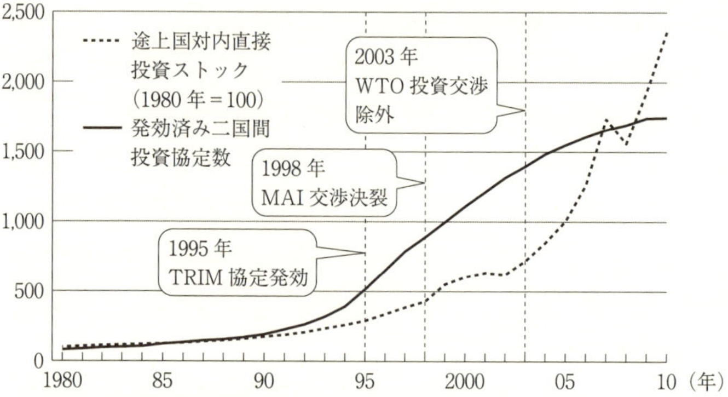

(出所) 国際連合貿易開発会議 (http://unctad.org/en/Pages/DIAE/International%20Investment%20Agreements%20%28IIA%29/Country-specific-Lists-of-BITs.aspx)。

内製品の購入や使用を義務づけるローカルコンテント条件や，進出企業の輸出額や輸出量に応じて当該企業の輸入額を限定する輸出入均衡義務，また為替規制や輸出制限などの措置が，禁止されるルールの例である。一方，途上国に対してはTRIM協定の原則がすぐには適用されず，99年末までの経過期間（施行猶予）が与えられたものの，先進国主導のルール形成に対して強い不信感を抱く途上国もあった。こうした投資ルールによって政策変更を迫られるのは，多くの場合，途上国であったため，GATTを引き継いだWTOの議論の場においても，途上国の強い反対が出た。ウルグアイ・ラウンドを引き継いだドーハ開発アジェンダ[6]においては，2003年に開催された閣僚会議で投資ルールを交渉項目から除外することが決まり，これによってWTOを舞台とした多国間投資ルール策定は失速した。

一方，TRIM協定が発効した1995年には，OECDにおいても多国間投資協定 (Multilateral Agreement on Investment: MAI) の交渉が開始された。この交渉は，高い水準の投資保護や自由化のためにOECD加盟国間で投資協定を策定することを目的としている。協定の枠組みとしては，投資に関する最恵国待遇および内国民待遇[7]を原則として，少数の国のみこの原則の適用除外とするネガティブ・リスト方式が採用された。また，投資財産の保護や紛争解決手続きの解決方法，投資誘致のための労働・環境基準の緩和禁止といったような内容

を盛り込むことが検討された。しかし1998年にフランスが交渉から脱退したことを契機として，各国間の利害調整に失敗し，MAI交渉は決裂した。この背景には，NGOによる批判や，交渉に意見が反映されない途上国の不満もあった。

4. 直接投資が途上国に与える影響

前述のように1990年代以降，途上国向けの直接投資が飛躍的に増えた。ここで，多国籍企業が途上国に対して直接投資を行った場合，投資受入国となる途上国にはどのような影響があるかを検討しよう。

直接効果

直接投資の直接的な経済効果として，途上国に不足しがちな資本や技術を提供し，生産活動を活発化することによって雇用を増やすことがあげられる。

もともと直接投資は，永続的なビジネス活動を目的として海外の投資家が，何らかの形で資金を調達し，投資受入国にもち込むことを意味している。したがって，投資受入国からみると直接投資は資本の流入となる。金融市場の未発達な開発途上国において多くの現地企業が資金制約を受けていることを考えると，直接投資は貴重な資金流入といえる。また経済危機などが発生した場合，証券投資は急速に流出する傾向があるが，直接投資の撤退には時間を要するので，経済ショックによる海外資金流出を緩和する役割をもっている。

次に，直接投資に伴い，新規に生産・販売拠点を構築する際に，進出した企業が現地の労働者を雇用するため，直接投資は投資受入国にとって雇用創出効果をもつ。一方，この外国企業の進出により，競争に負けた国内企業が撤退して従業員を解雇したり，外国企業が，苦境に陥っている現地企業の買収・合併の形で直接投資を行い，経営権を得た後，リストラを進めたりする場合，直接投資は雇用喪失効果をもつ。前者の雇用創出効果が後者の雇用喪失効果を上回る限り，雇用が増加する。たとえば，リストラによって財務状況が改善して企業経営が再び軌道に乗れば，その後に再び労働者を雇用する可能性があるということである。

また，直接投資を行う外資企業は，途上国にとっては先端的な生産技術や経営手法をもっている場合が多い。その場合，これまで国内に存在しなかった新しい技術や知識，そして情報が投資受入国に流入することになる。このように直接投資は，投資受入国に新しい資本，雇用，技術をもたらすといえる。

間接効果

上記の直接的な経済効果に加えて，直接投資は投資受入国に対して間接的な影響をもたらす。間接的影響とは，直接投資が買収・合弁相手の企業を超えて，当該経済に与える影響である。

間接効果として第一にあげられるのは，外国企業の進出による経済外部性[8]である。たとえば，外国企業が合弁相手に技術移転を行うことで，その合弁企業の生産性や収益性が上がることは投資の直接効果であるが，合弁相手に移転した技術は，それを体化した製品の販売や，従業員の流出等を通じて，他企業にも先端的な生産技術や経営手法に触れる機会を与える。これは対価が発生しない技術移転なので，間接効果としての経済外部性に相当する。つまり，国境を越えて外資企業の生産・経営技術が投資受入国に流入することで，直接投資は現地経済の企業全体に対する技術的波及効果をもたらす。

一方，競争力のある外資企業が国内市場に参入することで，競争力のない現地企業は市場競争に負けて，生産活動の縮小や市場からの撤退に追い込まれるかもしれない。つまり，直接投資は現地企業をクラウド・アウト (crowd out: 市場から押し出す，の意) する可能性があり，国内産業の育成という観点からみると，不利な側面がある。

ただし，非効率な現地企業が国内産業保護政策によって優遇されつづけると，その企業の生産物の価格が高止まりしたり，品質向上が進まないという問題が起こりがちである。そのため，競争的な外資企業が参入して質の高い製品・サービスを市場に提供することが，途上国の消費者のためになる，という観点も無視できない。

直接投資と経済成長

直接投資が経済成長を加速するかどうかについて，これまでさまざまな実証

研究が行われてきた[9]。それらの研究では，各投資受入国における経済成長率と直接投資の流入額が，統計的に正の相関をもつかどうかを検証している。分析方法や使用するデータによって結果の違いはあるものの，それらの研究を総合していえることは，直接投資が経済成長に寄与するためには，投資受入国における経済政策や制度の整備や，十分な人的資本ストックといった条件が必要だ，ということである。つまり，マクロ経済の安定化や金融制度の発達，労働者の教育といった条件が満たされないと，途上国が海外直接投資を受入れても，それが経済成長を促進する効果は限られてしまう。こうした実証分析の結果は，投資誘致政策・制度を整え，初等教育が広く普及したという条件のもと，直接投資の流入と経済成長を同時に達成した，東アジア諸国の経験と整合的である。

コラム： アフリカ開発会議（TICAD）――援助から投資へ

日本政府は1993年から，アフリカ開発会議（Tokyo International Conference on African Development: TICAD）と呼ばれるアフリカの開発問題を議論する国際会議を主催しており，国連開発計画（UNDP），アフリカ連合委員会（AUC）や世界銀行も参加している。93年10月に東京で第1回アフリカ開発会議（TICAD Ⅰ）が開催された当時，アフリカ諸国の開発問題に対する国際社会の関心が薄れていて，アフリカ諸国の危機感が強かった。こうした背景のもと，国際社会による対アフリカ支援を積極的に行う必要性が再認識されたが，その一方で，アフリカの開発問題は国際援助だけで解決するわけではなく，民主化や民営化といった政治・経済改革が不可欠であることが強調された。

そして第5回アフリカ開発会議（TICAD Ⅴ）は2013年6月に横浜で開催され，アフリカ51カ国から大統領や閣僚級首席代表および地域・国際機関，NGO，民間セクターなどの代表者が参加した。第1回会議から20年が経過して，アフリカ諸国は近年急速な経済成長を遂げた結果，議論の焦点が，援助から貿易投資の拡大に移ってきた。これにより，アフリカ市場向けの海外直接投資を政府開発援助によって後押しする官民連携が進められている。アフリカ経済の成長によって需要が高まる道路や電力インフラ分野で，日本企業の進出が活発化することを日本政府は期待している。また，エネルギー・鉱物資源を十分にもたない日本からみて，石油・天然ガスやレアメタルなどの鉱物資源が豊富なアフリカ諸国との経済協力は不可欠である（平野［2013］）。アフリカ諸国が外国資本の誘致によってさらなる経済成長を続けるのか，今後とも注視していくべきである。

------ 注 ------

1) 国際通貨基金（IMF）は直接投資を「居住者による、非居住者企業（子会社、関連企業など）に対する永続的権益の取得を目的とし、株式などを通じた出資の場合は出資比率が10%以上の投資」、と定義している。
2) 調査結果は国・産業別に数量的指標に加工されて、調査の概要・結果・データが公表されている。詳細は以下を参照（http://iab.worldbank.org/）。
3) 東アジアを中心とした途上国の開発戦略の変遷については朽木［2007］を参照。
4) 韓国は外国資本を積極的に導入しない代わりにライセンスによる技術移転を奨励して、自国産業の輸出成長によって経済成長に成功した例である。
5) 国際投資ルールの背景や内容については、経済産業省が公表する『2011年版不公正貿易報告書』の第Ⅲ部「経済連携協定・投資協定」の第5章「投資」でくわしく説明されているので参照してほしい。
6) この新しい貿易自由化交渉枠組みは、従来の「ラウンド」という呼称を避け、「アジェンダ」（議題の意）と呼ばれている。
7) 最恵国待遇とは、取引相手国との取引条件を、他の最もよい条件を与えた取引相手国に与えたものと同等とする、という待遇をさす。これは異なる2つの外国を同じ扱いにすることを求める条件で、「外外無差別」とも表現される。内国民待遇とは、外国人にも自国民と同じ条件を適用する、という待遇をさす。これは「内外無差別」とも表現される。
8) 外部性（externality）とは経済学用語であり、市場取引の外で、他人に利益や損失を与えることをさす。
9) 戸堂［2008］の第4章において外国直接投資と経済成長に関する理論的・実証的研究が詳細に説明されている。

------ 参考文献 ------

朽木昭文［2007］『アジア産業クラスター論——フローチャート・アプローチの可能性』書籍工房早山

経済産業省『2011年版不公正貿易報告書』

戸堂康之［2008］『技術伝播と経済成長——グローバル化時代の途上国経済分析』勁草書房

平野克己［2013］「援助から投資へ——TICAD Ⅴをふりかえる」『アフリカレポート』No.51, 21～24頁

Brainard, S.L. [1997] "An Empirical Assessment of Proximity-Concentration Trade-off between Multinational Sales and Trade," *American Economic Review*, Vol.87, No.4, pp.520-544.

Helpman, E. [1984] "A Simple Theory of International Trade with Multinational Corporations," *Journal of Political Economy*, Vol.92, No.3, pp.451-471.

Helpman, E. and P.R. Krugman [1985] *Market Structure and Foreign Trade: Increasing Returns, Imperfect Competition, and the International Economy*, MIT Press.

Markusen, J.R. [1984] "Multinationals, Multi-plant Economies, and the Gains from Trade," *Journal of International Economics*, Vol.16, No.3-4, pp.205-226.

Markusen, J.R. [2002] *Multinational Firms and the Theory of International Trade*, MIT Press.

World Bank Group [2010] "Investing Across Borders," World Bank.

第7章 技　　術

鍋嶋　郁

は じ め に

　人類の歴史のなかで車輪，火薬，磁石，印刷等の画期的な技術が発明された。それらの発明は社会に大きな変化をもたらし，経済活動も活発になった。とくに印刷技術の発展はその後の技術発展にも大きく貢献した。それまでは知識の伝播は主に人に体化した暗黙知に頼っており，その伝播は人の移動に伴ってしか行われなかった。その結果，伝播の速度は遅く，地域的範囲も狭かった。しかし，印刷機の登場により安価に本を大量生産することができ，それにより文章・数式・図面等によって伝えられる知識（形式知）の伝播が容易になり，さらなる知識の蓄積・発展へとつながった。さらにインターネットの発達とともに形式知が伝播される速度，範囲は飛躍的に広がった。

　このような伝播技術の飛躍的な発展は開発途上国の成長にも寄与するであろうと考えられる。なぜなら，技術革新は経済成長を考えるうえでも重要であり，このような知識の伝播は技術革新を促進すると考えられるからである。長期的な経済成長の重要な要素であることは，ソロー成長モデル以降指摘されてきたが，その当時，技術革新は起こるべくして起こる外生的な要因としてしか認識

されていなかった。その後，内生的経済成長モデルの理論やそれに基づく実証研究によって，知識の蓄積が重要であるとの認識は増し（Lucas [1988]; Romer [1990]），それに伴い技術革新についての研究も盛んに行われるようになってきた（経済成長論に関しては第3章を参照）。

開発途上国の経済成長においても技術革新は必要であるが，開発途上国においては後発性の利益を得ることができる。後発性の利益とは，すでに先進国が試行錯誤のなかで成し遂げた技術開発や適正な技術の選択等を，学習・模倣してそれらの技術を身につけること（技術移転）ができるために，後進国の成長率が高くなるとの考えである（戸堂 [2008]）。国内における知識の蓄積が不十分であり，人的資源も限られている開発途上国では，技術移転の有効活用が重要である。この点については第1節でくわしく検証する。第2節では自国の技術吸収能力と技術移転について説明する。第3節では，技術革新を促進するうえで必要不可欠とされる制度の1つ，知的財産権について説明し，最後に円滑な技術革新の推進に必要な要素について簡単に論じる。

1. 技術移転の経路

技術革新を生み出すためには，地道な知識・技術の蓄積が重要である。開発途上国において，知識を蓄積し人的資本に厚みをもたせることは容易ではなく，長期的にしか達成できない。このような状況下で，技術移転は技術革新能力向上のための重要な第一歩であり，貿易や投資の自由化，労働者の移動等の政策が有効である。技術が移転する経路は大きく4分類されるであろう。

資本財に体化された技術

開発途上国にとって，最初に試みるのが資本財の輸入による技術移転であろう[2]。資本財は生産活動に不可欠な投入財であり，その質，効率性，技術的要因は，生産効率に対して大きな影響を与える。また，資本財には組込み技術（embedded technology）が含まれており，資本財の輸入時に付随して技術移転がなされる。

資本財の輸入による技術移転は自動的であり，技術移転の度合いに影響を与

えるのは輸出国の特徴であると考えられ,輸入国の特徴は考慮されてこなかった。この場合,輸出国の研究開発(R&D)支出が上がれば,たとえ輸入国の輸入における資本財の割合が変化しなくても,輸入資本財の質の向上により自動的に輸入国の総要素生産性(Total Factor Productivity: TFP)[3]の成長の増加につながるとされている。

それに対して,輸入国の技術革新は輸入国自体による努力,とくに,リバース・エンジニアリングの結果であるとする考えがある。リバース・エンジニアリングとは,ある製品を分解し,その製品の構造,部品,機能を研究し,それらの情報をもとにその製品の製造方法,機能,設計図などを割り出すことである[4]。

日本や韓国,そして最近では中国などがリバース・エンジニアリングを有効活用してきた。日本も,工業化当初は資本財を輸入していたが,次第に資本財輸入を厳しく規制し,拡張に必要な資本財はなるべく国産のものを使うような政策をとった。それによって,国内の機械メーカーは輸入資本財の技術を理解し,それを模倣できるまでに技術力を高め,結果として,国内の機械産業の発展につながった。

経営者に体化した技術

もう1つの重要な技術移転の経路として海外直接投資があげられる(Saggi [2006]; Smeets [2008])。海外直接投資による技術移転は多国籍企業が受入れ国内に存在しているため技術移転の敷居が低いとされている。多国籍企業にとっては通常の経営手法,技術等であるものが受入れ国にとっては新規性の高いものであることもある。その場合,多国籍企業が国内に存在することでこれらの「技術」を地場企業が目の当たりにする機会を得,従来の手法・技術以外の方法の存在を認識する(デモンストレーション効果)。さらに,ある程度能力の高い地場企業は,このような手法を模倣することも可能である。多国籍企業から地場企業への労働者の移動も技術移転に対して有効である。さまざまな知識・技術は暗黙知として形成されている場合もあり,そのような知識は労働者の移動を通してしか移転しない。これらの同業種間における技術移転は水平移転と呼ばれる。

技術移転のスピードや程度は，多国籍企業がどれだけ地場の企業との関係をもっているかによって決まってくる。また多国籍企業が競争相手である同業種の企業への技術の流出を防ぐためにさまざまな手を施すとも考えられるため，水平移転は比較的少ないとの見解もある。しかし，取引先相手に対しては競争相手よりも技術移転がされるケースが多いと考えられる。

外資系企業は競争相手である同業種の地場企業に対しては技術の流出を抑えようとするが，部品を供給している地場企業には部品の品質保持，生産性向上のためにある程度の技術的援助をしている。なぜなら，取引相手先の企業の生産性の向上はその生産ネットワークを統括する多国籍企業にとって有益であるからである。このような多国籍企業の動機からみれば，水平的技術移転よりも，生産ネットワークを通じた垂直連関による技術移転の可能性の方がはるかに高い（Blalock and Gertler [2008]）。

海外直接投資によって技術移転がなされたとしても，移転される技術の範囲は狭いと考えられる。そのなかで，高度な研究開発を行うような海外直接投資を呼び込む方が技術移転がより多くされるであろうと受入れ国の方は期待している。しかし，研究開発の国際化は比較的に新しい現象であり，ほとんどの研究開発は先進国を中心に行われている。ただ，最近では新興国，とくに巨大市場をもち人的資本（とくに科学・技術系の学生の数）が豊富な中国やインドにおいても，多国籍企業による研究開発が行われるようになってきており，このような国々においては技術移転のスピードは他国と比べて速いであろうと予想される。

形式知による技術

企業間取引の一環としてライセンシング（実施許諾[5]）を用いて，図面の購入等，形式知的な技術を移転することも可能である。一般的には実施許諾による技術移転は合弁を行うよりも難しいとされている。実施許諾のためにはそこに使われている技術を根本的に理解している必要があるからである（Hobday [1995]）。日本と韓国の企業はライセンシングを有効活用し，自社の技術力を高めることに成功してきた。

しかし，企業がある一定程度の能力をつけると，ライセンサーがみつからな

くなり，それ以上実施許諾に頼るのは難しくなってしまう。実際，韓国の半導体会社はそのような経験をしたことがある。ライセンサーがなかなかみつからず，最終的には経営難に陥っていたアメリカ企業から実施許諾の提供をこぎつけた。このようにある程度の競争相手と認識されてしまうと，技術提供者を探すのは徐々に難しくなってしまうため，このチャンネルはある程度初期の段階でのみ有効である。

実施許諾の有効活用には，青写真に付随する暗黙知の理解などが必要となり，企業によっては技術力が足りないこともある。その場合には相手先商標製造 (Original Equipment Manufacturer: OEM) という手段がある。これは相手企業の製品・部品の製造をスペック通り行い，相手企業はその商品を納品後，自社のブランドをつけて販売するという仕組みである。この場合，技術提供者（ブランドを保持している企業）は製造者に対して形式知のみならず，詳細な技術指導を施し，製品の質を確保する。また，このような製造形態をとることによって，利益率は低いが輸出の増加も見込める。これを経ることによって企業はその製品に使われている技術の習得ができ，その後の技術開発にも貢献すると考えられている。

ただし，OEM生産には3つの制約がある。第1に，OEM生産者として選ばれるためには，すでにある程度の生産能力や技術力を保持している必要があり，生産力，技術力が低い段階にある開発途上国の企業にとってはハードルが高すぎるかもしれない。

第2に，OEM生産の関係で，技術提供者からの技術や製造機械に依存する形になってしまうことである。2カ国間貿易収支でみると赤字になる場合があり，それが問題化する場合もある[6]。このように，OEM生産をすると，海外のパートナーの技術，また海外パートナーの国からの機械類に依存する形となるが，その反面，グローバルなサプライチェーンに参加することもでき，輸出も増える。さらに，OEMを通じて，経営陣，技術者や技師のトレーニング，生産，財務，経営などへの助言も受けられるというメリットもある。

第3に，OEMからもっと利潤の高いODM (Own Design Manufacturing) やOBM (Own Brand Manufacturing, 自社ブランド) へと移行できるとは限らない。技術的支援やトレーニングをいくら受けても，最終的にはOEMだけで終わっ

てしまう可能性もある。

労働者に体化した技術

技術移転の視点からは，労働者の移動は非常に重要な経路である。形式知と違い暗黙知は簡単には移転することができず，主に労働者の経験値からしか取得しえないものが多い。暗黙知の技術移転を数字で計ろうと思えば，他の企業からの労働者の引き抜き，とくに多国籍企業からの引き抜き，海外での経験を積んだ技術者の採用などがあげられるであろう[7]。

海外へ留学生を送ることは，彼らが帰国し，将来的に海外からの技術を吸収することができるという点で有効だと考えられている。しかし，開発途上国にとって，留学生を送りだすのはさまざまな問題がある。とくに，頭脳流出（brain drain）の問題が重要視されるが，留学生を送り出すことが自動的に頭脳流出につながるわけではない。たしかに留学生の全員が帰ってくるというのは考えがたい。しかし，まったく留学（もしくは移民）の可能性がない場合と，少しながら留学するチャンス（最終的には移民する可能性）がある場合を比較したとき，前者の場合より後者の方が人的資本に対して投資をするケースも考えられる[8]。その場合，全員が留学するわけでもないので，結果として国内での人的資本の蓄積につながる。また，留学生が母国に帰ってこなかったとしても，その人たちがその後の貿易や技術交流等のコンタクト・ポイントとして，役に立つかもしれないし，また生産ネットワークへの参加にも貢献できるであろう（Yusuf et al. [2003]）。

このように労働者や留学生の移動は技術移転だけでなく，他の面でも貢献しているといえるが，データ不足のため，体系的な研究がなされていないのが現状である。

2. 技術吸収能力の影響

自助努力の必要性

上述のようにさまざまな経路をたどって，技術や知識は伝播する。しかし，このような技術を習得するためには，技術移転の受取り側でその技術を習得で

きる能力，技術吸収能力（absorptive capacity）が必要になってくる。資本財の輸入を例にとってみよう。開発途上国では技術を吸収できる土壌，能力が乏しい場合が多く，資本財輸入の影響も自国の能力によって変わってくることが予測できる。また，開発途上国では質の低い資本財を輸入する傾向があるので，資本財輸入の生産性への効果は比較的小さいといえる。つまり，先進国は質の高い資本財を輸入することにより成長を高め，開発途上国は質の低い資本財に依存しているため，成長率が低くなる場合もある。このような傾向が続くとすれば，それは先進国と開発途上国との所得格差を広げる要因になりかねない。このような状況を避けるためには，輸入された資本財を有効かつ効率的に扱える人材，修復・修繕ができる人材等，高度な技術をもった人材が必要になってくる。こういった人材が乏しい国では，国内の教育水準を高め，より質の高い人的資本を形成する必要があり，人的資本の豊富さが技術移転の度合いに大きな影響を与えている（Acemoglu［2002］）。リバース・エンジニアリングにおいては，自社努力が必要不可欠である。

　同様に，海外直接投資による技術移転は垂直連関によるものであると考えられており，そのためには多国籍企業のサプライヤーにならなくてはいけない。しかし，それは想像以上に大変な取組みであるのも事実である。まず，地場企業の能力が一定水準にまで達していないと多国籍企業に部品供給をする立場にすらなれない。多国籍企業は適切な地場企業サプライヤーを探すために労力をかけているが，多国籍企業の要求する品質の部品，またその部品を時間通りに納品できる企業はまだ数少ない。政策的には外資系企業による地場企業の探索コストの削減と地場企業自身の能力の向上が必要である。

　とくに，実施許諾の場合においては技術吸収能力が高くないとそもそもこの経路を有効活用できないであろう。実施許諾を受けた後でも，技術の未熟さ，設備の不備，生産環境の違いなどから，すぐにその技術を実行できるものではなく，技術者による試行錯誤のうえでようやくその技術を習得することができるのである。なぜなら，海外で開発された技術がそのまま，自国内で有効活用できない場合もある。技術は普遍的ではなく，ある問題に対しての解決であり，その解決方法はその国の気候，発展段階，資源保有量，所得分布等さまざまな要因によって左右される。したがって海外で開発された技術がその国に対して

適切な技術であるとは限らない（Acemoglu and Zilibotti [2001]）。

このような場合も含め，海外で開発された技術をきちんと習得し，自国の自然・社会環境にあったように改良するためにも国内での研究開発（R&D）活動も活発に行っていく必要がある。

国内R&D

開発途上国では人的資本も限られているので，研究開発を国内で行うべきかという疑問が湧いてくる。前述のようにさまざまな形での技術移転が可能であるとしたら，何も自国で研究開発を行う必要なく，最先端の機械を輸入するのが技術移転の最短ルートであるかもしれない。しかし，独自のR&Dは技術移転を企業に定着させるために必要な補完的な存在であると考えられている。技術移転の文脈では，独自のR&Dは基礎研究よりも移転された技術の把握，模倣，改善などに焦点が当てられ，R&Dというよりも学習として分類されるべきかもしれない。

産業発展の初期段階では，輸入資本財による技術移転によって産業の発展，輸出の拡大が可能である。しかし，本当の意味でその技術を吸収・習得し，技術力をあげるには自助努力により移転された技術の理解・定着がされなければいけない。このような努力を経て，最終的には自社の技術力の向上，開発力の向上へとつながっていく。先進国へのキャッチアップをするためには，自社でのR&Dは海外技術の動向の把握やそれを習得する能力を育てるためにも必要不可欠である。また，積極的に海外からの技術を吸収する手段として，海外の卓越した研究拠点の近くにR&D拠点を置き，受入れ国の得意とする特定技術の習得を試みることもできる。しかし，R&D拠点を設立すれば自動的に海外からの技術導入がはかどるものでもない。R&D拠点は地場の研究ネットワークにも積極的に参加していないといけない。そのためには，地場の職員，研究者，技術者の登用が必要となり，かなりハードルが高い。東アジアにおいて実際に研究開発費の支出が高いのは比較的に所得の高い国々であり，中国以外の開発途上国はそこまで研究開発費を費やしていないのが現状である（図7-1参照）。

図 7-1　東アジアにおける研究開発費の推移（対 GDP 比）

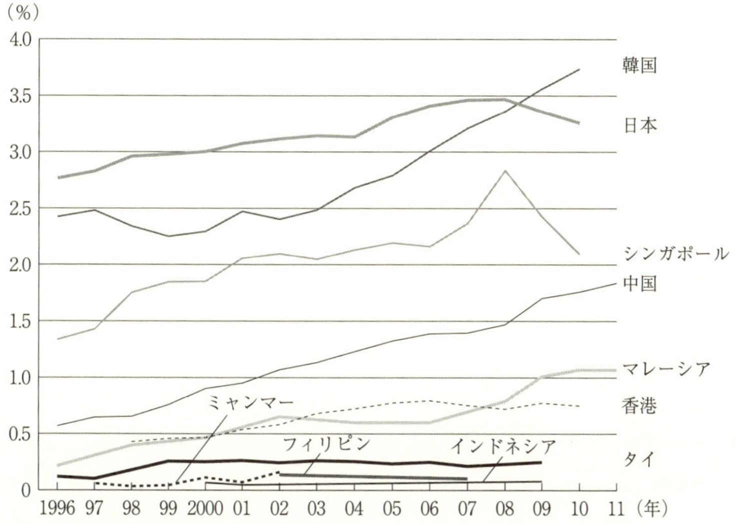

(出所)　世界銀行 WDI データをもとに筆者作成。

初等，中等教育から高等教育の重要性

　経済発展を持続させていくうえで，教育は重要な要素である。[10]とくに初等教育は開発の初期段階で農業・農村の生産性向上に重要とされ，中等教育は開発途上国が工業化していくうえで，必要とされてきた。上述の技術移転の観点からも経済発展の初期の段階においては，初等・中等教育が重要であったが，経済構造が高度化するにつれ，徐々に高等教育の重要性も増してくる。しかし，開発途上国においては高等教育を拡大するにはさまざまな問題がある。最も重要なのが，人材不足である。もともと教育システムが確立していない開発途上国において，高度人材の育成は困難である。ミレニアム開発目標（MDGs）において初等教育の完全普及が掲げられたが，達成していない国々も多く，さらにその後中等教育を完全普及させるには段階を踏んでいかないといけない。根本的に人的資本が欠如しているなかで，高度人材を育成するのは困難である。この場合，海外に留学生を送り出すことが常套手段として使われるが，送り出された留学生が戻ってくる可能性は低いのが現状である。これには，初等・中等教育と高等教育における教員市場に差があるともいえる。初等・中等教育の

第 7 章　技　術　117

教員労働市場はおもにローカルであると考えられる。教員の給料はその国の賃金レベルを基準として設定される。それと比較し，高等教育の教員労働市場は（外国語の壁がありながら）グローバルな市場といえるであろう。とくに海外で学位を得たものはグローバルに展開できる。そのような人材を国内に呼び戻すためには，国際市場でも競争力のある給料を払う必然が出てくる。その結果，本来なら国際価格での賃金設定が必要となってくるのだが，往々にして，ローカル賃金を基準とした給料の設定がされがちである。

また，技術革新を担うために必要な人材の育成に加えて，大学に求められているのは質の高い基礎研究であり，さらに，大学での研究を経済活動に有益に利用できるような仕組みづくりが必要と考えられている。とくに，アメリカのシリコンバレーでみられた活発な起業活動，そしてそれに伴う経済成長の加速化はモデルケースとして各国で取り入れられている。各国でシリコンバレーの成功に追従しようと大学内での研究結果を産業に活用してもらう技術移転機関（Technology Licensing Office: TLO）を相次いで設立した。ただし，教員，学生の起業家精神も技術革新には重要である。徐々にそれぞれの国で成果が上がってきてはいるが，アメリカのように成功している例はまれである。その理由として，起業家精神の低さがしばしば指摘されている。また，金融市場も的確にリスク評価ができていないため，ベンチャー企業への融資・投資がスムーズに行われていないのが現状である。

中所得国の罠

さまざまな形で海外から技術の導入を図ることは可能である。とくに海外直接投資を通じた形での技術移転に開発途上国は傾注する傾向がある。これは国内で不足している資源（資金，技術，経営を含む高度人材）をすべて海外直接投資によってまかなうことができるからである。また，貿易・投資の自由化が進むなか，海外直接投資を誘致することにより，輸出産業の育成にもつながり，貿易収支の改善も期待できる。貿易収支の改善は開発途上国で往々に見受けられる為替危機回避のためにも必要な政策である。[11]

東南アジア諸国等は海外直接投資を誘致することに成功し，それを産業，とくに輸出産業の基盤として今日まで高成長を遂げてきた。これがいわゆる，東

表 7-1 中南米諸国と東アジアの所得の比較（1950 年，2010 年）

(単位：米ドル〔PPP，1990 年〕)

1950 年		2010 年	
ベネズエラ	7,462	香港	30,725
アルゼンチン	4,987	シンガポール	29,038
ウルグアイ	4,659	台湾	23,292
チリ	3,670	日本	21,935
メキシコ	2,365	韓国	21,701
ペルー	2,308	チリ	13,883
シンガポール	2,219	ウルグアイ	11,526
香港	2,218	アルゼンチン	10,256
コロンビア	2,153	マレーシア	10,094
グアテマラ	2,085	ベネズエラ	9,874

(出所) Bolt and van Zanden [2013].

アジアの奇跡といわれていた。しかしながら，近年になりこの経済成長モデルにも疑問符が投げかけられている。その根底にあるのは，国内における技術革新能力が思ったほど向上していないのではないか，という疑念である。海外直接投資により，輸出産業も育ち，所得も向上し，低所得国から中所得国へと移行することができたのだが，今後このまま順調に高所得国入りできるか，中所得国の国々は疑問視している。いわゆる，中所得国の罠に陥っているのではないかという懸念である。

中所得国の罠とは，経済成長の初期は，低い人件費と大量生産による費用削減で強い競争力をもった産業が，経済成長とともに人件費が高まるなどしてその産業の競争力が低下していく一方，高度な専門知識や技術革新に大きく依存する高付加価値の製品・サービス部門へは，産業構造の変革が容易に進んでいかない状態をさす。結果，国民の所得水準は微増していくものの，将来の経済成長が持続するのか不確実な状況となる。

実際中南米諸国は東アジアの国々よりも所得が高かったにもかかわらず，その成長率は低く，次第に東アジアの国々に追い越されてしまっている（表 7-1）。このような懸念から，中所得国においても技術革新に関する関心は高い。技術革新を促進するうえで重要な制度である知的財産権については，次の節で紹介する。

3. 知的財産権保護の影響

知的財産権の目的

　新しい知識・技術は既存の知識・技術があるからこそ生み出されるのである。そのため社会としては知識や技術は幅広く伝播する方がよい。

　しかし，新しい技術の開発は自動的には起きない。個人もしくは企業の努力によって起きるものである。そのため，技術革新を行うためには費用がかかり，個人・企業としても開発にかかった費用が回収できる見込みがないと，技術革新に費用はかけない。形式知的な技術（や知識）というのは一般的には「公共財」と同じ性質をもっている。公共財の性質として，非競合性と非排除性があげられる。非競合性とはある消費者が消費したとしても他の消費者の消費の妨げにならないことをさす。非排除性とは，ある特定の消費者が消費するのを阻止できないことをさす。知識・技術はこの性質をあわせもつ。知識はある人が習得したとしても他の人が習得する妨げにならない。また，知識が公に知られている場合，その習得を特定化するのは難しい。この場合，開発にかかった費用を回収するのは難しいと考えられる。そこで生まれたのが「知的財産権」である。

　「知的財産権」は新規性のある創造的な活動の結果に対して期間限定的な占有権を権利保有者に与えるものである。そのかわり，権利保有者はその技術・知識を公開しないといけない。このように知的財産権は相反する目的（幅広く知識・技術を伝播する目的 vs 個人・企業による技術革新を促進する目的）をバランスよく調整し，技術革新を活発にしようとするものである。知的財産権がなければ，知識や技術は秘匿されてしまい，これは次なる技術革新に対して阻害要因となってしまう。

知的財産権の種類

　それでは，知的財産権にはどのようなものがあるのであろうか。一般的に経済活動上重要とされている知的財産権は特許，意匠権，商標と，著作権である。[12] 特許とは，新規性がある技術・知識を含んだ産業上有益な製品・プロセスに与[13]

えられるものである。特許権を保有している権利者はその技術を利用，もしくはライセンスすることができる。意匠権は，工業デザインを保護するものである。特許と同様に工業上の利用が前提にあり，その新規性，創作非容易性等によって決まる。商標（トレードマーク）は，それがあることによって利用者がその製品やサービスの提供者を図形や文字によってすぐに認識，特定できる。企業としてはブランドを確立するために必要な知的財産権である。著作権とは，思想や感情を創作的に表現したものを保護するものである。おもに工業製品以外の文芸，学術，美術，音楽等を対象としている。ここで留意しないといけないのが，著作権は創作的表現を保護しているので，アイディアやデータ等は保護の対象にはならないということである。

知的財産権に関する課題

　知的財産権の保護に関しては，世界各国で比較的共通している。なぜなら最低限の保護は世界貿易機構（WTO）の「知的所有権の貿易関連の側面に関する協定」（TRIPS協定）で定められており，WTO加盟国はすべてこの協定にも加わっているためである。表7-2に上述の知的財産権における最低保護期間を記した。TRIPS協定で定められているのは最低限の保護であり，これを上回る期間の保護を与えてもよいことになっている。実際に著作権に関しては国ごとにばらつきがあり，アメリカやEUでは70年の保護が与えられている。最長はメキシコの100年である。

　知的財産権は技術革新を促進するうえでは必要不可欠な制度である。しかしながら，知的財産権は技術・知識の伝播と権利者の保護を通じて創造性・新規性に富んだ活動の促進という2つの相反する目的のバランスをとらないといけない。そのため数々の課題に直面している。その1つとして，保護期間を延長するべきかの議論がある。

　さらに，開発途上国の現状を加えると問題が複雑になる。一般的には開発途上国にとっては技術移転を妨げない程度の緩めの特許権の方が有利であると考えられる。自国内からの特許権の強化の要求があって初めて特許権の厳格化をする場合が多い。その反面，著作権，商標権，意匠権については先進国・開発途上国によって制度の厳格差はなくてもいいと考えられている。とくに商標権

表 7-2　TRIPS 協定による保護期間

	保護期間
特許権	出願日から 20 年間
意匠権	10 年間
商標権	登録後 7 年間，更新可能
著作権	著作者の死亡時から 50 年間，企業・団体なら公表から 50 年間の保護。コンピュータープログラムも著作権に含まれる

については，文字・図形の組合せはほぼ無限大にあると考えられており，この分野の執行面での厳格化は望ましいと考えられる[17]。

そして，よく議論に上がるのが，医薬品に関する特許の取扱いである。倫理上，有益な医薬品は幅広く適用できる状態が望ましいとされ，そのため知的財産権，とくに特許はその妨げになるという考えである。TRIPS 協定でも国家緊急事態や公的に非商業目的の場合，特許権利者に対して著しい経済的被害がない場合は許諾なく使用できるとされている。ただし，適用は自国内のみなので，輸入物品は除外されている。

知的財産権は技術革新を促進するうえでは重要な制度である。しかし，知的財産権といっても保護の対象となる権利は多種多様である。そもそも知的財産権は新たな創造を促すために，権利者の保護と技術・知識の伝播のバランスを取っている。そのため，保護の強化が新たな創造に直結してはおらず，逆に悪影響をおよぼす可能性があることを忘れてはいけない。

技術革新は長期的な経済成長を遂げるためには必要不可欠な要素である。それを促進するうえで，開発途上国にとって海外からの技術移転が開発の初期段階では必要である。そのためには，モノ・カネ・ヒトの自由な移動が不可欠になってくる。貿易・投資自由化や地域統合の政策は技術移転に対しても重要な役割を果たしている。しかし，成長を長期的に持続していくには国内における技術開発能力の向上も重要である。そのためには高度人材の育成が必要であり，初等・中等教育のみならず高等教育の質にも重点をあてた政策がなくてはいけない。研究開発促進のための税制上の優遇政策も効果的であるが，それに加えて，技術革新のために必要な制度（たとえば，競争，リスクキャピタルの存在，産官学連携等）が必要になってくるであろう。

------- 注 -------

1) 技術の歴史とそれが経済成長に及ぼした影響を検証している研究はさまざまあり、興味のある読者は Clark [2007]; Helpman [1998]; Mansfield [1968]; Mokyr [2005a] [2005b]; Rosenberg and Birdzell [1986]; Schmookler [1966] 等を参照。
2) 他に、部品の輸入も重要である。国内で調達できない技術的に優れている部品を使うことによって、自社の製品の技術的要素をあげることができる。
3) これは労働力と資本を集計した総要素に対する生産性である。
4) リバース・エンジニアリングの行為自体は合法である。ただし、ここで得られた知識・技術は知的財産権で守られている場合もあり、その使用は知的財産権に沿った形で行わなければいけない。
5) 実施許諾とは技術権利所有者の許可を得て、その技術に基づいて実際に生産できる契約のことをさす。
6) たとえば、韓国では過去の OEM 生産の流れで日本との貿易赤字、とくに機械・資本財の輸入超過が問題視されており、これが日韓 FTA の進捗状態を阻めている。
7) Yusuf et al. [2003] を参照。
8) この現象の理論的な説明は Beine, Docquier and Rapoport [2001] を参照。また、移民できる可能性も 100％ではないので、人的資本にいくら投資しても移民しない（できない）人たちも存在する。そうであるならば、移民が完全にできない場合と比べて、国内に残る人的資本は実際に高くなるとも考えられる。
9) 企業は自前の R＆D だけでなく、R＆D コンソーシアムに参加し、限られた資源をプールすることも可能である。日本でもこのような形態をとって、技術開発に臨んだことがある。とくに VLSI プロジェクトが有名である。詳細は Branstetter and Sakakibara [1998] [2002] を参照。
10) 教育を含めた人的資本の重要性については第 4 章を参照。
11) 開発途上国におけるマクロ政策については第 14 章を参照。
12) その他として、回路配置利用権（集積回路〔IC〕の配置の保護）、育成者権（植物の種苗の品種の保護）や地理的表示等がある。
13) 容易には開発できなかったであろうという判断基準のもとで新規性が判断される。
14) 基本的に学術的な理論は対象外である。
15) 対象は、量産可能なものであり、美術品などは基本的に著作権になる。
16) TRIPS 協定では他に地理的表示等の取決めも含まれる。
17) 知的財産権と成長については Maskus [2000] と Fink and Maskus [2005] を参照。

------- 参考文献 -------

戸堂康之 [2008]『技術伝播と経済成長——グローバル化時代の途上国経済分析』勁草書房

Acemoglu, D. [2002] "Directed Technical Change," *Review of Economic Studies*, Vol.69, No. 4, pp.781-809.

Acemoglu, D. and F. Zilibotti [2001] "Productivity Differences," *Quarterly Journal of Economics*, Vol.116, No.2, pp.563-606.

Beine, M., F. Docquier and H. Rapoport [2001] "Brain Drain and Economic Growth: Theory and Evidence," *Journal of Development Economics*, Vol.64, No.1, pp.275-289.

Blalock, G. and P. Gertler [2008] "Welfare Gains from Foreign Direct Investment through Technology Transfer to Local Suppliers," *Journal of International Economics*, Vol.74, No.2, pp.402-421.

Bolt, J. and J.L. van Zanden [2013] "The First Update of the Maddison Project: Re-Estimating Growth before 1820," Maddison-Project Working Paper 4, University of Groningen.
Branstetter, L. and M. Sakakibara [1998] "Japanese Research Consortia: A Microeconometric Analysis of Industrial Policy," *Journal of Industrial Economics*, Vol.46, No.2, pp.207-233.
Branstetter, L. and M. Sakakibara [2002] "When Do Research Consortia Work Well and Why? Evidence from Japanese Panel Data," *American Economic Review*, Vol.92, No.1, pp.143-159.
Clark, G. [2007] *A Farewell to Alms*, Princeton University Press.
Fink, C. and K.E. Maskus eds. [2005] *Intellectual Property and Development*, World Bank.
Helpman, E. [1998] *General Purpose Technologies and Economic Growth*, MIT Press.
Hobday, M. [1995] *Innovation in East Asia: The Challenge to Japan*, Edward Elgar.
Lucas, R. [1988] "On the Mechanics of Economic Development," *Journal of Monetary Economics*, Vol.22, No.1, pp.3-42.
Mansfield, E. [1968] *The Economics of Technological Change*, Norton.
Maskus, K.E. [2000] *Intellectual Property Rights in the Global Economy*, Institute for International Economics.
Mokyr, J. [2005a] "The Intellectual Origins of Modern Economic Growth," *Journal of Economic History*, Vol.65, No.2, pp.285-351.
Mokyr, J. [2005b] "Long-Term Economic Growth and the History of Technology," P. Aghion, and S.N. Durlauf eds. *Handbook of Economic Growth*, pp.1113-1180. Elsevier.
Romer, P.M. [1990] "Endogenous Technological Change," *Journal of Political Economy*, Vol.98, No.5, pp.S71-S102.
Rosenberg, N. and L. E. Birdzell, Jr. [1986] *How the West Grew Rich: The Economic Transformation of the Industrial World*, Basic Books.
Saggi, K. [2006] "Foreign Direct Investment, Linkages, and Technology Spillovers." B. Hoekman and B.S. Javorcik eds. *Global Integration & Technology Transfer*, pp.51-65, World Bank.
Schmookler, J. [1966] *Invention and Economic Growth*, Harvard University Press.
Smeets, R. [2008] "Collecting the Pieces of the Fdi Knowledge Spillovers Puzzle," *The World Bank Research Observer*, Vol.23, No.2, pp.107-138.
Yusuf, S., M.A. Altaf, B. Eichengreen, S. Gooptu, K. Nabeshima, C. Kenny, D.H. Perkins and M. Shotten [2003] *Innovative East Asia: The Future of Growth*, Oxford University Press.

第8章 産業連関

猪俣哲史・孟渤

はじめに

今日，私たちの生活を支える産業の数々は，それぞれが互いに密接な取引関係を結びながら生産活動を営んでいる。ことに，部品や原材料の需給を通じ，産業間には複雑な相互依存のネットワークが形成され，局所的に生じた経済的な刺激は，あたかも電気信号が神経網を駆けめぐるように経済全体へと伝播していく。

産業連関分析では，産業連関表という統計表を用いて生産連鎖のメカニズムを体系的に捉え，産業政策や通商政策の立案に有用な基本情報を提供することができる。ことに近年，急速なグローバル化の進展に伴い，産業連関表の国際版である国際産業連関表が大きな注目を集めている。

以下に続く第1節では，まず，産業連関表の基本的枠組みを紹介し，続いて第2節では，産業連関分析の基盤をなす生産波及効果について説明する。第3節では，アジア経済研究所が作成する国際産業連関表を概説し，それを用いた分析事例を紹介する。

1. 産業連関表の枠組み

産業連関表は，財とサービスの循環経路を産業間の取引額を用いてコンパクトに記述した，いわば経済全体の「見取り図」である。それは，一枚の織物のように，タテ糸とヨコ糸によって構成されている。タテ糸は財・サービスの需要部門，ヨコ糸は供給部門で，その交点が，それら部門の間で交わされた取引額を示している。

図8-1は経済を農鉱業，製造業，サービス業の3部門に統合した日本の産業連関表（2005年）である。このなかで，中間取引は産業間における財・サービスの需給関係を記しており，産業連関分析の心臓ともいえる最も重要な情報を集約している。まず，製造業（タテ糸）と農鉱業（ヨコ糸）の交点をみてみよう。数値は20兆4363億円である。これは，製造業部門が農鉱業部門から，農産品などを約20兆円分投入したことを表している。たとえば，清涼飲料水のメーカーが原料として果物を仕入れることなどがこれにあたる。

また，その2つ下の交点は，製造業部門がサービス業部門から約62兆円相当のサービスを受けていることを示している。たとえば，清涼飲料水メーカーが果物を工場まで輸送するのに要した費用などがここに計上される。このように産業連関表は，タテ方向にみれば各産業の原材料投入構成を，ヨコ方向にみれば製品の産出先構成を表していることがわかる。産業連関表が投入産出表とも呼ばれる理由はここにある。

さて，各産業は生産活動の費用として，原材料の他にも労働力や各種税金等に多額の支払いをしている。このように産業によって再生産されない生産要素は，付加価値部門として扱われる。その内訳は，労働への支払いである「雇用者所得（賃金）」，資本への支払いである「営業余剰（利潤）」，機械などの購入費をその耐用年数で除算して，1年当たりの支払額に換算した「資本減耗引当金」，そして財・サービスの生産活動に伴う「間接税および補助金」（控除項目）である。

また，あらゆる生産物は投入／産出の循環経路を経て，最終的には家計や政府による消費，もしくは外国への輸出といった形で落ち着くことになる。この

図 8-1 産業連関表（3 産業部門）

(単位：億円)

		中間取引			最終需要			
		農鉱業	製造業	サービス業	民間消費 政府消費	資本形成 在庫純増	純輸出	総生産額
中間取引	農鉱業	16,472	204,363	52,261	35,482	8,137	−175,085	141,630
	製造業	26,334	1,324,270	636,906	602,183	358,879	122,137	3,070,709
	サービス業	24,973	616,006	1,759,822	3,249,510	791,694	65,803	6,507,808
付加価値	雇用者所得	15,550	469,015	2,103,610				
	営業余剰	39,213	185,198	939,461				
	資本減耗	14,104	137,634	814,710				
	間接税−補助金	4,984	134,222	201,039				
総生産額		141,630	3,070,709	6,507,808				

(出所) 総務省「平成 17 年（2005 年）産業連関表」をもとに筆者作成。

ような財やサービスの終着駅を，最終需要部門と呼ぶ。最終需要部門は「民間（家計＋非営利団体）消費支出」「政府消費支出」「固定資本形成」「在庫純増」「純輸出（輸出−輸入）」から構成されている。なお，最終需要部門も付加価値部門も，その概念は国民所得統計とおおむね整合的に設定されている。

このように，産業連関表は中間取引，付加価値，最終需要の 3 つのパーツによって構成されている。そして，それらの外枠を埋めるのが各取引の合計額，すなわち総生産額である。タテ糸の末端にはその産業の投入総額，ヨコ糸の末端には産出総額が示されており，会計定義上，これらは同一産業でピッタリと一致している。

2. 生産波及のメカニズム

現在，産業連関分析は多方面での応用が進んでいるが，そのほとんどが波及効果の分析を基本としている。生産活動はさまざまな産業を結ぶ需給ネットワークによって成り立っており，1 つの産業で起こった変化，たとえば，自動車産業に対する需要の増加は，その中間財取引を介して他の産業へと波及してい

く。まず,車体やエンジン,タイヤなど自動車部品や付属品の生産を誘発する。すると,これら関連産業での増産が,モーターや鉄鋼,ゴムなどのサブパーツや原材料へのさらなる需要を生み出す。そして,それら製品の増産が,より上流の産業での生産を誘発する……。1つの産業で起こった変化は,まるで池に小石を投げ入れたときの波紋のように,ゆっくりと経済全体へ広がっていくのである。

ただし,生産の波及は永遠に続くものではない。それは,段階を経るにつれて次第に弱まっていく。そこで,消滅するまでの波及効果をすべて先取りしてしまえば,各産業について,生産連鎖を経た後の究極的な波及効果を,あらかじめ数量化することが可能となる。これには,産業連関表に数学的変換を施して,レオンチェフ逆行列という分析表を作成する。この表の各交点は,ある産業(タテ糸)の生産を一単位増やすのに,各産業(ヨコ糸)から「最終的に」どれだけの投入を必要とするかを表している。すなわち,産業間の生産連鎖を経た後の究極的な累積投入量を捉えている。

3. 国際産業連関分析への展開

図8-2は国際産業連関表の概念図である(3産業,3カ国の例)。国際産業連関表は,各国の産業連関表を貿易統計によってリンクしたパッチワークであり,したがって,そのレイアウトや数字の読み方などは基本的に一国の産業連関表と相違ない。すなわち,全体は中間取引,付加価値,そして最終需要から構成されており,タテ糸は財・サービスの需要部門,ヨコ糸は供給部門で,その交点は,それら部門の間で交わされた取引額を示している。唯一異なるのが,国際取引を「輸入表」という形で明示している点である。たとえば,表中 A^{aa} は,A国内で生産された財・サービスに対するA国の産業の投入,つまりA国の国内取引を示しているのに対し,A^{ba} は,B国から輸入した財・サービスに対するA国の産業の投入を示す。同様に,A^{ca} と A^{wa} は,C国およびその他の世界からの輸入に対するA国の産業の投入を表している。また,BAとDAは,これらの輸入取引に課せられた「国際運賃・保険料」と「関税・輸入商品税」を示している。

図8-2 国際産業連関表(3産業,3カ国の例)

		中間需要									最終需要									その他の世界への輸出、および統計誤差	総産出
		A国			B国			C国			A国			B国			C国				
		農鉱業	製造業	サービス	農鉱業	製造業	サービス	農鉱業	製造業	サービス	民間消費	政府消費	資本形成	在庫純増	民間消費	政府消費	資本形成	在庫純増	民間消費	政府消費	資本形成	在庫純増		
A国	農鉱業																							
	製造業	A^{aa}			A^{ab}			A^{ac}			F^{aa}				F^{ab}				F^{ac}				L^{aw}	X^a
	サービス																							
B国	農鉱業																							
	製造業	A^{ba}			A^{bb}			A^{bc}			F^{ba}				F^{bb}				F^{bc}				L^{bw}	X^b
	サービス																							
C国	農鉱業																							
	製造業	A^{ca}			A^{cb}			A^{cc}			F^{ca}				F^{cb}				F^{cc}				L^{cw}	X^c
	サービス																							
国際運賃・保険料		BA^a			BA^b			BA^c			BF^a				BF^b				BF^c					
その他の世界	農鉱業																							
	製造業	A^{wa}			A^{wb}			A^{wc}			F^{wa}				F^{wb}				F^{wc}					
	サービス																							
関税・輸入商品税		DA^a			DA^b			DA^c			DF^a				DF^b				DF^c					
付加価値	賃金																							
	粗営業余剰	V^a			V^b			V^c																
	税金・補助金																							
総投入		X^a			X^b			X^c																

(出所) 筆者作成.

　表の左端から4番目の列は,A国の最終需要部門である。たとえばF^{aa}とF^{ba}は,それぞれ,A国内で生産された財・サービスと,B国から輸入された財・サービスに対するA国の最終需要を示す。残りの列についても,表の第1列と同様の見方で読み取れる。

　L^{aw},L^{bw},L^{cw}は,その他の世界への輸出と,さまざまな国の産業連関表をリンクしたことによって生じるヨコ方向の統計誤差を含んでいる。また,VとXは,従来の一国産業連関表と同様,付加価値と総投入・総産出を示す。

　日本貿易振興機構アジア経済研究所が作成する「アジア国際産業連関表」は,1975年次をはじめとする6つの多国間表から構成されており,現存の国際産

表8-1 アジア国際産業連関表(多国間表)の作成状況

	1975年表	1985年表	1990年表	1995年表	2000年表	2005年表
産業部門数	56/24/7部門	24/7部門	78/24/7部門	78/24/7部門	76/24/7部門	76/24/7部門
内生国[1]	8カ国	10カ国	10カ国	10カ国	10カ国	10カ国
外生国[2]	1カ国	2カ国	2カ国	2カ国	3カ国	4カ国

(注) 1) 内生国とは、レオンチェフ逆行列の対象となる国/地域である。8カ国がインドネシア、マレーシア、フィリピン、シンガポール、タイ、韓国、日本、アメリカ、10カ国ではそれらに中国と台湾が加えられる。
2) 外生国とは、内生国以外の国/地域で、1975年表では「その他の世界(R.O.W)」の1地域のみ、1985年表から香港が加わり、2000年表からEUが含まれる。最新の2005年表ではインドを加える予定である。
(出所) 筆者作成。

業連関データのなかでも最も長い時系列をもっている(表8-1)。経済開発協力機構(OECD)のICIOデータベース、そして欧州委員会の委託事業である世界産業連関データベース(World Input-Output Database: WIOD)は、ともに1995年次を最古としている。ただし、アジア国際産業連関表は5年ごとにしか作成されておらず、WIODのように毎年の表の推計は行っていない。また、75年表は中国と台湾を含んでいないので、それ以降の表とは形式が異なることに注意が必要である。

産業連関表はその名の通り産業間のつながりが生む波及効果の計測に利用されるが、ことに、国際分業が著しく進展した今日においても、国際産業連関表を用いることによって、国内のみならず国境を越えた波及効果まで詳細に捉えることが可能となる。以下ではアジア国際産業連関表を用いた最近の分析事例を紹介する。

2008年に起きたアメリカ発の金融危機は、金融セクターのみならず、国際生産ネットワークを通じて、実物世界へ広範囲に悪影響を及ぼし、ついに世界経済危機まで至った。その際に、労働市場は最も深刻な影響を受けて、アメリカとヨーロッパなどでは大量の失業者が発生した。当時の国際労働機関(ILO)事務局長のソマビア(J. Somavia)は労働市場がこうむる被害の深刻さについて、「今回の危機はただ単にウォール・ストリートの危機ではなく、世界のどのストリートにも蔓延する危機だ」と警鐘を鳴らした。危機発生後、一刻も早く雇用への影響を把握し、その波及範囲と深刻さを分析し、対策を講じるのはどの政府にとっても緊急課題だった。この際に、国際産業連関分析は有力なツ

ールとして用いられた。

　この分析では，世界経済危機を，需要・生産に対する負の外的ショックとして捉え，その波及効果は国際生産ネットワークを通じて各国の労働市場に及ぶと考える。簡単にいえば，危機の発生により，まず消費者と投資家とも所得の実質的減少および将来への不安が生じ，結果的に消費支出と投資活動を抑える行動に出る。生産者は需要の縮小に応じて利潤確保あるいは生き延びるため生産活動を抑えざるをえない。結果的に一部の企業はリストラを余儀なくされる。このようなプロセスは一国内にとどまらず，国境を越えて，他国へ波及する。たとえば，アメリカの消費者は危機により自国産の自動車への支出を抑えると，自動車を提供する企業は低くなった生産規模を維持するため，リストラをするかもしれない。これはアメリカ国内において金融危機が自動車産業の雇用へ及ぼす直接効果である。一方では当該アメリカ自動車メーカーはタイヤなどの中間財も大量に使っているから，これに伴うタイヤへの需要縮小により，タイヤメーカーの雇用にも影響が出る。これは危機の国内における間接効果である。さらに，自動車メーカーが使ったタイヤが中国製である場合，中国のタイヤメーカーの雇用も影響される。これは国際生産ネットワークを通じた負の波及効果である。もちろん，アメリカの消費者は直接的に消費する外国産自動車への需要縮小も同様なプロセスを経て他国の労働市場に影響を及ぼす。

　表8-2は，世界経済危機がアジア太平洋地域の労働市場へ及ぼす影響についてアジア国際産業連関表を使って分析した結果である。表の数字は，表頭に示す国の最終需要の縮小が，国際生産ネットワークを通じて，表側にある国の労働市場にどれだけ影響を及ぼすかを表している。たとえば，中国の行とアメリカの列との交点にある数字は－228,791である。これは危機によりアメリカの最終需要縮小は中国の労働市場に22万8791人の雇用減をもたらすことを意味する。また，表の対角線上の数字は非対角線上の数字よりかなり大きいことは，最終需要の減少は自国の労働市場に対して最も大きな影響を及ぼすことを示している。表の最右列に示される比率は，表側の国が受けた雇用損失のうち，海外（他国）の需要減による割合を示している。明らかに，海外依存度の高い国はこの数字が大きくなる。たとえば，中国が失った雇用機会のうち，12.7％は外需の減少によるものである。その数は48万5956人にも及ぶ。ま

表8-2 金融危機によるアジア太平洋地域の雇用スピルオーバー効果

(単位：人)

2008年

表側国＼表頭国	中国	インドネシア	日本	韓国	マレーシア	台湾	フィリピン	シンガポール	タイ	アメリカ	総効果	国間効果	国間効果の割合(%)
中国	−3,340,759	−11,154	−115,468	−76,291	−11,062	−10,705	−7,027	−13,341	−12,117	−228,791	−3,826,715	−485,956	12.7
インドネシア	−4,055	−870,341	−112,204	−8,973	−6,611	−1,639	−2,613	−4,989	−2,869	−13,163	−927,457	−57,116	6.2
日本	−8,815	−1,510	−739,690	−8,479	−1,783	−2,818	−1,274	−1,807	−2,514	−14,554	−783,244	−43,554	5.6
韓国	−3,867	−424	−2,255	−476,857	−475	−454	−402	−859	−461	−4,144	−490,198	−13,341	2.7
マレーシア	−2,691	−1,155	−3,803	−2,205	−121,907	−545	−739	−3,416	−1,183	−5,538	−143,182	−21,275	14.9
台湾	−4,502	−391	−2,293	−1,572	−661	−72,804	−684	−887	−597	−4,859	−89,250	−16,446	18.4
フィリピン	−4,730	−613	−7,246	−3,786	−969	−592	−864,258	−1,429	−1,374	−7,843	−892,840	−28,582	3.2
シンガポール	−537	−611	−353	−417	−495	−106	−240	−24,940	−246	−869	−28,814	−3,874	13.4
タイ	−9,077	−4,854	−22,495	−7,036	−7,765	−2,776	−5,080	−3,895	−470,638	−25,570	−559,186	−88,548	15.8
アメリカ	−2,566	−545	−4,751	−3,668	−804	−897	−822	−1,782	−644	−1,429,949	−1,446,428	−16,479	1.1
合計	−3,381,599	−891,598	−910,558	−589,284	−152,532	−93,336	−883,139	−57,345	−492,643	−1,735,280	−9,187,314	−775,171	8.4

2009年

表側国＼表頭国	中国	インドネシア	日本	韓国	マレーシア	台湾	フィリピン	シンガポール	タイ	アメリカ	総効果	国間効果	国間効果の割合(%)
中国	−4,683,659	−24,415	−256,644	−130,214	−22,563	−23,856	−10,970	−24,937	−24,551	−515,580	−5,717,389	−1,033,730	18.1
インドネシア	−17,451	−1,218,896	−25,201	−15,089	−16,667	−3,772	−4,356	−11,546	−6,662	−39,425	−1,359,065	−140,169	10.3
日本	−23,731	−3,655	−1,036,298	−15,212	−3,861	−7,481	−2,052	−3,345	−5,685	−37,171	−1,138,491	−102,193	9.0
韓国	−7,921	−825	−4,261	−667,729	−866	−893	−596	−1,418	−834	−8,579	−693,922	−26,193	3.8
マレーシア	−8,712	−2,563	−8,008	−3,873	−170,820	−1,414	−1,204	−7,546	−2,781	−16,039	−222,960	−52,140	23.4
台湾	−11,143	−876	−5,039	−2,844	−1,347	−102,024	−1,020	−1,587	−1,230	−11,616	−138,726	−36,702	26.5
フィリピン	−12,169	−1,431	−15,538	−6,679	−1,990	−1,337	−1,209,983	−2,629	−2,973	−19,996	−1,274,725	−64,742	5.1
シンガポール	−1,088	−1,182	−693	−732	−914	−208	−367	−34,937	−458	−1,724	−42,303	−7,366	17.4
タイ	−20,741	−10,377	−46,998	−12,435	−15,536	−6,345	−9,227	−7,916	−659,114	−53,007	−841,696	−182,582	21.7
アメリカ	−6,596	−1,186	−10,174	−6,456	−1,613	−2,206	−1,246	−3,106	−1,263	−2,002,881	−2,036,727	−33,846	1.7
合計	−4,793,211	−1,265,406	−1,408,854	−861,263	−236,177	−149,536	−1,241,021	−98,967	−705,551	−2,706,018	−13,466,004	−1,679,663	12.5

(出所) Meng and Inomata [2011].

たそのうち，アメリカによる部分は22万8791人である。中国の労働市場がアメリカの最終需要に大きく依存するという姿を如実に反映している。また，金融危機の雇用への打撃は2009年においてさらに深刻となったことが，下の表からうかがえる。この分析により，グローバル化が進展するなか，マクロ経済政策における国際協調の重要性がはっきりと示された。

　国際産業連関表は産業構造や貿易構造，経済インパクトの分析に加え，新たな研究ニーズとして，グローバル・バリュー・チェーン分析や環境分析などにも利用されている。このように，国際産業連関分析の有用性が再認識されるなか，最近では国際産業連関データの作成に対して国際機関や各国研究機関の研究協力が活発化してきた。たとえば，先述のOECD ICIOデータベースや欧州委員会のWIODのほかにも，国連貿易開発会議（UNCTAD）やGTAPも国のカバレッジがさらに大きい国際表の作成に乗り出した。また，環境勘定とリンクした欧州委員会のEXIOPOL，シドニー大学のEORA産業連関データベースも広く注目されている。一方，アジア経済研究所は，40年間にわたるアジア国際産業連関表作成の蓄積を踏まえ，一国の地域間産業連関表を国際表に組み込むという新たな試みを行っている（Meng, Wang and Koopman [2013]; IDE-JETRO [2007]）。グローバル化と地域統合が平行して進むなか，このようなデータベースを利用すれば，地域レベルで国際的な産業連関の研究が可能となる。

------ 参考文献 ------

IDE-JETRO [2007] "Transnational Interregional Input-output Table between China and Japan 2000," *Asian International Input-Output Series*, Vol.68.

Johnson R.C. and G. Noguera [2012] "Accounting for Intermediates: Production Sharing and Trade in Value Added," *Journal of International Economics*, Vol.86, No.2, pp.224-236.

Meng, B. and S. Inomata [2011] "Impact of the Global Economic Crisis on Employment in the Asia-Pacific Region," S. Inomata ed., *Asia Beyond the Global Economic Crisis: The Transmission Mechanism of Financial Shocks: The Transmission Mechanism of Financial Shocks*, Edward Elgar.

Meng, B., Z. Wang and R. Koopman [2013] "How are Global Value Chains Fragmented and Extended in China's Domestic Production Networks?" *IDE Discussion Paper*, 424.

Meng, B., J. Xue, K. Feng, D. Guan and X. Fw[2013] "China's Interregional Spillover of Carbon Emissions and Domestic Supply Chains," *Energy Policy*, Vol.61, pp.1305-1321.

OECD-WTO [2013] *Measuring Trade in Value Added: An OECD-WTO Joint Initiative*. http://

www.oecd.org/industry/ind/measuringtradeinvalue-addedanoecd-wtojointinitiative.htm
WTO-IDE [2011] *Trade Patterns and Global Value Chains in East Asia: From Trade in Goods to Trade in Tasks*, Printed by the WTO Secretariat.
Xing, Y. and N. Detert [2010] "How the iPhone Widens the United States Trade Deficit with the People's Republic of China," *ADBI Working Paper*, 257.

第9章 制　　度

湊　一樹

はじめに

　経済史の分野で大きな業績を残した経済学者のノース（D. North）は，制度とは「社会におけるゲームのルールであり，よりフォーマルに述べるならば，人間が自らの相互作用を成り立たせるために考案した制約である」と定義している。そして，これに続けて，「政治的・社会的・経済的であるかにかかわらず，制度は人間同士がやり取りするうえでの誘因を形作る」と論じている（North［1990］3頁）。

　では，「社会におけるゲームのルール」としての制度は，そもそもなぜ必要なのだろうか。その理由の1つとしてよくあげられるのが，制度を設けることで経済的な取引がより円滑に行われるようになるという点である。私たちを取り巻く市場経済は，消費者や生産者などの数多くの経済主体の間での複雑な取引の上に成り立っている。そして，このような特徴は，さまざまな経済活動が専門への特化と分業によって支えられていることからきている（たとえば，無数にある部品が異なる国々で製造されている電子機器が，家電量販店の店先に並ぶまでの過程を考えてみれば，この点は明らかだろう）。専門への特化と分業には，それ

それの生産段階での生産性を高めるというプラスの効果がある一方で，経済活動がより複雑なものになるため，経済主体の間での取引に伴うさまざまなコスト——経済学では，このようなコストを総称して「取引費用」と呼ぶ——が発生するというマイナスの効果もみられる。そのため，適切に設計された制度は，経済的な取引が円滑に行われるように取引費用を低く抑えることを通して，専門への特化と分業を推し進め，さらなる生産性の向上を実現するのである。[1]

　私的所有権の保護や契約履行の強制を目的とした各種の制度が国家によって整備されることで，経済主体が積極的に市場に参加できるようになり，さらには経済全体の発展がもたらされるというプロセスは，その一例といえる。しかし，これとは反対に，国家自身が個人や企業の所有権を侵害したり，契約履行の強制が十分に行われなかったりするような状況のもとでは，経済活動が著しく妨げられてしまう可能性が大きくなる。実際，多くの開発途上国では，こういった現象が現在でもよくみられる。[2]

　開発経済学の分野では，開発途上国が低開発や貧困から抜け出すことを阻んでいる制度的な要因は何であり，経済成長や貧困削減を推し進めていくためにはどのような制度面での変革が必要なのかといった点が盛んに論じられてきた。そして，最近になって，途上国における制度と開発の関連性に焦点を当てた議論が，再び大きな注目を集めている。このような流れを生み出している背景の1つとして，途上国が植民地統治下にあった時代に設けられた制度がその後の制度の形成を通して現在の経済状況にまで作用している可能性を指摘する研究が，次々と現れているという点がある。つまり，現在では影も形もない，遠い過去に実施されていたさまざまな制度が，実際には多くの途上国で長期的な影響を与えていることが，これらの研究によって明らかにされているのである。

　この章では，植民地時代にまでさかのぼる「制度的遺産」が，現在の途上国の経済的側面に及ぼしている長期的な影響を分析した一連の研究を取り上げ，途上国を悩ませつづけている低開発と貧困という問題と制度の間にどのような関連性があるのかを考えてみることにしよう。[3] また，制度と経済的側面の関連性を考察するうえで，政治的側面が果たす役割の重要性にも注目する。さらに，本章の後半部分では，制度の影響を分析する際に留意すべきいくつかのポイントについて議論する。

1. 植民地支配と途上国における制度の形成

経済発展経路の違いとそのメカニズム

　開発途上国と呼ばれる国々のほとんどは，アジア，アフリカ，中南米・カリブ海地域に位置し，その多くはかつてヨーロッパ諸国による植民地支配を受けた経験をもっている[4]。これらの地域は，植民地支配が本格的に行われるようになる以前には，他の地域と比べて極端に貧しかった訳では必ずしもなく，そのなかには比較的豊かな文明を誇っていた地域もみられる。そのため，途上国を悩ませつづけている低開発や貧困といった深刻な問題とヨーロッパ諸国による植民地支配との間に何らかの関連性があると考えるのは，一見してそれほど不自然なことではない。

　しかし，その一方で，途上国の現在の経済状況と過去の植民地支配を単純に結びつけることには，十分慎重にならなくてはいけない。なぜなら，大半の途上国と同様にヨーロッパ諸国による植民地支配を受けたにもかかわらず，低開発や貧困の罠に陥ることなく経済発展を遂げることに成功した例も存在するからである。実際，そのような具体例として，アメリカ合衆国，カナダ，オーストラリア，ニュージーランドのような，現在では先進国と呼ばれている国々をあげることができる。

　では，ヨーロッパ諸国による植民地支配を受けた国々の間にみられる経済発展経路の違いは，どのようにして生み出されたと考えればよいのだろうか。この疑問に対する説明として最近の実証研究で注目されているのが，制度の役割を重視するメカニズムである。図9-1にしたがって，1つずつ順を追ってみていくことにしよう。

　まず，現在の経済状況は，現在の制度のあり方と深く結びついている（矢印①）。ここでいう制度とは，ある特定の制度のことをさしているのではなく，政治・経済に関するさまざまな制度が全般的にどのような特徴をもっているのかを意味する。具体的には，制度的な枠組みが，政治権力や経済力を握る一部の特権的な支配層ばかりを利するような不公平なものなのか，それとも幅広い一般市民の利益に重きを置くようなより公平なものなのかという点に着目して

図9-1　経済発展経路の違いが生まれるメカニズム

(出所) Acemoglu, Johnson and Robinson [2001] を参考に筆者作成。

いる。制度的な枠組みがどちらの特徴をより強くもっているかによって経済状況は大きく左右され，制度のあり方がより公平な社会の方が長期的には経済発展が促されるとともに，その恩恵が社会のより幅広い階層へと行き渡る。

次に，現在の制度のあり方は，植民地統治のもとで形成された制度がどのような特徴をもっていたかに強く影響される（矢印②）。つまり，植民地時代に整備された政治・経済に関するさまざまな制度が全般的により不公平なものであるならば，現在の制度もそのような特徴を保ちつづけるということである。とくに，不公平な制度のもとで一部の特権的な支配層が大きな政治権力や経済力を握っている場合には，このような制度の持続性がはっきりと姿を現しやすい。なぜならば，支配層は政治権力や経済力を用いて，その特権的立場をさらに強固なものにするような自分たちに都合のよい制度を作ることができるため，すでに存在する不公平な制度は持続しやすいが，それをより公平な制度に変える（つまり，制度を変えることで支配層から政治的・経済的特権を奪う）ことには大きな困難が伴うからである（Acemoglu, Johnson and Robinson [2005] の第1節）。

さらに，植民地支配のあり方は社会構造に重大な影響を及ぼすため，植民地統治の過程で形成されていった経済・政治に関するさまざまな制度にも，植民地支配のあり方が投影される（矢印③）。植民地支配を通して特権的な集団が台頭してきた地域では，その影響力を政治的にも経済的にもより確実なものにするために不公平な制度が整備されていく一方，特権的な集団が生まれなかった地域では，経済的にも政治的により公平な制度が整備されていった。

そして，ヨーロッパ諸国によって植民地化された地域の間には「初期条件」の違いがあったため，それに応じて植民地支配のあり方も異なるものになったというのが最後のポイントである（矢印④）。ただし，次に紹介する主要な研究が示しているように，ここでいう「初期条件」にはいくつかの要素が含まれる。

初期条件とその後の制度の形成

　たとえば,アメリカ大陸とその周辺(北米,中南米・カリブ海地域)に位置する国々の発展経路を比較したある研究は,植民地化された地域の初期条件として,砂糖やコーヒーなどの商品作物の栽培に適した自然条件や金・銀などの鉱物資源があるかどうかに着目している(Sokoloff and Engerman [2000])。交易によって大きな利益をもたらす商品作物の栽培に適した地域では,これらの作物を大規模なプランテーションで栽培するためにアフリカ大陸から多くの人々が奴隷として連れてこられる一方,貴重な鉱物資源が豊富にとれる地域では,現地の人々が強制的に採掘作業に従事させられた。その結果,このような初期条件を伴う地域では,強制労働に従事させられる集団とそれから搾取することで利益を得る特権的な集団から構成される極端に階層分化した社会が形成されていった。それとは対照的に,上記のような初期条件を伴わない北アメリカなどの地域では,社会が極端に階層分化することはなかった。

　そして,このような植民地支配の形態の違いが,その後に形成されていく制度の違いを生み出すうえで重要な役割を果たした。たとえば,より階層分化した植民地では,教育をはじめとする公共財にあまり投資が行われなかったり,人口の大部分は参政権を制限されたりしたように,経済的にも政治的にも不公平な制度が設けられ,それが尾を引いていったのである(Sokoloff and Engerman [2000] の表2と表3を参照)。

　また,ヨーロッパ諸国による植民地支配を受けた国々を比較した別の研究は,初期条件として熱帯病(マラリヤや黄熱病といった感染症)の危険性の有無が植民地支配の形態に大きな影響を及ぼしたという点を強調している(Acemoglu, Johnson and Robinson [2001])。具体的には,熱帯病の危険性が大きいため,ヨーロッパの宗主国からの入植者が容易には住めないような地域では,一握りの入植者が原住民や奴隷から一方的に搾取するような収奪的な社会が形成されたが,熱帯病の危険性が小さいため,入植者が比較的容易に住めるような地域には,ヨーロッパの宗主国から多くの入植者が押し寄せ,ヨーロッパ諸国とある程度類似したより包摂的な社会が形成されたと論じている[6]。

　経済水準を決める重要な制度的側面として,この研究で重視されているのが,一般市民や企業などの財産が支配層によって収奪されることに歯止めをかける,

私的所有権を保護する制度的枠組みがどの程度整っているかという点である[7]。そして，図9-1の枠組みにしたがって，さまざまなデータを用いて以下の4つの点を実証的に示している。第1に，政府による私的所有権の侵害の可能性が低い国ほど，経済水準が高いという因果関係が認められる。第2に，私的所有権が政府によって侵害されることを防ぐための制度的枠組みが過去に弱かった国ほど，現在でも私的所有権の侵害の可能性が高い。第3に，人口全体に占める入植者の割合が小さい国ほど，私的所有権が政府によって侵害されることを防ぐための制度的枠組みが過去に弱かった。そして，第4に，入植者にとって熱帯病の危険が大きい国ほど，入植者の割合が小さい傾向にある（Acemoglu, Johnson and Robinson [2001] の表3と表4を参照）。

したがって，これらの研究によると，植民地支配と初期条件の組合せが制度の形成を通して現在の経済状況にまで影響を与えているということになる。

自然条件の役割

途上国が集中するアジア，アフリカ，中南米・カリブ海地域は，先進諸国に比べてより赤道周辺に位置している。そのため，熱帯地域に特有の自然条件が途上国の低開発や貧困の原因であるという指摘がなされることがある。確かに，ヨーロッパによって植民地化された国々について1人当たりの所得水準と緯度の関係をみてみると，赤道からの距離が近い国ほど所得水準が低い傾向にあることが一目瞭然である（図9-2）。

ただし，このような関係から，熱帯地域に特有の自然条件が低開発や貧困の直接的な原因であると結論づけるべきではない。なぜなら，これまでに紹介した2つの研究が示しているように，熱帯地域に位置する植民地は上で述べたような初期条件をもつ可能性が高いため，より不公平な制度が設けられた結果，長期的に経済発展できなかったと考えられるからである。事実，自然条件は制度の形成を通して現在の経済水準に影響を及ぼすが，それ以外の経路では経済水準とは関係がないことがこれまでの研究で示されている（Acemoglu, Johnson and Robinson [2001]）。つまり，自然条件が経済水準に及ぼす影響は，（前掲図9-1で示されているような）制度の形成を通しての間接的なものであるということができる。

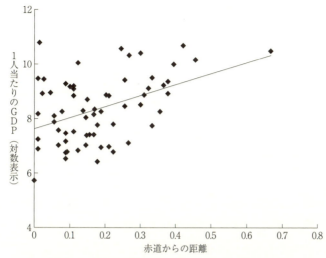

図 9-2 赤道からの距離と所得水準

(出所) 赤道からの距離（0から1の間に収まるよう変換された値）は，La Porta et al. [1999]，1人当たりの GDP（2006年のデータ）は世界銀行のデータベース（http://data.worldbank.org/）をそれぞれ参照。旧植民地のサンプルは，Acemoglu, Johnson and Robinson [2001] と同じ64カ国である。

表 9-1 アメリカ大陸での「豊かさの逆転現象」

	人口密度	都市化率	1人当たり GDP の相対比率(アメリカの値＝100)			
	1500 年		1700 年	1800 年	1900 年	2000 年
アルゼンチン	0.11	0.0	—	102	52	26
チリ	0.80	0.0	—	46	38	28
ペルー	1.56	10.5	—	41	20	14
ブラジル	0.12	0.0	—	50	10	20
キューバ	—	—	167	112	—	—
バルバドス	1.46	—	150	—	—	46
メキシコ	2.62	14.8	89	50	35	29
カナダ	0.02	0.0	—	—	67	82
アメリカ	0.09	0.0	100	100	100	100

(出所) 1500年の人口密度と都市化率については，Acemoglu, Johnson and Robinson [2002] の補遺3を参照。1人当たり GDP の相対比率については，1700年，1800年，1900年のデータは Sokoloff and Engerman [2000] の表1，2000年のデータは世界銀行のデータベース（http://data.worldbank.org/）を参照。

第9章 制度 141

さらに，熱帯地域に特有の自然条件が途上国の低開発や貧困の原因であるという議論に対して，もう1つの反証を示すことができる。それは，ヨーロッパ諸国による植民地支配が広がりをみせる以前にはより豊かだった地域が現在ではより貧しくなる一方，それとは逆に，かつてより貧しかった地域は現在ではより貧しくなっているという点である（表9-1）。時間を通して大きく変化しない自然条件だけから，このような「豊かさの逆転現象」（Acemoglu, Johnson and Robinson [2002]）を説明するのは無理があるといえよう。

2. 制度的遺産の長期的な影響

前節で取り上げた研究などがきっかけとなり，過去の制度が現在の経済的帰結に長期的な影響を及ぼす可能性について数多くの実証研究が積み重ねられている。これらの研究の多くは，植民地支配を受けた地域に焦点を当て，その地域のなかである制度が行われていた場所と行われていなかった場所を比較することを通して，その制度自体がなくなった後でも，制度的遺産の影響がみられるかどうかを検討している。この節では，1つの具体例として，イギリス領インドで実施された土地制度についてみていくことにしよう[8]。

イギリス領インドにおける土地制度

インドは，18世紀中頃から徐々にイギリスによる植民地統治のもとに置かれるようになっていった。それに伴って，イギリスは植民地での財政基盤を固めるために，地租（土地から徴収する税金）を徴収する制度を新たに設ける必要に迫られた[9]。しかし，その作業は非常に困難なものであり，植民地統治のもとでさまざまな試行錯誤が繰り返された結果，イギリス領インド内に異なる土地制度をもつ地域が生まれることになる。具体的には，大規模な土地を所有する地主層を土地所有者（かつ地租納入者）として認めるザミンダーリー制，個々の農民を土地所有者（かつ地租納入者）と認めるライヤットワーリー制度などが混在していた。

このような土地制度の違いが，独立後のインドの農業生産に地域差を生み出したことを明らかにしているのが，バナジー（A. Banerjee）とアイヤー（L.

Iyer)による研究である(Banerjee and Iyer [2005])。この研究では,州の下の行政レベルである県を分析の単位として,13州の166県について1956年から87年の期間を研究対象にしている。まず,歴史的資料などを用いて,サンプルとなっているすべての県を「地主層が支配的であった県」と「地主層が支配的でなかった県」に分類する(したがって,ザミンダーリー制が行われていた地域は前者,ライヤットワーリー制が行われていた地域は後者に含まれる)。そして,経度,標高,降雨量などの農業生産に影響を与える可能性のあるその他の要因を考慮したうえで,これら2つのグループを比較することによって,植民地時代に設けられた土地制度が独立後の農業活動に及ぼす長期的な影響を分析する。

バナジーとアイヤーは,計量分析から以下のような結果を得ている。第1に,地主層が支配的であった県では,地主層が支配的でなかった県に比べて農業生産への投資(具体的には,灌漑されている農地の割合と肥料の使用量)が低い水準にある。第2に,地主層が支配的であった県では,地主層が支配的でなかった県に比べて農業生産性が低い水準にある。第3に,地主層が支配的であった県と地主層が支配的でなかった県の間での農業生産性の違いは,農業生産への投資の違いによって生み出されている。したがって,植民地時代の土地制度は農業生産への投資を通して農業生産性に影響を与えているということになる。

さらにこの研究では,分析の対象となっている期間を1956～65年と66～87年という2つの期間に分け,過去の土地制度と農業生産への投資や農業生産性の間の関係が時期によって変化しているかどうかを検討している。その分析によると,地主層が支配的であった県と地主層が支配的でなかった県の間の格差は,前半の時期と比較して後半の時期によりいっそう拡大していることがわかる。そして,格差が拡大した後半の時期は農村開発が積極的に推し進められた時期と重なることから,地主層が支配的だった地域では,階層間の対立が激しかったため農業への公的投資の機会が十分に活用できなかったが,地主層が支配的でなかった地域では,そのような機会を活かして投資を増やすことで農業生産性を伸ばすことが可能であったと論じている。

以上のように,この研究は,植民地時代に行われていた土地制度が,それが廃止された独立後にも農業活動に重大な影響を及ぼしている可能性を示唆して

いる。ただし，地主層による支配とそれによる階級間の対立の有無が農業への公共投資の規模，さらには農業生産性を説明するという主張は，データに基づいて示された結果ではなく，著者たちによる結果の解釈であるという点に注意が必要である。

3. 制度を分析する際の留意点

　制度をめぐる議論は一見すると非常に明快であり，それだけに大きな魅力をもっている。しかし，だからこそさまざまな点で注意が必要である。最後に，これまでの議論を踏まえたうえで，制度に関する研究についていくつかの論点を提起してみることにしよう。

制度を捉えることの難しさ

　第1に，制度を捉えるのはそれほど容易なことではない。制度に関する研究では，制度の有無や制度のタイプの違いが経済的帰結に与える影響を分析するために，その対象となる制度をはっきりと特定したうえで，分析ができるような具体的な形で定義する必要がある（社会科学では，このような作業を「操作化」と呼ぶ）。たとえば，民主主義体制と権威主義体制では，どちらが一国の経済成長をより促すのかという仮説を検証する場合を考えてみよう。まずそのためには，何らかの基準に従って各国を民主主義体制または権威主義体制のいずれかに分類しなければならないが，すべての国を2つのグループに分けてしまうのは単純化が過ぎるといわざるをえないだろう。そこで，その代わりに，政治体制が民主的であるかどうかを判断するための項目（公正な選挙が定期的に行われているか，報道や言論の自由が保障されているかなど）をいくつか設け，それらのうち何項目が満たされているかというスコアを各国についてつけるというやり方も考えられる。しかし，この場合にも，具体的にどのような項目をリストに加えるべきか，各項目をすべて等しく扱うのか，それとも特定の項目により大きなウェイトをつけるのかなど，必ずしも自明ではない問題がいくつも残されている。また，政府の説明責任，政治的安定性，法の支配，汚職の抑制などの側面を数値化したガバナンス指標についても，同様の点を指摘することが

できる。このように,分析対象となっているある制度を明確な基準に従って定義することが難しい場合もあるため,制度に関する研究をみる際には,どのようにして制度の有無や制度のタイプが分類されているのか,そして,それは妥当なものであるのかどうかという点を慎重に見極めなければならない。

また,法律などによって定められている制度と実際の運用との間に大きなズレが生じている可能性があり,途上国についてはこの点がとくに問題となるということにも注意が必要である。たとえば,ある制度がA国では行われているが,B国では行われていないとしよう。たとえその制度が経済的帰結に対して潜在的に大きな効果をもつとしても,そもそもその制度がA国で着実に実施されていなければ,A国とB国の間では経済的帰結についてはっきりとした違いがみられなくなるため,その制度は何の効果もないという誤った結論を導いてしまいかねない。つまり,制度の効果を検証する際には,ある制度が実際にどの程度行われているかという点も含めて注意深く分析を行わなければならないのである(その一例として,章末のコラムを参照)。

制度的遺産がすべてを決めるわけではない

第2に,植民地時代からの制度的遺産によって,途上国の現在の制度や経済状況がすべて決まってしまうというわけではない。植民地統治下で実施された制度の長期的な影響を分析する一連の研究をみていると,制度的遺産が途上国の経済的側面を全面的に規定しているかのような印象を受けてしまいがちである。たしかに,本章で取り上げた研究を含めて,植民地時代からの制度的遺産が途上国の低開発や貧困を生み出している重要な要因の1つであると結論付けている研究が数多く存在する。ところが,その一方で,さまざまな事例をよりくわしく調べてみると,同じような制度的遺産を背景としているにもかかわらず,まったく異なる経済的帰結に至るケースや,それとは正反対に,異なる制度的遺産を背景としていても,同じような経済的帰結に至るケースを容易にみつけることができる。

前者にあたる具体例として,イギリスによる植民地統治のもとでザミンダーリー制(前節参照)がともに行われていた西ベンガル州とビハール州という隣接するインドの2つの州をあげることができる。西ベンガル州は,1977年に

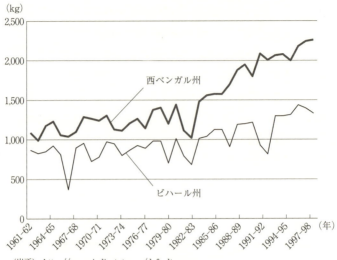

図9-3 1ヘクタール当たりの米の収量の推移

(出所) http://www.indiastat.com/default.aspx

州政権を獲得した左翼政党によって農地改革が行われたことから，（農地改革の試みが骨抜きにされることが多かったインドの他の州に比べると）比較的成功したケースであると考えられている。一方，ビハール州では，農地改革が何度も試みられてきたが，大土地所有者からの抵抗により失敗してきた。この2つの州の間では，80年代の前半から農業生産性（主要な穀物である米の単位面積当たりの収量）の格差が拡大する傾向がみられる（図9-3）。農地改革の有無だけでこの格差をすべて説明できるかどうかという点については慎重にならざるをえないが，ザミンダーリー制という植民地時代からの制度的遺産を共有する隣接した2つの州でも，農業における生産関係のあり方に違いがみられるようになっていることが，この事例によって示されているのは確かである。[12]

メカニズムを解明する

第3に，経済発展や格差などの経済的帰結に制度がどのような影響を及ぼすのかという点だけでなく，その背後で働いている具体的なメカニズムにもより大きな関心を向ける必要がある。制度に関する実証的な研究には，制度の有無や制度のタイプの違い（原因）と経済的帰結（結果）の間にある因果関係を

着実に示していくことに大きな労力を割く一方で，原因から結果に至るまでの過程については必ずしも明らかにしていないものが数多くみられる。つまり，「風が吹けば桶屋が儲かる」という有名な慣用句を例にとれば，これらの研究では，風が吹くこと（原因）と桶屋が儲かること（結果）の間に因果関係があるという点を直接的に示すだけに終わっている場合が多いのである。[13]

この点は，本章で主に取り上げたような，旧植民地における制度的遺産の長期的な影響に焦点を当てた研究に関して，よりいっそう重要な論点であると考えられる。というのも，これらの研究が分析の対象としているのは，独立などに伴って廃止された過去の制度であるため，すでに存在しない遠い昔の制度と現在の経済的帰結がどのようなメカニズムによって結びついているのかは，必ずしも自明なことではないからである。別な言い方をすれば，植民地支配に由来する制度的遺産が長期間にわたって影響を及ぼしつづけることを可能にしている要因というものをもっと問わなければならないのである。

さらに，因果関係を明らかにするだけでなく，その背後にあるメカニズムに関心を向けることも重要であるという点は，より一般的な制度の影響や政策の効果を考える場合にもそのまま当てはまる。なぜなら，ある場所でうまく機能した制度や政策が他の場所ではうまくいかなかった場合，メカニズムを理解していなければ，そのような違いがなぜ生まれたのかがわからないからである。

コラム： インドにおける女性への留保制度

インドでは，女性に対する深刻な差別や偏見を解消するための試みとして，農村開発において重要な役割を担う「パンチャーヤト」と呼ばれる地方自治組織の役職の一定割合を女性に優先的に割り当てる制度が設けられている（このような制度は，一般的に「留保」と呼ばれる）。パンチャーヤトでの女性に対する留保の効果を検証したいくつかの実証研究では，女性が重要な役職を占めることで，開発事業に女性住民の選好がより反映されるようになったとか，女性がパンチャーヤトの役職をより積極的にめざすようになったといった肯定的な結果が報告されている（バナジー＝デュフロ［2012］の第10章を参照）。

ただし，パンチャーヤトの役職を女性に留保することがインドのあらゆる場所で同様の効果を発揮しているかといえば，それはかなり疑わしいといわざるをえない。特に，男性優位の風潮が依然として根強い地域では，留保制度が骨抜きにされてい

る可能性が高い。たとえば，インドの後進州の1つであるビハール州の場合,「ムキヤ」と呼ばれるパンチャーヤトの首長のポストに就いている女性の多くは単なるお飾りにすぎず，実際には何の権限もないはずのムキヤの夫が業務をすべて取り仕切り，地域社会に大きな影響力を行使しているという批判がよく聞かれる。確かに，著者自身のフィールド調査の経験に照らしてみても，女性ムキヤに話を聞こうと自宅を訪れると，本人ではなく夫が応対する場合が多く,「私はムキヤではないので，妻に直接話を聞いてください」などと女性ムキヤの夫からいわれたことはまったくといっていいほどない。また，インタビューを受けながら，パンチャーヤト関連の事務作業や村人への応対を忙しそうにこなす女性ムキヤの夫の姿をこれまでに何度も目撃している（一方，女性ムキヤの姿はどこにもない)。そして，何よりも一番驚かされるのが，自分がムキヤであるかのように振る舞うことに罪悪感を抱いている様子が彼らからは一切伝わってこないということである。

女性ムキヤの夫にインタビューする際に,「あなたの奥さんは自分の意思でムキヤの選挙に立候補したのですか，それともあなたが選挙に出るよう奥さんを後押ししたのですか」と聞くと,「妻は自らの意思で立候補した」という答えが決まって返ってくるのだが，これを額面通りに受け取ることはとてもできないのである。

------ 注 ------

1) イェーガー［2001］は，取引費用として「交渉費用」「測定費用」「執行費用」の3つをあげている（35～38頁)。また，取引費用と制度の関連性については，同書の第3章を参照。
2) たとえば，ベネズエラでは，2000年代にすべての石油事業が事実上国有化されることになった。その結果，一部の外資系企業は事業を売却して撤退し，それ以外の事業は国営企業が支配権を握る合弁事業へと移行した。これは，国家による私的所有権の侵害の典型例である。
3) 関連する研究を包括的にレビューした論文として，Acemoglu, Johnson and Robinson ［2005], Nunn [2014], Spolare and Wacziarg [2013] などがあげられる。一連の研究のさらなる詳細については，これらの論文で言及されている文献を参照。より一般読者向けの書籍としては，アセモグル＝ロビンソン［2013], ヘルプマン［2009］（とくに第7章）などがある。また，イェーガー［2001］は，本章ではあまり触れられていない，制度が経済発展に及ぼす影響についてのより一般的な内容を解説している。
4) 途上国の地理的分布を知るための手段の1つとして，各国の貧困率を世界地図上に表示する「Data Visualizer」という世界銀行のホームページがたいへん便利である（http://povertydata.worldbank.org/MAPvisualizer/DVMap.html，2013年10月7日アクセス)。
5) アセモグル＝ロビンソン［2013］では，前者は「収奪的」(extractive), 後者は「包括的」(inclusive) と呼ばれている。
6) ダムロッシュ［2012］は，ヨーロッパからアメリカ合衆国に入植者が大挙して押し寄せ，西部へとフロンティアが急速に拡大していった時代の様子を生き生きと描き出している。ただし，著者も指摘しているように，先住民であるインディアンとアフリカ大陸から奴隷として連れてこられた黒人という2つのマイノリティ集団は，この過程でさまざまな抑圧を受けたことを見逃してはいけない。

7) このような制度には，国家や支配層が好き勝手な行動をできないようにするために自らの手を縛るという重要な意味合いがある。これは，民間の経済主体の間での経済取引に関する制度（たとえば，契約に関する制度）にはない特徴である。よりくわしくは，Acemoglu and Johnson [2005] を参照。
8) 同様に，ある地域で行われた特定の制度の効果に焦点を当てた研究に，スペインによってペルーやボリビアで行われた強制労働制度である「鉱山ミタ制度」の長期的な影響を分析した Dell [2010] のような研究がある。その他の研究については，注1で紹介した文献を参照。
9) 土地に対する所有権と地租の納入義務は表裏一体をなしていたため，以下では，これらをあわせて「土地制度」と呼ぶことにする。
10) ガバナンスとは，行政・立法・司法を含む政治制度全体が国民の利益に適うように統御されているかどうかを意味し，「ガバナンス」についてさまざまな指標が作成されている。たとえば，世界銀行は「国別政策・制度評価」（Country Policy and Institutional Assessment）と呼ばれる指標を作成し，各国への資金配分を決める際の参考にしている。この指標には，ガバナンスに関連する5つの項目が含まれている。ガバナンス指標の詳細については，国際協力機構 [2008] の第4章を参照。
11) この点は，前節で取り上げた英領インドにおける土地制度の分類についてもそのまま当てはまる。詳細については，佐藤・中里・水島 [2009] の374～386頁を参照。
12) 実際，1980年代以降に西ベンガル州でみられた農業生産の増加が一連の土地改革によるものだったのか，それとも州政府によるその他の政策がより重要だったのかについては，研究者の間で必ずしも見解は一致していない。
13) この慣用句は，風が吹くことで桶屋が儲かるという因果関係の背後に，次のようなメカニズムが働いていることを想定している。つまり，「風が吹くと土ぼこりがたって目に入り盲人が増える。盲人は三味線で生計を立てようとするから，三味線の胴を張る猫の皮の需要が増える。猫が減るとねずみが増え，ねずみが桶をかじるから桶屋がもうかって喜ぶ」（『デジタル大辞泉』）というのである。これに従って例えるならば，制度に関する実証的な研究では，原因と結果がどのようなメカニズムを通して結びついているのかという点（「風が吹くと土ぼこりが立って…」という上記の引用部分）については，比較的関心が払われないことが多いということになる。

------- 参 考 文 献 -------

アセモグル，D.＝J.A. ロビンソン（鬼澤忍訳）［2013］『国家はなぜ衰退するのか——権力・繁栄・貧困の起源（上）・（下）』早川書房
イェーガー，T.J.（青山繁訳）［2001］『新制度派経済学入門——制度・移行経済・経済開発』東洋経済新報社
国際協力機構 ［2008］『指標から国を見る——マクロ経済指標，貧困指標，ガバナンス指標の見方』国際協力機構
　(http://jica-ri.jica.go.jp/IFIC_and_JBICI-Studies/jica-ri/publication/archives/jica/field/200803_aid02.html，2014年1月30日アクセス)
佐藤正哲・中里成章・水島司 ［2009］『世界の歴史14 ムガル帝国から英領インドへ』中央公論新社（中公文庫）
ダムロッシュ，L.（永井大輔・髙山裕二訳）［2012］『トクヴィルが見たアメリカ——現代デモクラシーの誕生』白水社
バナジー，A.V.＝E. デュフロ（山形浩生訳）［2012］『貧乏人の経済学——もういちど貧困問題を根っこから考える』みすず書房

ヘルプマン, E.（大住圭介・池下研一郎・野田英雄・伊ヶ崎大理訳）［2009］『経済成長のミステリー』九州大学出版会

Acemoglu, D. and S. Johnson [2005] "Unbundling Institutions," *Journal of Political Economy*, Vol.113, No.5, pp.949-995.

Acemoglu, D., S. Johnson and J.A. Robinson [2001] "The Colonial Origins of Comparative Development: An Empirical Investigation," *American Economic Review*, Vol.91, No.1, pp. 1369-1401.

Acemoglu, D., S. Johnson and J.A. Robinson [2002] "Reversal of Fortune: Geography and Institutions in the Making of the Modern World Income Distribution," *Quarterly Journal of Economics*, Vol.117, No.4, pp.1231-1294.

Acemoglu, D., S. Johnson and J.A. Robinson [2005] "Institutions as a Fundamental Cause of Long-Run Growth," P. Aghion and S. Durlauf eds., *Handbook of Economic Growth*, Vol. 1A, pp.385-472, North-Holland.

Banerjee, A. and L. Iyer [2005] "History, Institutions and Economic Performance: The Legacy of Colonial Land Tenure Systems in India," *American Economic Review*, Vol.95, No.4, pp.1190-1213.

Dell, M. [2010] "The Persistent Effects of Peru's Mining *Mita*," *Econometrica*, Vol.78, No.6, pp.1863-1903.

La Porta, R., F.L. de Silanes, A. Shleifer and R. Vishny [1999] "The Quality of Government," *Journal of Law, Economics, and Organization*, Vol.15, No.1, pp.222-279.

North, D.C. [1990] *Institutions, Institutional Change and Economic Performance*, Cambridge University Press.

Nunn, N. [2014] "Historical Development," P. Aghion and S. Durlauf eds., *Handbook of Economic Growth*, Vol.2, North-Holland.

Sokoloff, K.L. and S.L. Engerman [2000] "Institutions, Factor Endowments, and Paths of Development in the New World," *Journal of Economic Perspectives*, Vol.14, No.3, pp.217-232.

Spolare, E. and R. Wacziarg [2013] "How Deep Are the Roots of Economic Development?" *Journal of Economic Literature*, Vol.51, No.2, pp.325-369.

第3部 開発への取組み

第10章 貧困削減戦略

高橋 和志

はじめに

途上国における経済発展，ひいては貧困削減を市場主導で行うか，政府主導で行うかをめぐり，開発経済学ではさまざまな論争が繰り広げられてきた。ここでいう「市場」とは，人々の自由意志に基づいて，財やサービスを売買する場所・制度である。一方，「政府」とは，公権力を用いて，経済活動に介入する組織である。

経済学では基本的に，人々が市場において個人的利益を追求し，取引を続ければ，やがて社会的にも最適な資源配分がなされる，と考える。この市場機能のことをスミス（A. Smith）は「見えざる手」と呼んだ。見えざる手が働く限りにおいては，政府はできるだけ何もしないことが望ましい。しかし，市場は万能ではなく，ときに社会全体からみて非効率な状況を生み出す。そうした「市場の失敗」を是正するためには，政府が公権力を用いて，意図的に資源配分を調整することが必要となる。しかし，政府も決して万能ではない。政府の情報収集能力不足や管理能力不足，汚職，レントシーキングなど，政府の介入が資源配分をかえって悪化させる「政府の失敗」の例は枚挙にいとまがない。

本章では，戦後の開発経済学・国際開発コミュニティが，市場と政府の役割をめぐる論争のなかで，どのように開発・貧困削減戦略を捉えてきたかを簡単に展望する。その後，ミレニアム開発目標（MDGs）にも代表されるように，数値化された開発目標の達成が重視されるようになる流れのなかで，急速に需要が高まってきた政策評価の取組みについて概観する。

1. 開発経済学・国際開発の潮流

構造主義

　第2次世界大戦後，多くの途上国が植民地時代の旧宗主国から政治的な独立を果たした。しかし，経済的には旧宗主国の都合にあわせ，特定の一次産品の生産に特化したモノカルチャー経済に依存する国が多かった。そのため，初期の開発経済学は，政治的な独立に加え，途上国が旧宗主国から経済的な自立を達成するための理論的枠組みを提供する学問として発展していく。そこでは先進国のように市場メカニズムに任せているだけでは，近代成長の源泉である工業化が進まないため，政府が果たすべき役割が非常に大きいと考えられていた。

　この背後にあった論理が構造主義である。構造主義では，途上国経済が，主流派の経済学が想定する先進国経済と構造的に異なるという立場をとる。その代表的な例として，「輸出ペシミズム論」があげられる。独立後間もない途上国では，当初一次産品輸出によって経済発展を遂げることがめざされたが，一次産品は先進国が輸出する工業製品に比べ，価格も安く，経済が成長してもそれに伴って需要が大幅に増大しない所得弾力性の低い製品である。そのため，先進国と途上国が互いの主要産品を貿易しつづけると「先進諸国に対する途上国の交易条件（輸出価格と輸入価格の比率）は悪化していく」（提唱者にちなんでプレビッシュ＝シンガー命題と呼ばれる）と考えられるようになっていった（第5章コラム参照）。やがて，プレビッシュ＝シンガー命題に基づいた輸出ペシミズム論の立場から，途上国では，輸入障壁を設けて先進国との貿易を制限し，その間に国内産業の育成を図る「輸入代替工業化」をめざさなければ低所得から脱却できないと主張されるようになった。

工業化のためには，資本蓄積が重要である。そして資本蓄積のためには，投資費用を国内外から調達しなければならない。しかし，この時代の代表的な開発経済学者の一人のヌルクセ（R. Nurkse）は，途上国では，投資誘因と資本供給能力が不足しているため，市場に任せている限り，資本蓄積が進まず，低所得の罠から抜け出すことが困難であると考えた（Nurkse [1953]）。すなわち，一方では，貧しいがゆえに国内の購買力が低く市場規模が小さい。それゆえ，企業が投資をしても製品が売れず，投資収益を十分に得られない。投資費用が回収できないと経営者は投資誘引をもたず，資本装備が低いままにとどまる。その結果，生産性があがらず，所得が増えない（需要面）。他方で，所得が低いために貯蓄率が低く，資本装備に必要な資金が国内で十分に調達できない。それゆえ，資本蓄積が促進されずに，低所得からの脱却を図ることができない（供給面）。貧しいがゆえに，必要な投資がなされず，貧しさから脱却できないこの循環関係を，ヌルクセは「貧困の悪循環」と呼んだ。そして，途上国の経済が「貧困の悪循環」を断ち切るためには，政府の主導によって強制的に貯蓄・投資が推奨されるか，資金需要をまかなうための開発援助（第11章参照）が必要となると考えた。

　政府主導ないし開発援助により，必要な資金が調達されたとしても，微少な投資を繰り返している限りは，人口成長率を上回るような高い経済成長率を達成することは不可能である。そこで，ヌルクセは，投資誘因を刺激し，多くの産業を同時に発展させる「均整成長」が重要であると主張した[1]。そのようにして，多くの工業部門で大量に労働需要が発生しても，農村には労働の限界生産性がゼロである偽装失業が存在しているから，農業の生産水準を減少させることなしに工業化の過程で必要となる労働力を確保することが可能であり，労働供給が制約となることはない（第2章参照）。このヌルクセの理論は，政府のイニシアティブにより大規模投資を支援する必要性を説くロゼンシュタイン-ロダン（P. Rosenstein-Rodan）の「ビッグ・プッシュ」（Rosenstein-Rodan [1961]）やライベンスタイン（H. Leibenstein）の「臨界最小努力」（critical minimum effort）（Leibenstein [1954]）の理論に通ずるものであった。そしていったん経済が離陸（take-off）し，成長軌道へと転換すれば，以降は着実な成長が期待され，その恩恵はやがて貧困層へと浸透（トリクル・ダウン）していく

と考えられた。

改良主義と新古典派アプローチ

しかし，ビッグ・プッシュ戦略に基づいて行われた先進国からの大規模な開発援助は，期待されるほど貧困削減に貢献しなかったことが次第に明らかになった。そのため，1970年代前半には成長のトリクル・ダウン効果を期待するのではなく，ベーシック・ヒューマン・ニーズ（BHN）の充足をめざし，所得のより公正な分配を促したり，貧困層への直接的な経済支援や雇用促進を通じて貧困削減を推進すべきであると主張する改良主義が台頭することとなる。

一方，構造主義を形成していた，途上国経済の構造的異質論や輸入代替工業化論に対しては，新古典派経済学のアプローチから痛烈な批判が浴びせられた。新古典派では，先進国と同じように途上国においても，価格調整によって市場は機能するため，政府の負う役割は「市場の失敗」を是正することに限定されるべきという立場をとる。

1960年代の開発理論における新古典派の先駆者の1人がシュルツ（T.W. Schulz）である。ルイス（W.A. Lewis）に代表されるように，構造主義においては，農村に偽装失業という非合理的なメカニズムが存在すると考えられていた（第2章参照）。その前提には，途上国の農民は勤労意欲がなく，怠け者であるという考えがある。しかし，シュルツは，途上国農村において労働生産性がゼロである労働力が存在する確かな証拠はないことを実証的に示し，途上国の農民も「貧しいが合理的」な資源配分を行う経済主体であるということを主張した（Schultz [1964]）。シュルツによれば，途上国の農民が貧しいのは，彼らの技術水準が低く，有用な知識を身につけてないからである。この考えは，60年代中盤から途上国で導入されていった農業近代化戦略の理論的支柱となり，その後アジアやラテンアメリカに広がる食糧増産のための「緑の革命」を成功に導くことに貢献した。

また，1970年代に入り，新古典派の国際貿易論者たちによって，保護主義的な輸入代替工業化にさまざまな問題があることが明らかにされていった。まず，歴史的事実として，60年代に高いパフォーマンスを示したのは，輸入代替工業化を取り入れた中国，インド，ブラジル，メキシコなどの国々ではなく，

輸出志向工業化をめざした韓国，台湾，シンガポール，香港といった国・地域であった（Krueger [1980]）。それら高い成長を達成した東アジア諸国では，為替介入，高率関税，輸入規制など市場機能を歪める制度が撤廃され，比較優位をもつ製品輸出の拡大によって外貨を稼いでいた（Balassa [1981]）。逆に，輸入代替化推進のために保護規制を保持したインドなどでは，国際競争力のない産業が温存され，国内需要の拡大が困難になった。また，保護規制による既得権益をめぐり，政治家による腐敗や汚職が増幅した。こうして，「政府の失敗」が明らかになるにつれ，市場の役割が再評価されるようになるのである。60年代以降，途上国の交易条件が，プレビッシュ＝シンガー命題が悲観するほど悪化しなかったと示されたことや（Grilli and Yang [1988]），当時支持されていた新古典派経済成長モデルにおいて，長期の経済成長は外生的に与えられる技術進歩のみにより決定され，政策で左右できる余地がないと結論づけられていたことも，それを後押しした（第3章参照）。

　市場メカニズムを重視する新古典派のアプローチは途上国の累積債務問題が顕在化した1980年代前半に全盛期を迎える。70年代の2度のオイル・ショックと，それに続く80年のアメリカの高金利・ドル高政策により，非産油国の多くの途上国では対外債務が膨らんでいた。それに対し，世界銀行や国際通貨基金（IMF）は，累積債務危機に陥った途上国の救済目的として，自国の経済構造改革を実施することを条件として融資を行う構造調整政策を導入し，それらの国々の徹底的な経済自由化を求めた。その具体的な内容は，財政赤字の削減，金融引締め，為替自由化，国営企業の民営化，規制緩和，対外貿易の自由化など，政府が市場に介入することによって誘発される歪みを極力排除し，市場機能による資源の効率的配分を強調するものであった[2]。

政府の役割の見直しと貧困削減への舵取り

　しかし，1980年代後半から90年代前半にかけて，構造調整を受け入れた国々，とりわけサブサハラ・アフリカの国々において，経済成長が進まず，貧困層が増大していったことに批判が集まった。構造調整による財政支出の削減は，保健・教育などの社会セクターから進められる傾向にあったが，こうしたサービスのカットによる影響は低所得者ほど受けやすかった。また，為替レー

トの切下げによって輸入食料価格の増加を招いたことも低所得者の生活を直撃した。

構造調整政策改訂の方向を探るため，世銀は，1991年の『世界開発報告』において，市場友好的なアプローチ (market friendly approach) という概念を導入し，市場機能を補完するために，マクロ経済の安定の確保（第13章参照），人的資本投資（第4章参照），対外市場開放，企業に対する競争的環境の提供などの面において政府が一定の役割を果たすべきという方針を打ち出した。さらに，輸出志向工業化を振興していた韓国・台湾などにおいては，市場機能の活用に加え，政府が強い指導力をもって市場の資源配分に介入することで高いパフォーマンスを誇っていたという研究成果が出されてきたことを受け（Wade [1990]），93年に発行した『東アジアの奇跡』では，市場友好的なアプローチで提唱された基礎的条件の整備からさらに踏み込み，選択的な産業振興や輸出振興，金融抑制，政策金融などの面における政府の選択的介入政策を評価する機能的アプローチ (functional approach) が提唱された。

他方，1987年に国連児童基金 (UNICEF) が「人間の顔をした構造調整」が必要であると提唱したことをきっかけに，世銀のなかでは構造調整に加え，所得分配・貧困問題に取り組む機運が高まっていった。それに呼応するように，90年代には，国際開発の中心課題が成長から貧困削減へと舵が切られるようになる。この背景には，成長は貧困削減のために必要であるが，十分ではないことが広く認識されるようになってきたこともあげられる。貧困の意味も低所得から，機会の剝奪，リスクへの脆弱性などに拡張されて理解されるようになった。それを象徴するように，90年に国連開発計画 (UNDP) が発行した最初の「人間開発報告」では，多様な貧困観を反映させる指標として人間開発指数 (Human Development Index: HDI) が導入された。この指数の開発にはセン (A. Sen) の「ケイパビリティ・アプローチ」の理論が多大な貢献をした。[3]

1990年代以降の貧困削減戦略では，あらかじめ明確な目標を設定し，事業実施後の評価を通じて，事業プロセス・事業内容の改善につなげる「結果重視マネジメント」(Result Based Management: RBM) が取り入れられるようになっている。96年に世界銀行は「包括的開発枠組み」(Comprehensive Development Framework: CDF) を提唱し，開発の上位目標として貧困削減を志向する

第10章 貧困削減戦略　157

ことを明確化した。また，同年の経済協力開発機構（OECD）の開発援助委員会（DAC）の上級会合においては，DAC新開発戦略が採択され，「極端な貧困の下で生活している人々の割合を半減させる」などの国際的な数値目標が設定された。CDFに基づき，99年には，世界銀行とIMFによって，重債務貧困国（HIPCs）や国際開発協会（IDA）資金供与対象国に対し，中期経済目標としての貧困削減を達成するために，途上国のオーナーシップ，結果重視（目標設定），包括的アプローチ，パートナーシップなどを盛り込んだ「貧困削減戦略文書」（Poverty Reduction Strategy Paper: PRSP）作成の要請が決定された。さらに，DAC上級会合の決定を受け，2000年に実施された国連ミレニアム・サミットでは，新ミレニアム初頭に国際社会が緊急に取り組むべき8項目の開発目標（MDGs）が掲げられ，PRSPはそれを具体化する道具として期待されるようになった。

開発経済学のパラダイムシフト[4]

1990年代には，開発経済学においても大きなパラダイムシフトが起こった。それはマクロ重視からミクロ重視への転換である。これまでみてきたように，80年代までの開発経済学では，経済成長論，国際貿易論，国際金融論など一国の経済動向に軸をおいた理論・分析が中心的役割を担っていた。しかし，国際開発において貧困削減が重視されていく流れのなかで，90年代からは貧困にあえぐ個別の経済主体に焦点を当てた研究が盛んに行われるようになっていく。

開発ミクロ経済学分析の特徴は，農家，経営者，労働者など途上国の経済主体は合理的であるが，彼らを取り巻く市場が新古典派の想定するように完全ではないため，必ずしも市場による効率的な資源配分が達成されるとは限らないことを前提としていることである。たとえば，新古典派経済学では，市場参加者に，商品の価格・品質など取引に必要な情報が完全に行き渡り，情報探索費用・契約履行費用など取引にかかる費用が基本的にゼロと仮定されている。しかし，現実には情報は完全ではなく，とくにその度合いは途上国において顕著である。さらに，途上国では法整備も遅れており，契約履行のための取引費用が先進国よりも高くなる。こうしたもとでは，必ずしも機能的な市場が成立し

ない。

　また，途上国では多数の貧困層が農村に集中しているが，農村家計の多くは，天候に関連した災害リスクに対してきわめて脆弱である。これは農業・畜産など農村世帯の主たる生計手段が，天候の影響を受けやすいことによる。信用市場や保険市場が発達し，不測の事態にも必要な分だけの借入れが行えたり，保険による損失補填が行えれば，天災からの回復も容易であるが，アドバース・セレクションやモラル・ハザードなどいわゆる情報の非対称性に起因する問題により，一般に，途上国農村部では信用・保険市場が未発達か，そもそも存在していない（第12章参照）。

　このように途上国に顕著な不完備市場のもとで，各経済主体がどのような行動をとっているか，理論および実際のデータと計量経済学的な手法で検証するアプローチが発展していった。とりわけ，世界銀行が進めた大規模家計調査（LSMS）や国際半乾燥熱帯作物研究所（ICRISAT）の長期間にわたる詳細な個表データが利用できるようになったこと，コンピュータの精度の飛躍的向上に伴い，統計分析にかかる時間が大幅に圧縮されるようになったことから，理論研究よりも実証研究への取組みが盛んに行われていった。この枠組みのなかで，不確実性下の貧困層の生計維持戦略，慢性的貧困や一時的貧困などの貧困動態のメカニズム，不完備信用市場のもとでのインフォーマル・リスクシェアリングの役割，農村土地制度の実態と意義，マイクロファイナンスの契約履行メカニズムなど，現代の開発ミクロ経済学の土台となる数々の研究成果が蓄積されていくこととなる[5]。

　そして，2000年代に入ると，実証分析のいっそうの精緻化が進んだ。それまでの開発経済学研究では，研究者がある開発事業を実際に行い，その効果を確かめるというやり方はほとんど採用されていなかったが，2000年前後から，実際の開発事業を研究者が現地の協力者（政府やNGO，金融機関など）と協同で実施し，そのインパクトを評価するランダム化比較実験（Randomized Controlled Trial: RCT）やフィールド実験を取り入れた研究が急速に増えていくようになる。

　この背景としては，それまで国際開発の現場で，開発事業の評価が厳密に行われたことがほとんどなかった，ということに対する苛立ちが多くの人に共有

されたことがあげられる。各プロジェクトの評価については，それまでも経済開発協力機構／開発援助委員会（OECD-DAC）が定めた評価項目に従い，粛々と行われてきたが，評価担当者の恣意的な判断が混じったり，プロジェクトがもたらした以外の効果も含められてしまっていることが多く，本質的にどのようなプロジェクトが機能し，どのようなプロジェクトが機能しないのかという知の蓄積がほとんどなされていなかった。RBM や MDGs のように成果目標の達成が重視されていくなか，インパクト評価によって明らかにされるエビデンス（科学的証拠）を開発政策の立案に役立てようとする機運が高まっていったのである。他方，既存の観察データに頼っているだけでは，開発プロジェクトが対象社会にもたらした因果的影響を測定するのが困難な場合が多いことが計量経済理論の発展とともに明らかになっていった。そこで，小規模な開発事業を研究者が先導して行い，その試験事業が意図した影響かそれ以上の成果を対象社会にもたらすことがわかればその事業は拡大すべきであるし，期待以下の影響しかもたらさないのであれば，その事業を中止するか内容を変更すべきである，という政策判断の材料を提供するための研究が急速に進められるようになる。

　さらに，それまでの開発経済学研究では，シュルツ以来の伝統から，途上国の経済主体も貧しいが合理的であることが分析の大前提とされていたが，2000 年代以降，行動経済学の発展とともに，その前提を疑問視する学者も一部現れるようになってきた。彼らのアプローチは，途上国の経済主体もインセンティブには強く反応するが，いつでも合理的で一貫した判断をするわけではなく，ときに一貫性を欠くこともある。ただし，それには何らかのパターンがありそうなので，現地で実施するさまざまな経済実験によって，そのパターンをあぶりだそう，とするものである。

　RCT を使ったインパクト評価や行動経済学に基づく経済実験は，膨大な研究成果を生み出し，今もなお拡張しつづけている（たとえば Banerjee and Duflo [2011]; Karlan and Appel [2011]）。それらによって，たとえばマイクロファイナンスは貧困削減に対して有効であるという既成の思い込みが修正され，貧困層の生活改善に役立っているという確たる証拠がこれまでほとんど積み上がっていないことが明らかになってきた。また，子どもの就学率を低コストで向上

させるためには，親へ財政支援をしたり，児童に制服や給食を配布するより，健康改善のための虫下し薬を配布する方法がよく，ときには，将来の期待所得が通学によっていくら上昇するか伝えるだけでいい場合がある，など，これまでほとんど信じられてこなかったやり方に効果があることもわかってきた[6]。

現在の開発のミクロ実証研究では，あるプロジェクトが本当に効果があるのかないのか，バイアスなくインパクト評価することが中心的テーマとなることが多いが，今後は，そうした事例を積み上げて，プロジェクトがうまくいかないとしたらその条件を特定することや，インパクトがあるとしてもないとしてもそれがなぜなのか，プロジェクトと成果の間にあるメカニズムを明らかにすることが求められていくだろう。

2. 政策インパクト評価の方法

インパクト評価

本節では，近年，需要が高まっているインパクト評価の具体的な方法を簡単に解説したい。先にも述べた通り，インパクト評価は，開発プロジェクトが対象社会にどのような影響をどの程度もたらしたか厳密に測定するために行う。評価のアプローチとしては定量的評価も定性的評価もありうるが，開発ミクロ経済学のなかでより重きが置かれているのは前者である[7]。

定量的インパクト評価の骨子は，プロジェクトが対象社会にもたらした量的変化を特定することである。プロジェクトと結果の間に因果関係を見いだすための理想的な方法は，個人・企業・コミュニティなどの経済主体がプロジェクトを受けた場合と受けなかった場合の比較を行い，調べたい結果の指標（所得，資産，教育水準など）にどの程度の差が生じているか計測することである。この場合，プロジェクトを受けるか受けないか以外の条件は両者まったく同一のため，結果指標に何らかの差が生じていれば，それはプロジェクトがもたらした因果的効果であると主張できる。しかし，現実問題として，同一の経済主体について，プロジェクトを実施した場合と実施していない場合を同時に観察することは不可能である。プロジェクトの受益者が受益しなかった場合や，非受益者が受益した場合の反事実的状況（これをカウンター・ファクチュアルと呼ぶ）を

知ることは決してできない。

現実的に観察できるもののうちで、プロジェクトの受益者が受益しなかった場合の状況を代替できそうなものとしては、同一経済主体がプロジェクトを受ける前の状況や、プロジェクトを受けていない他者があげられる。前者はプロジェクト対象者のプロジェクト実施前と後を比較するBefore-after分析、後者はプロジェクト対象者と非対象者を比較するWith-without分析として知られている。双方とも、実践のしやすさから、これまで数多くのプロジェクト事後評価で使われてきた。しかし、以下に述べる通り、これらのやり方は多くの場合、プロジェクトのもたらした因果的影響を特定できない。

Before-after分析とその限界

Before-after分析とは、同一の経済主体がプロジェクトを受ける前後において結果指標に関するパフォーマンスがどの程度異なるか比較するものである。直感的にわかりやすくするために、1つの事例に従って説明したい。ここでは、仮に、途上国の農村貧困地域で実施された農作物の収量改善プロジェクトを想定してみよう。プロジェクトでは、高収量品種や肥料の配布と、それらの適切な使い方に関する技術指導が行われたとする。実施期間は2000年から05年である。

図10-1aは、プロジェクト対象農家のプロジェクト実施前の1999年と実施後の2006年の2回の単位辺り収量を比較してその平均を示したものである。図10-1aの通り、プロジェクトの対象者の1999年の収量が2.0トン/ヘクタールであり、2006年の収量が4.0トン/ヘクタールであったなら、この2トンの差をBefore-after分析ではプロジェクトの効果とみなす。しかし、これはプロジェクトがもたらした真の効果を表しているといえるだろうか。答えは、「よっぽどの条件が満たされていない限り否」である。

先にも述べた通り、厳密なインパクト評価では、「同一の経済主体がプロジェクトを受けた場合と受けなかった場合の比較」を行うことが理想である。しかし、プロジェクト対象農家の事業前後の間には、いくつかの特徴がそもそも異なっていた可能性が考えられるため、プロジェクトの実施前は必ずしもプロジェクトがなかったらというカウンター・ファクチュアルを捉えているとはい

図 10-1　Before-after 分析の例

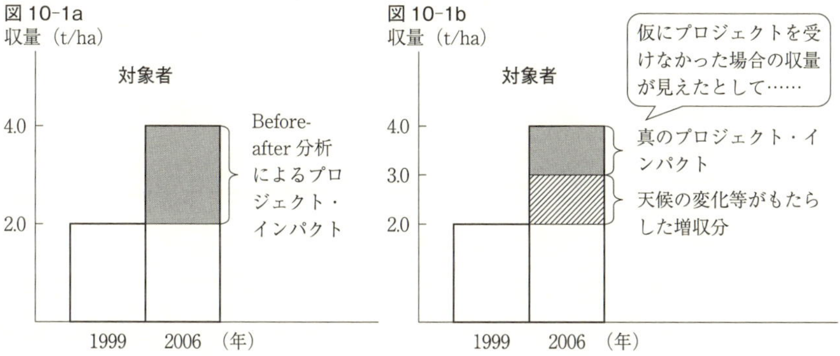

図 10-1a 収量（t/ha）／対象者／Before-after 分析によるプロジェクト・インパクト／1999: 2.0、2006: 4.0

図 10-1b 収量（t/ha）／対象者／仮にプロジェクトを受けなかった場合の収量が見えたとして……／真のプロジェクト・インパクト／天候の変化等がもたらした増収分／1999: 2.0、2006: 4.0（うち 3.0 まで天候等）

いがたい。

　たとえば，農作物の収穫量は天候条件等によって左右される。2006年は例外的に好条件であったので，農家はたとえプロジェクトの支援を受けていなくても，3.0トン／ヘクタールの収量を確保できたかもしれない。その場合，真のインパクトは図10-1bの通り，ヘクタール当たり1トンの増収をもたらしたことであり，単純なBefore-after分析に従って2トンとしてしまうのは，真の効果を過大に評価していることになる。逆に，06年は気象条件が悪く，本来はヘクタール辺り1.0トンしかとれないところ，プロジェクトのおかげで3.0トンにまで達していたのだとしたら，真の効果は4トンとなり，Before-after分析は過小評価していることになる。

　天候以外にも，コントロールしなければいけない条件は多々ある。たとえば，2000年から05年の間に，政府が灌漑設備を整えたことで，全体的な収量がプロジェクトがなくとも上昇した可能性や，00年から05年の間に農家が農業経験を蓄積していくことで，プロジェクトがなくとも収量が上昇した可能性などである。

　いずれの場合においても，観察可能な差である2トンのなかに，すべての影響が含まれてしまっているため，真のプロジェクト効果と峻別することができない。そのため，単純なBefore-after分析は歪んだ結論を導きやすいのである。

第10章　貧困削減戦略

With-without 分析とその限界

では，With-without 分析ではどうであろうか。With-without 分析とは，知りたい結果の指標がプロジェクト対象者と非対象者でどの程度異なるか比較するものである。多くの場合，評価はプロジェクト実施後のデータを用いて行われる。

図 10-2a の通り，プロジェクト対象者の 2006 年の平均収量がヘクタール当たり 4.0 トンであり，非対象者は 2.4 トンであったとする。この 1.6 トンの差が With-without 分析から導かれるプロジェクトの効果であるが，これはプロジェクトがもたらした真の効果を表しているといえるだろうか。答えは先ほどと同様「よっぽどの条件が満たされていない限り否」である。なぜなら，プロジェクト対象農家と非対象農家の間にはいくつかの特徴がそもそも異なっていた可能性があるからである。

プロジェクトは多くの場合，外部からの意図的な介入として行われ，どの地域で実施するか外部者によって決定される。たとえば，技術普及プロジェクトでは，より条件のいい地域がそもそも対象として選定されることが多い。なぜなら，最初の対象地域で期待通りの成果が上がらなければ，他の地域の農家は真似したいと思わず，技術普及の観点から，そうしたプロジェクトは失敗の烙印を押されてしまうからである。そのため，灌漑設備が整っていたり，道路へのアクセスがよく，農業普及員が通いやすいところなどが当面の対象として選ばれやすい。こうした基準で対象地域が選別され，事後評価がプロジェクト実施地域と非実施地域のパフォーマンスを比較することで行われるとしたなら，図 10-2b の通り，地域的な差がもたらす収量差も，プロジェクト対象地の農家と非対象地の農家の 1.6 トンの差のなかに含まれてしまい，プロジェクトの真の効果と峻別することができない。[8]

では，同じ地域で農業を営む人同士を比較すればいい，と思う方もいるかもしれない。しかしその場合でも，プロジェクト側が地域内の篤農家を意図的に選んだり，あるいは最貧困農家を意図的に選んだりすることで，プロジェクト対象農家と非対象農家の特徴がそもそも異なることは十分考えられる。さらに，プロジェクト実施側が恣意的な人的選抜を行わず，プロジェクトに参加するかしないか個々人の自由意志に委ねた場合でも同様の問題が生じる。なぜなら，

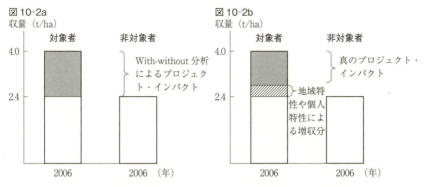

図 10-2 With-without 分析の例

プロジェクトに参加するのは、プロジェクトから得られる便益が大きいと感じる、より意欲的で経営能力の高い人などである可能性が排除できないからである。

いずれの場合においても、地域的な差や個々人の農業経営能力の差などがプロジェクト対象農家と非対象農家の収量格差（1.6トン）のなかに含まれてしまっているため、真のプロジェクト効果と峻別することができず、With-without 分析も歪んだ結論を導きやすい。

バイアスを軽減する手法

非実験的手法　Before-after 分析や With-without 分析により生じるバイアスを軽減するためのインパクト評価手法がいくつか考案されている。ここではそのなかでも代表的な傾向スコア・マッチング（Propensity Score Matching: PSM）と差の差（Difference in Difference: DID）の方法を紹介しておきたい。[9]

PSM の基本的なアイデアは、プロジェクト非対象者のなかから、対象者と特徴が似通っている人たちだけを抽出し、結果指標を比較することにある。この特徴のなかには、プロジェクトへの参加や結果指標に影響を与えそうなすべての特徴が含まれる。これらの特徴が十分に似通っていれば、図 10-2b でいうところの、地域特性や個人特性によって生じる差が相当減らされ、限りなくゼロに近づくと考えられるから、その状況においても、結果指標に違いがみられるなら、それはプロジェクトがもたらした影響と考えることができると

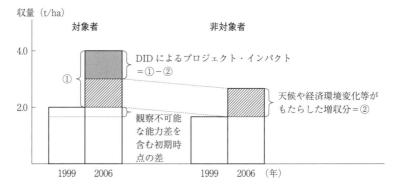

図 10-3　DID の例

PSM では仮定する。

　ただし，重要な特徴すべてにおいて似通った人を探すのは至難の業である。そこで，PSM では，個人属性・土地の性質・コミュニティの環境などのさまざまな特徴を，「プロジェクトへの参加確率」という 1 つの変数に変換して，その変数の数値が似通った人たちを比較する[10]。

　この方法は，プロジェクトへの参加が観察可能な変数のみによって説明できる場合には，信頼できる結果を得られることが知られている。ただし，意欲や経営能力の高い人ほどプロジェクトの恩恵を受けやすいなど，目にみえない変数が影響を与える場合には，その限りではない。

　観察不可能な変数による影響を軽減するために有効なのが DID である。DID では，プロジェクト対象者に関して事業実施前後の結果指標の差①をとり，その後，非対象者に関して事業実施前後の結果指標の差②をとる，Before-after 分析と With-without 分析の折衷であり，①と②の差を比較する。二段階の差分を計測する点が「差の差」と呼ばれるゆえんである（図 10-3）。

　繰り返しになるが，プロジェクト対象者の事業実施前後の差①をそのままプロジェクトの効果とすることはできない。なぜなら，①には気象条件の変化などの影響も含んでいるからである。ここで，仮に気象条件やその他の変化が結果指標に与える影響が，プロジェクト対象者でも非対象者でも平均的には同じになると想定してみよう。非対象者は事業前にも事業後にもプロジェクトから便益を受けてないため，非対象者の事業実施前後の差②は，気象条件等時間を

通じて皆が受ける変化を反映していると考えることが可能である。この仮定が成り立つならば，①から②を差し引いた値が，プロジェクトの純粋な効果を示すだろう，というのがDIDのアイデアである。観察不可能な変数が結果指標に影響を与えたとしても，それが時間を通じて変化しないかぎり，影響は事業前にも事業後にも同様に生じるため，プログラム実施前後の差をとることで，影響を消すことができる。これがDIDを用いる利点である。

PSMとDIDはそれぞれ単体でも利用可能であるが，互いを組み合わせて行うことも可能であり，その組合せは非実験的なインパクト評価手法のなかでは，最も信頼できるもののうちの1つであることが知られている。

実験的手法

開発経済学の分野で真のインパクトを計測するために，急速に採用されているやり方がランダム化比較実験（Randomized Controlled Trials: RCT）と呼ばれる実験的方法である。RCTとは，プロジェクトの対象者と非対象者を無作為に振り分け，プロジェクト以外に統御すべき要因の両者間の差を平均的になくしていくことによって，因果性を検証するものであり，もともと臨床研究で発展していた評価手法である。1997年にメキシコで始まった条件付き現金給付（Progresa/Oportunidades）で適用されたことを契機に，途上国における開発事業効果を精緻に推計するための評価手法としても広く用いられるようになった。

たとえば，上記の農業技術普及プロジェクトの場合，RCTにおいては，どの地域で行うかを事前に外部者が意図的に決めるのではなく，多数の村のなかから実施する村としない村を無作為に決定する。すると，十分なサンプルサイズのもとでは，プロジェクト実施前において，灌漑の整備状況，道路へのアクセスのしやすさなどのあらゆる条件は，対象村と非対象村ですべて平均的に同じになるはずである。そのため，プロジェクト実施後の収穫量に有意な差が生じているのだとしたら，それはプロジェクトがもたらした因果的影響であると判断できるとするのがRCTの考え方である。実際のインパクト評価の際には，プロジェクトが始まる前に1度データを収集し，対象村と非対象村の間の特徴に平均的な差がないことを確認し，無作為割当ての精度をチェックしておくことが肝要である。

この方法は，個人レベルでのプロジェクト展開にも活用できる。たとえば，農業技術普及のために，同じ村のなかで技術トレーニングを受ける権利のある農家と権利のない農家を無作為に割り当てる。無作為割当てのため，対象・非対象農家の間で教育水準，年齢，性別，資金，インフラ整備状況など，技術採用やアウトカム指標に影響を与えそうな要因はすべて平均的に一緒になる。そのため，プロジェクト実施後に対象者の農業技術が実際に向上していたり，農業所得がより高くなっていれば，それはプロジェクトのおかげであるといえよう。ただし，有資格者のなかには実際にプロジェクトに参加する人と，資格が与えられても参加しない人もいる。その場合に，RCTで計測するのは，農業技術トレーニングが実施された場合の効果そのものではなく，トレーニングの参加資格が与えられた際の政策意図効果となる[11]。

しかし，いつでもRCTのように，対象者を無作為に振り分けて，片方にのみプロジェクトを実施するという実験的手法を取り入れられるわけではない。実験手法のデメリットとしては，実施費用が高い，対象者が広範囲にわたるインフラ事業などではRCTが向かない，ある地域でみられたインパクトが異なる地域においても同様にみられる保証はない，非実施群が開発の恩恵から意図的に排除されることに倫理問題が伴う場合がある，などがあげられる。

------- 注 -------

1) これに対し，ハーシュマンは関連する産業を同時に拡大するのではなく，特定の産業を優先的に選び，その産業の拡大が他産業製品の需要を刺激していくことで生じる投資誘因に期待すべきであるという，「不均整成長」の立場をとった。この考えは，前方連関効果（ある産業の製品を投入財として利用する産業が発展していく効果）および後方連関効果（ある産業に投入財を供給することで産業が発展していく効果）を識別し，波及効果の高い成長拠点を特定する「産業連関分析」の基盤となった。産業連関分析については第8章参照。
2) この一連の政策を，世銀・IMFの本部がおかれたワシントンDCにちなんで，ワシントン・コンセンサスと呼ぶ。
3) センのケイパビリティ・アプローチについては，Sen［1985］参照。
4) 本章では扱いきれなかったが，2010年代以降の流れとして，貧困国・貧困層を単に援助の対象とみなすのではなく，投資・ビジネスの対象とみなす動きも活発化していることも指摘しておきたい。このうち，BOPビジネスについては第11章参照。また，アフリカに対する「援助から投資へ」傾くようになった一連の流れについては平野［2013］参照。
5) 開発のミクロ経済学の標準的な教科書としては，Bardhan and Udry［1999］などがある。
6) ただし，これらの結果から，就学率を引き上げるために，奨学金や学校給食が一般的に非効率的であると結論づけるのは早計である。インパクト評価の結果は他地域にそのまま適用できないこ

ともあるため，一般化には慎重を要する。
7) できるだけやさしい記述を心がけているが，本節にはテクニカルな説明が含まれており，完全に理解するためには計量経済学の知識が必要となる。本節が理解困難な読者は計量経済学の入門書を学んでからの再読を薦めたい。
8) 逆に，貧困削減対策として，外部から意図的に貧しく平均的パフォーマンスが低い地域が選ばれることもあろう。その場合にはプロジェクトの真の効果は1.6トン以上であったかもしれず，With-without 分析は真の効果を過小評価している可能性がある。いずれにしろ，With-without 分析では真の効果と地域的要因等から生じる差異を峻別できないという弱点を抱えている。
9) この他には操作変数法（Instrumental Variable Method）回帰分断デザイン（Regression Discontinuity Design）なども非実験的インパクト評価手法としてよく使われる。
10) その際，probit や logit など計量経済学的な手法が使われる。
11) これを意図的治癒効果（Intention to Treat: ITT）と呼ぶ。また，少し技術的に高度になるが，無作為に割り当てたトレーニング参加資格を操作変数（instrumental variable）として統計分析に利用し，トレーニングの局所的平均効果（Local Average Treatment Effect: LATE）を計測することも可能である。

参考文献

平野克己［2013］『経済大陸アフリカ――資源，食糧問題から開発政策まで』中央公論新社（中公新書）
Balassa, B. [1981] *The Newly Industrializing Countries in the World Economy*, Pergamon Press.
Banerjee, A.V. and E. Duflo [2011] *Poor Economics: A Radical Rethinking of the Way to Fight Global Poverty*, PublicAffairs.
Bardhan, P. and C. Udry [1999] *Development Microeconomics*, Oxford University Press.
Grilli, E.R. and M.C. Yang [1988] "Primary Commodities Prices, Manufactured Goods Prices, and the Terms of Trade of Developing Countries: What the Long Run Shows?" *World Bank Economic Review*, Vol.2, No.1.
Karlan, D. and J. Appel [2011] *More than Good Intentions: How A New Economics Is Helping to Solve Grobal Poverty*, Dutton Press.
Krueger, A.O. [1980] "Trade Policy as an Input to Development," *American Economic Review*, Vol.70, No.2.
Leibenstein, H. [1954] *A Theory of Economic-Demographic Development*, Princeton University Press.
Nurkse, R. [1953] *Problems of Capital Formation in Underdeveloped Countries*, Basil Blackwell.
Rosenstein-Rodan, P.N. [1961] "Notes on the Theory of the Big Push," Elis, H.S. ed., *Economic Development for Latin America*, MIT Press.
Sen, A.K. [1985] *Commodities and Capabilities*, Oxford University Press.
Schultz, T.W. [1964] *Transforming Traditional Agriculture*, Yale University Press.
Wade, R. [1990] *Governing the Market: Economic Theory and the Role of Government in East Asian Industrialization*, Princeton University Press.

第11章 政府開発援助

山形 辰史

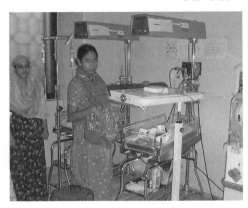

はじめに

本章では，国際協力の中心である「援助」とは何か，そして，公的機関の援助である政府開発援助（Official Development Assistance: ODA）がどう変遷してきたのかについて説明しよう。開発途上国の開発は，その国の人々の願いであり，それゆえ，その国の政府も国内の資源（資金や人材）を動員するのであるが，その量は，開発途上国が設定する開発目標に比して不十分であることが多い。そこで開発途上国政府は，国内，海外からさまざまな形で資源動員を試みる。そのうち，国外の公的部門から動員される資源の1つが政府開発援助である。公的部門以外では，民間企業のいくつか，および非政府（国際協力）組織（Non-Governmental Organization: NGO）も，開発のための資源を供給している。しかし，その規模，範囲の広さという点で，一般にODAはまさっている。

以下では，援助の意義，世界や日本のODAの推移，構成をまとめたのち，援助の使い方，援助効果向上の取組みについて説明する。

1. 援助とは

援助の必要性

　一般に開発途上国は，今日明日の生活のために国民を養うこと（消費）と，将来世代のために貯蓄・投資をして，将来の所得を増やすということ（第3章「経済成長」を参照）の，2つの課題を抱えている。しかし開発途上国は，低所得であるがゆえに，消費に充てる原資も，投資に充てる原資も十分ではない。所得のなかから必要な消費に充てられる資源を差し引いた貯蓄額と，将来の成長のために必要な投資額の間には，大きな差があるのが通常である。この差を貯蓄・投資ギャップと呼ぶ。

　開発途上国においては，生産のために必要な資本財や，ある種の消費財を国内で生産しておらず，輸入に頼らざるをえない。輸入は米ドルなどの国際通貨で価格づけがなされていることが多いが，通常の開発途上国の通貨の場合，国際金融市場において，その通貨で好きなだけ米ドルを購入できるほど，強い需要がない。したがって，必要な輸入をまかなうために，米ドルなどの外貨を保持しておくことが必要になる。一定の外貨は輸出によって得られるが，輸入と輸出の差に相当する外貨（外貨ギャップ）は，借入か援助でまかなう必要がある。

　開発途上国にとって借入が困難であれば，貯蓄・投資ギャップや外貨ギャップは，援助で埋め合わせることになる。貯蓄・投資ギャップと外貨ギャップを基に，必要な援助額を算出するマクロ経済モデルを，トゥー・ギャップ・モデルと呼ぶ（Chenery and Strout [1966]）。[1] トゥー・ギャップ・モデルは，消費にも投資にも資源が必要な開発途上国の貯蓄不足を，援助が補うという本質を的確に捉えている。

　政府開発援助は，贈与，借款，技術協力の3つの形態に分けられる。贈与は返済義務のない財貨の譲渡をさす。また，譲許性の高い借款も政府開発援助に分類されている。「譲許性が高い」とは，市場で資金調達する場合の利子率，据置期間，償還期間と比較して，借入側に有利な条件が与えられることを意味している。[2] そして技術協力とは，専門家派遣や研修生受入れをさしている。[3]

第11章　政府開発援助

援助の推移と構造

ここで世界と日本の政府開発援助の推移や構造を確認しよう。政府開発援助のデータは，主要先進国がメンバーになっている経済協力開発機構（Organisation for Economic Co-operation and Development: OECD）が取りまとめて公表している。図11-1の実線は，OECDのデータベースから得た，世界の政府開発援助総額の推移を示したものである。1970年には世界で73億ドルの政府開発援助（純額）が支出されており，それが2011年には，約1600億ドルにまで拡大している。一方，この急激にみえる増加は，先進国の経済規模の拡大にほぼ比例していることが図11-1の破線から明らかである。破線は，政府開発援助の対国民所得（GNI）比を示している。この指標でみると，過去40年間，先進国の政府開発援助は国民所得の0.2〜0.3％の割合で推移してきたことがわかる。

現在世界の政府開発援助は，貧困削減の面で後れをとっているアフリカ（第1章を参照）に重点配分されている（表11-1を参照）。これに次ぐのは，貧困削減の成果は上がっているものの，もともとの人口が多いので貧困層の人数も多い，アジアである。さらには，メキシコを含む北米と中南米が，ODAの1割を得ており，ヨーロッパの体制移行国には7.9％が配分されている。

所得階層別にみると，低所得であるがゆえにさまざまな優遇の対象となっている後発開発途上国（Least Developed Countries: LDCs）に対して46.7％が配分され，低位中所得国に32.4％，上位中所得国に16.6％が供与されている[4]（表11-2）。LDCsの大きな開発ニーズに応じて配分額が大きくなっているが，その一方で，低位中所得国にはインド，インドネシアといった大国が含まれているので，インフラ建設を目的とした多額の借款が供与されているものと思われる。中国等が分類されている上位中所得国も同様である。

過去に日本は，政府開発援助の総額においては，大きな存在感を示してきた（図11-2）。1983年に，日本は世界第2位の援助供与国になり，その後，円高効果もあって，ドル建ての援助額が急増した。93年から2000年までは，アメリカを抜いて世界のトップ・ドナー（donor：援助国）となった。01年以降アメリカが，同時多発テロ後の国際関係改善の目的もあって援助額を大きく伸ばしたのに対し，日本は03年に3位，04年に5位へと後退し，現在に至っ

図11-1 世界の政府開発援助（ODA）総額とその対 GNI 比の推移

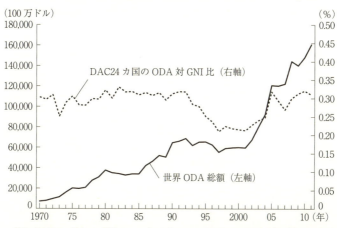

(注) DAC24カ国とは，現在のメンバーである27カ国から，1970～80年の間にODAデータの得られないチェコ，ポーランド，スロバキアを除いた24カ国をさす。「世界のODA総額」には非DACメンバーの援助国の援助が含まれている。
(出所) OECDデータベース (http://www.oecd.org/dac/stats/idsonline.htm) および世界銀行データベース (http://databank.worldbank.org/data/home.aspx)。

表11-1 世界の二国間援助の地域別内訳 (2011年)
(単位:100万米ドル)

	額	割合(%)
アフリカ	51,737	46.1
北アフリカ	4,048	3.6
サブサハラ・アフリカ	45,670	40.7
アメリカ大陸	11,531	10.3
北米・中米	5,938	5.3
南米	4,269	3.8
アジア	37,878	33.7
中東	11,366	10.1
南アジア・中央アジア	20,101	17.9
東アジア	5,248	4.7
ヨーロッパ	8,866	7.9
オセアニア	2,223	2.0
地域計	112,235	100.0
世界総計	141,191	

(注) 地域や国をまたがるODAがあるため，地域計と世界総計が異なるうえ，各地域ごとの内訳も，それらを足し上げたからといって地域毎の合計値とは合致しない。
(出所) OECDデータベース (http://www.oecd.org/dac/stats/idsonline.htm) のDAC2a。

表11-2 世界の二国間援助の地域別内訳 (2011年)
(単位:100万米ドル)

所得分類	額	割合(%)
後発開発途上国(LDCs)	45,345	46.7
その他低所得国	4,196	4.3
低位中所得国	31,452	32.4
上位中所得国	16,085	16.6
所得分類援助小計	97,078	100.0
世界総計	141,191	

(注) 複数の所得分類の被援助国を対象とするODAがあるため，所得分類援助小計と世界総計が異なる。
(出所) OECDデータベース (http://www.oecd.org/dac/stats/idsonline.htm) のDAC2a。

図 11-2 主要国の ODA（純額）

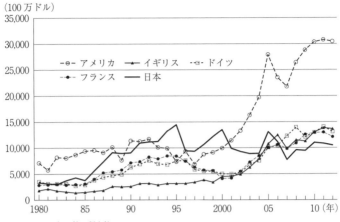

（注） 2012 年の値は暫定値。
（出所） OECD データベース（http://www.oecd.org/dac/stats/idsonline.htm）。

図 11-3 DAC27 カ国の ODA の対 GNI 比（2011 年）

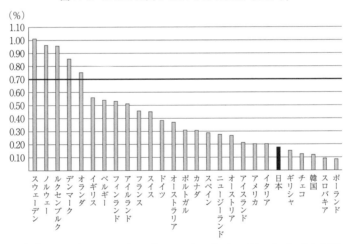

（出所） OECD データベース（http://www.oecd.org/dac/stats/idsonline.htm）および世界銀行データベース（http://databank.worldbank.org/data/home.aspx）。

ている。

　むしろ現在では，経済規模に比して日本の政府開発援助額は少ない，とさえみなされている[5]。というのは日本の ODA は，国民所得に対する比率でみると，

決して大きくはなく，先進国のなかではむしろその比率が低いグループに属するからである。図11-3に示したように，OECDの援助国グループである開発援助委員会（Development Assistance Committee: DAC）に属する27カ国のなかで，日本は下から6番目である。この指標で上位に位置するのは，北欧諸国が多い。

国連やOECDは，1960年代から，各メンバー国のODAの目標を設定することを試みてきた。その結果70年，国連決議として，「先進国のODAを国民所得の0.7％以上にする」という目標が盛り込まれた。DACメンバーの一員として，日本もこの目標を認めている（ただし，スイスとアメリカは例外）（OECD [2003a]）。ミレニアム開発目標の先進国向けの目標であるゴール8にも，この0.7％目標が取り入れられている。

しかし，日本のODAの対GNI比は2011年に0.18％にすぎず，0.7％という目標は，現在のODAを約4倍にしなければ達成できない目標である。北欧諸国のみならず，フランスは過去に0.7％目標を達成したことがあり，イギリスも達成を視野に入れている。このことから，日本が「1990年代に総額で第1位の拠出を行っていた」という事実の印象は薄められ，「日本の国際貢献度が高い」という認識は，必ずしも国際的に共有されていない。

2. 援助の出し方・使い方

開発援助は第2次世界大戦後，開発途上国の復興と開発のために実施されはじめたのであるが，これまで半世紀以上の月日が流れた。この間，東アジア諸国（日本を含む）のように，発展を遂げ，援助を必要としない国々も現れたが，大半の国々は，援助を受ける立場にとどまっている。いったいどのような援助は無駄に終わり，どのような援助は有効だったのだろうか。また，政府開発援助実施に当たっては，どのようなルールがあり，それらにはどのような意味があるのだろうか。以下ではこれらの点について考えてみたい。

政府開発援助の基本ルール

一般に，誰かが援助を求めていたとして，その人に対して，どれだけ，そし

ていつまで援助をすべきなのだろうか。その人が要求するだけあげればいい，ということではなかろう。では，何を根拠に援助額を決めればいいのだろうか。

　この問いに対する伝統的な答えは，その人（国）にとって，何をすることが必要（または有意義）なのかを探り，それに必要な額だけ援助すればいい，というものである。そのためにはまず，その国で必要な事業（プロジェクト）を特定し，その事業を実施するために必要な物資・サービスを割り出して，それらの物資・サービスの購入のための代金を肩代わりする，という方法で援助がなされる。このように，事業を特定して，それに必要な額を支援する援助方式をプロジェクト援助と呼ぶ。プロジェクト援助には，必要な費用に基づく積算根拠がある。

　さて次の問題は，あるプロジェクトに要する費用のすべてを援助国（ドナー）が負担すべきなのか，である。たとえばそのプロジェクトが浄水場建設・運営だったとしてみよう。浄水場の建設には多額の資金が必要とされるであろうが，その支出は，建設が済めばいらなくなる。それに対して，浄水場を動かすための運営費用（人件費や光熱費等）は，浄水が行われる限り，継続的に必要とされる。一般的に，一度の支出で数年稼働できる機材や構築物の購入・建築費用を投資支出と呼び，その事業の維持・運営のために継続的に必要な費用を経常支出と呼ぶ。経常支出には際限がないので，援助は投資支出に限定することが多い。

　また，プロジェクトに要する費用のなかには，被援助国内で調達可能な物資・サービスと，外貨を用いて国外から調達しなければならない物資・サービスとがある。前者（たとえば労働力）は国内での調達が比較的容易であること，そして，被援助国の通貨（内貨と呼ぶ）で価格がついており，為替レート変動（または操作）によっては，外貨建ての援助額が変化してしまうことから，援助は外貨分にかぎり，内貨分は被援助国政府が負担する，という一般原則がある。

　上記の原則は，多くのドナーが採用している（あるいは過去に採用していた）一般原則であるが，これらに加えて日本は，「要請主義」を採用している。要請主義とは，被援助国の中央政府の要請に応じて援助する，という原則であり，この原則に従えば，援助の相手が中央政府に限定されることになる。仮に，被援助国政府が腐敗している，という場合でも，その政府を相手にするのである

から，援助が無駄に使われぬよう，余程の注意をする必要がある[6]。ただし，地方自治体やNGOに対して援助できないわけではなく，その場合には，被援助国政府の同意が必要となる。

基本ルールの限界とプログラム援助

1970年代後半，2度目のオイル・ショックを経験した開発途上国や中進国の債務が膨らみ，利子の支払いが不可能となるという累積債務問題が多発すると，援助国は，プロジェクトに基づくのではなく，純粋に債務支払いに用立てるための援助を供与する必要に迫られた。このような援助には，プロジェクトの実施を前提とした積算根拠もなければ，援助を投資に用いて利益を上げるという採算性もないことから，せめて被援助国の経済管理体制を立て直すような開発プログラムを立てることが要求された。したがって，このような援助はプログラム援助（またはノン・プロジェクト援助）と呼ばれた（小浜［1992］1～14頁）。

プログラム援助は上述の「援助の基本ルール」に則っていない。プロジェクト援助のような積算根拠はないし，それが投資に用いられるとは限らない。また，援助が内貨分の支出に充てられる可能性もあるので，外貨原則も厳密には満たしていない。

一方，「援助の基本ルール」に従うことの窮屈さについても，改善のための検討が進められてきた。援助国が基本ルール通り，プロジェクトの投資部分，外貨部分にのみ援助したとしても，被援助国が想定された経常支出部分，内貨部分を負担しなければ，そのプロジェクトは予定通りに機能しない。その場合でも，当該プロジェクトは失敗したことになり，「ODAは所期の目的を達しなかった」と結論づけられてしまう[7]。したがって，政府開発援助を経常支出や内貨分にまで拡張することが，プログラム援助のいま1つの意義であった。

もう1つのプログラム援助の意義は，支払いまでの時間が短いこと（quick disburseとして知られる）であった。プロジェクト援助は積算型であるため，援助案件の発掘，被援助国からの要請，援助国の承認，プロジェクトの実施，という手順を踏んで初めて支出がなされる。この間，長い時間を要するため，援助国の政治家が「わが国は貴国に，これこれの額の援助をする」と発表しても，

その支出がいつ実行されるか，定かではない。これに対して，プログラム援助には積算がいらないので，約束した額を即実行することができ，政治的にも好まれる理由がある。

プログラム援助の代表は，世界銀行が供与した構造調整貸付（Structural Adjustment Lending: SAL）である（石川 [1994]）。SAL は 1980 年代から 90 年代にかけて，累積債務国の立て直しのための融資として用いられた。貸付の条件として世界銀行が被援助国に指示した政策条件はコンディショナリティー（conditionality）と呼ばれ，被援助国政府はそれに基づいて構造調整計画を策定した。このコンディショナリティーは，主として債務支払いを確実にするためのマクロ経済条件という位置づけで策定され，被援助国の長期的な発展や貧困削減をめざして策定されたものではなかった。具体的には，社会福祉費を含む政府支出の削減を求めることが多かったため，被援助国民からの支持を得にくかったし，政治家も世界銀行のコンディショナリティーをスケープゴートにして批判をかわそうとした。そのうえ，失業やインフレにより，マクロ経済状況さえ好転しない国では，世界銀行や構造調整に対する批判がさらに高まった。

ファンジビリティとガバナンス

プログラム援助を供与するに当たっては，供与前に詳細な積算が求められない代わりに，援助の使い道が適切であるかどうかをプログラムの実施途中でチェックすることと，終了後に成果があがったのかを評価することが求められる。というのは，プログラム援助の使い道が前もって決められていないだけに，軍事費等，予定外の目的にも流用される可能性（ファンジビリティ : fungibility）が高いからである。[8] これを防ぐために，ODA による支出を監視することを公共支出管理と呼ぶ（World Bank [1998]）。

また，政治家や公務員の能力が高く，かつ清廉でなければ，援助を有効に活用できない。政府が公的資源を，国民の利益のために有効に用いるよう政治家や公務員の行動を制御することをガバナンス（governance）と呼ぶが，ガバナンスが良好でなければ，ODA が被援助国の経済成長を導かない，という実証研究があり（Burnside and Dollar [2000]），公務員の能力や勤労意欲を高めたり，汚職を許さない法・制度的環境を整えたりしてガバナンスを改善することの重

要性が強調された[9]。

3. 援助の効果を上げるために

援助の量が問題か，方法が問題か

開発途上国は戦後半世紀以上にわたって援助を受けてきたが，この間，経済発展を遂げて先進国に追いついてきた国々と，顕著な発展がまだみられない国々とがある。前者の代表が日本を含む東アジアで，後者の代表がサブサハラ・アフリカの国々である。新ミレニアムに入っても貧困削減の進まない後者の国々が数多く存在することから，国連や世界の国々がミレニアム開発目標を設定したことは，第10章に述べた通りである。

後者の国々では，援助の成果が顕著には現れていないわけであるが，その理由の説明の仕方には大きく分けて2通りある。1つには，政府開発援助の量が不十分だとする議論で，これはサックス（J.D. Sachs）が強く主張している（Sachs [2005]）。「火が消えるだけの水が十分供給されていない」という例えで，各先進国が，国民所得の0.7％をODAとして支出するという約束を守るように求めている。いま1つは，「援助の使い方に問題がある」とするもので，イースタリー（W. Easterly）が主張している（Easterly [2006]）。これに加え，1つひとつの援助プロジェクトの実施方法について，実験経済学的評価方法を用いて効果を確認することが推奨されている（くわしくは第10章を参照）。

援助協調

援助の実施方法について，広く認識された問題の1つとして「援助の集中砲火」（aid bombardment）がある。これは，援助を供与するドナーが，先進国，国際機関のみならず，NGOや民間団体にまで増加してきたため，被援助国側がそれに対応するための時間や人手が増え，援助が増えることが被援助国のさまざまな費用を増加させてしまっている問題をさしている。この状況を改善するため，2000年代前半から，OECD-DACが「援助協調」（aid coordination）を推進した（柳原 [2008]）。

OECD-DACの試みは，ドナーが歩調をあわせ，被援助国の制度を尊重する

ことで,これまで被援助国側に発生していた調整コストをなくす,ということであった。これはすなわち,その調整コストを,ドナー側が負担することを意味する。2003年にローマで,この問題についての内閣閣僚間の会議が開催され,ドナーが被援助国の手続きにあわせていくべきことが宣言された(OECD [2003b])。

2005年にはパリで「援助効果向上に向けた閣僚級会議」が開催され,援助効果向上のための援助協調に関する原則や達成目標,成果指標等が合意された。原則は5つあり,それぞれ,①被援助国主導(ownership)[10],②被援助国の政策・制度への斉合(alignment),③援助国間の援助手続きの「調和化」(harmonization),④成果主義の採用(management for development results),⑤相互説明責任(mutual accountability),である(柳原[2008])。②は,ドナーが被援助国の政策・制度にあわせることを意味し,③は,ドナー間の手続きの違いを,ドナー側で調整する,ということを意味している。08年にはガーナのアクラで第3回目の閣僚級会合が開催され,パリ会議で合意された方針をさらに推進することが確認された。

援助協調を推進するための1つの手段として,財政支援(budget support)と呼ばれるプログラム援助が,ドナーの間で広く活用されるようになった。財政支援には一般財政支援とセクター財政支援がある。一般財政支援は,とくに分野やプロジェクトを指定せず,被援助国の中央政府の歳入として,政府開発援助を拠出することをさす。これに対してセクター財政支援は,農業や保健といったセクターを指定して,その分野に支出することを条件に,被援助国の中央政府に対して援助を行うことをさす。財政支援に拠出した援助は,経常支出にも,内貨分の支出にも用いることができる。財政支援の1つの方法としてコモン・バスケット方式があるが,これは,世界銀行や他の地域開発金融機関,国連機関,イギリスや北欧諸国が中心となり,共通の口座にドナーの援助をまとめたうえで,被援助国に財政支援をする,という方法をさす(木原[2010] 101~102頁)。

また「調和化」の一環として,教育,保健といった分野ごとに,被援助国担当省庁と,ドナーの責任者や専門家が被援助国内で頻繁に会議を行い,当該分野のニーズや対処方針,役割分担について合意形成を行う援助実施方法をセク

ター・ワイド・アプローチ（Sector Wide Approach : SWAp）と呼ぶ（木原 [2010] 99〜100頁）。このアプローチにより，ドナー間の担当官，専門家の情報交換が進展し，ドナー間の分業と協調の機会となっている。

援助協調の現在

2011年に釜山で開催された第4回「援助効果向上に向けた閣僚級会議」においては，OECD-DACメンバー以外のドナー（中国，中東諸国，民間企業・団体，NGO）の増加が共通認識とされ，援助効果（aid effectiveness）よりも，援助以外の資源をも加えた，すべての資源を用いて開発効果を達成すること（development effectiveness）の必要性が強調された（Kharas, Makino and Jung eds. [2011]）。

一方，財政支援は，岐路に立たされている。プロジェクト援助と異なり，拠出金の使途を決めるのは後回しにされるわけであるが，その使途の適否に関し，ドナーと被援助国政府の評価がなかなか一致しない。となると，ドナーは財政支援の拠出を見合わせることになり，その膠着状態の解決策が模索されているという。

そんななか，各ドナーは自らの独自の貢献を訴えようとして，さまざまなアイディアを出しあっている（稲田ほか [2010]；白井 [2005] 219〜268頁）。イギリスは，将来拠出するはずのODAを基に債券を発行することによって資金調達を図る構想（Future Flow Securitization）を発表した。フランスは，金融取引に課税するトービン税を応用し，航空運賃や金融取引に課税することにより開発のための資金を調達する，国際連帯税を推進している。アメリカは，ガバナンスや制度が良好な低所得国のみに提供する贈与として，ミレニアム・チャレンジ・アカウントを創設している。民間企業の営利活動を国際開発に結びつけようとする取組み（BOPアプローチ[11]等）にも期待が寄せられている（Moyo [2009]）。

4. 日本のODA——再びたぐり寄せられるヒモ

各ドナーが，独自の革新的な援助方法を開発することで競争しているなか，

日本は自国企業を支援するために援助の活用方法を模索している。

援助プロジェクトの受注を，当該援助国企業にのみ限定する援助を「ヒモ付き（tied）」援助と呼ぶ。日本の援助は1970年代にはヒモ付き比率が高く，それが批判の対象となったのであるが，90年代にはその比率がかなり低まって，主要先進国のなかで最低水準となっていた（西垣・下村［1997］110～113頁，224～235頁）。

しかし中国が，援助プロジェクトを自国企業に受注させ，自国経済を活性化しようとする姿勢を顕わにしていること（下村・大橋・日本国際問題研究所編［2013］），そして他の先進国や新興ドナーにも，外交的努力で自国企業を支援しようという動きがあることから，日本でも，日本の援助プロジェクトを日本企業に受注させるような施策を増やしている。なかでも2002年に導入された[12]「本邦技術活用条件」（Special Terms for Economic Partnership: STEP）は，それまで原則「ヒモなし」としてきた円借款を，ヒモ付きにすることを許している。このような日本企業支援と政府開発援助の連動は，14年6月に外務大臣に対して提出された「ODA大綱見直しに関する有識者懇談会報告書」[13]にも盛り込まれている。「再びたぐり寄せられるヒモ」をどう評価するか，が今後の日本人に問われることとなる。

----- 注 -----

1) Easterly［2001］は，価格調整機能を前提としていないという意味で旧態依然としたトゥー・ギャップ・モデルが，いまの時代でも世界銀行において必要援助額算出のために用いられていることを批判している。
2) 譲許性はグラント・エレメント（grant element）という指標で定義されており，グラント・エレメントが25％以上の借款が政府開発援助に分類されている。グラント・エレメントは，返済金利が低く，据置期間および償還期間が長いほど（つまり贈与に近いほど），高くなるように定義されている。具体的には，$GE(\%) = 100 \times \left(1 - \frac{r}{d}\right)\left[1 - \frac{\frac{1}{(1+d)^G} - \frac{1}{(1+d)^M}}{d(M-G)}\right]$ と定義されている（ただし，r：返済金利（年利），d：基準割引率（通常，10％を仮定），G：据置期間，M：償還期間）（海外経済協力基金編［1998］505頁）。
3) 技術協力の具体例として，専門家の活躍の様子を，林編［2008］にみることができる。
4) 後発開発途上国には，多くのサブサハラ・アフリカ諸国，東南アジアではカンボジア，ラオス，ミャンマー，東チモール，南アジアではバングラデシュ，ブータン，ネパール，中東ではアフガニスタン，イエメン，中南米ではハイチが分類されている。低位中所得国としては，たとえばアジアからはインド，インドネシア，フィリピン，ベトナム，サブサハラ・アフリカからはコートジボワ

ール，ガーナ，セネガル，ザンビア等が入っている。上位中所得国には，中国，マレーシア，タイ，イラン，イラク，南アフリカ，ブラジル，メキシコ等が分類されている。
5) ODA のみならず，貿易，金融，移民受け入れ，環境，安全保障，技術の各側面で，先進国が果たしている国際貢献の度合いを数値化した「開発貢献度指標」(Commitment to Development Index) をアメリカの研究所である Center for Global Development (CGD) が作成しているが，この指標によれば，日本は先進国 27 カ国中 26 位とされている。くわしくは CGD のサイト (http://international.cgdev.org/initiative/commitment-development-index/index) を参照。
6) ODA が不正に利用されてしまう事例が過去に数多くあったので，その点を重視した分析・視点として，Collier [2007]；Moyo [2009] を参照。
7) ここに述べた理由に加え，ODA を利己的な目的に利用しようとする公的部門，民間部門の人々の試みによって，ODA の成果があがらない場合もあった。それらを糾弾する書物や記事は数多く出版されているが，ここでは鷲見 [1989] をあげておく。
8) 実際，紛争国に対する ODA が，紛争の資金源になった可能性が指摘されている (Collier [2007])。
9) その後，Burnside and Dollar [2000] の研究結果は，データの分析対象年や国を変えると頑健性がないことが Easterly, Levine and Roodman [2004] によって示され，「ガバナンスが良好であれば，援助が被援助国の経済成長率を高める」という結論には留保が置かれている。
10) オーナーシップは，被援助国政府のみならず，プロジェクト対象地域住民も有することが想定されている。地域住民を主体としてプロジェクトへの参加を促すアプローチは，参加型開発と呼ばれている。Chambers [1983] 等を参照。
11) BOP とは，Base (または Bottom) of Pyramid の略で，所得からみた，世界の経済ピラミッドの底辺に置かれた人々のことをさしている。BOP アプローチとは，この階層の人々を対象としたビジネスのなかで，採算に乗るのみならず，彼らのためにも有用なものを推進していくアプローチをさしている。Prahalad [2005] を参照。
12) その一例として，ODA を活用した日本の中小企業支援がある (『日本経済新聞』[2013])。
13) 同報告書には，本文で言及した日本企業支援のみならず，政府開発援助と軍の連携の容認，中所得国の ODA 対象国への包含といった重要な点が含まれている (ODA 大綱見直しに関する有識者懇談会 [2014])。

------ 参 考 文 献 ------

石川滋 [1994]「構造調整――世銀方式の再検討」『アジア経済』第 35 巻第 11 号，2～32 頁
稲田十一・秋山スザンヌ・大村玲子・中山朋子 [2010]「MDGs 達成のための資金調達と配分」秋山孝允・大村玲子編『開発への新しい資金の流れ』国際開発高等教育機構，57～93 頁
ODA 大綱見直しに関する有識者懇談会 [2014]「ODA 大綱見直しに関する有識者懇談会報告書」外務省 (http://www.mofa.go.jp/mofaj/gaiko/oda/about/kaikaku/taikou_minaoshi/files/yusikisya_report.pdf)
海外経済協力基金編 [1998]『海外経済協力便覧 1998』国際開発ジャーナル社
木原隆司 [2010]『援助ドナーの経済学――情けはひとのためならず』日本評論社
小浜裕久 [1992]『ODA の経済学』日本評論社
下村恭民・大橋英夫・日本国際問題研究所編 [2013]『中国の対外援助』日本経済評論社
白井早由里 [2005]『マクロ開発経済学――対外援助の新潮流』有斐閣
鷲見一夫 [1989]『ODA 援助の現実』岩波書店
西垣昭・下村恭民 [1997]『開発援助の経済学――「共生の世界」と日本の ODA』(新版) 有斐閣

『日本経済新聞』[2013]「中小の輸出,ODAで支援 水処理など製品売り込み まず20事業,来月決定」8月13日夕刊

林俊行編 [2008]『国際協力専門員——技術と人々を結ぶファシリテータたちの軌跡』新評論

柳原透 [2008]「「開発援助レジーム」の形成とその意義」『海外事情』第56巻第9号,87~106頁

Burnside, C. and D. Dollar [2000] "Aid, Policies, and Growth," *American Economic Review*, Vol.90, No.4, pp.847-868.

Chambers, R. [1983] *Rural Development: Putting the Last First*, Longman Scientific & Technical. (穂積智夫・甲斐田万智子監訳 [1995]『第三世界の農村開発——貧困の解決—私たちにできること』明石書店)

Chenery, H.B. and A.M. Strout [1966] "Foreign Assistance and Economic Growth," *American Economic Review*, Vol.56, No.4, Part1, pp.679-733.

Collier, P. [2007] *The Bottom Billion: Why the Poorest Countries are Falling and What Can be Done About It*, Oxford University Press. (中谷和男訳 [2008]『最底辺の10億人』日経BP社)

Easterly, W. [2001] *The Elusive Quest for Growth: Economists' Adventures and Misadventures in the Tropics*, MIT Press. (小浜裕久・織井啓介・冨田陽子訳 [2003]『エコノミスト 南の貧困と闘う』東洋経済新報社)

Easterly, W. [2006] *The White Man's Burden: Why the West's Efforts to Aid the Rest Have Done So Much Ill and So Little Good*, Penguin Press. (小浜裕久・織井啓介・冨田陽子訳 [2009]『傲慢な援助』東洋経済新報社)

Easterly, W., R. Levine and D. Roodman [2004] "Aid, Policies, and Growth: Comment," *American Economic Review*, Vol.94, No.3, pp.774-780.

Kharas, H., K. Makino and W. Jung eds. [2011] *Catalyzing Development: A New Vision for Aid*, Brookings Institution Press.

Moyo, D. [2009] *Dead Aid: Why Aid is Not Working and How There is Another Way for Africa*, Farrar, Straus and Giroux. (小浜裕久監訳 [2010]『援助じゃアフリカは発展しない』東洋経済新報社)

Organisation for Economic Co-operation and Development (OECD) [2003a] "History of the 0.7 % ODA Target," *OECD Journal on Development*, Vol.3, No.4, pp.III-9-III-11.

Organisation for Economic Co-operation and Development (OECD) [2003b] *Harmonising Donor Practices for Effective Aid Delivery*, DAC Guidelines and Reference Series, OECD.

Prahalad, C.K. [2005] *The Fortune at the Bottom of the Pyramid: Eradicating Poverty Througt Profits*, Wharton School Publishing. (スカイライトコンサルティング訳 [2010]『ネクスト・マーケット——「貧困層」を「顧客」に変える次世代ビジネス戦略』(増補改訂版) 英治出版)

Sachs, J.D. [2005] *The End of Poverty: Economic Possibilities for Out Time*, Penguin Press. (鈴木主税・野中邦子訳 [2006]『貧困の終焉——2025年までに世界を変える』早川書房)

World Bank [1998] *Assessing Aid: What Works, What Doesn't, and Why*, Oxford University Press. (小浜裕久・冨田陽子訳 [2000]『有効な援助——ファンジビリティと援助政策』東洋経済新報社)

第12章 農村金融

塚田 和也

はじめに

　開発途上国では多くの人々が農村で生活をしている。農村は素朴な風景と人々の温かい心遣いにふれることのできる魅力的な空間であり，慣習に基づく人々の結びつきが生活に深く浸透している。農村での生計はもっぱら農業に依存するが，子細にみると小規模で雑多な事業の存在も観察される。こうした生計手段に共通する特徴は，年間の所得が一定でなく，所得に影響を与える多くのリスクが存在することである。農業所得が得られるタイミングは収穫の直後に限定され，その所得も収量と価格の大きな変動にさらされる。小規模な事業は人々に定期的な所得をもたらすものの，決して安定的かつ十分なものではない。農村での生活は常に所得のリスクと隣り合わせといえる。

　所得のリスクは農村にさまざまな資金需要を生み出す。農業や事業の所得が十分でない場合，生存のためには最低限の消費を可能とする資金が必要になる。また，将来の生産を行うためには，原材料の購入資金が必要になる。病気による健康状態の悪化や，自然災害に伴う資産消失が生じた際にも，同様に消費や生産のための資金が必要になる。人々は大きな負のショックを経験したとき，

当面の生活を支え，将来の生活を立て直すために資金が必要なのである。こうした資金需要に応えるべき市場が，融資や保険といったサービスを人々に提供する金融市場である。しかし，開発途上国の農村ではフォーマルな金融市場へのアクセスが不十分な状態にある（Banerjee and Duflo [2007]）。

　金融市場が存在しない場合，消費は変動する所得の影響を受けるため，人々はときとして著しい困窮に見舞われる。そこでは，平均的な所得の低さだけでなく，不安定な所得に対処する手段が存在しないことも困窮をもたらす要因となる。また，所得がすべて消費に費やされ，金融市場で追加の資金を得られない場合，生産や教育の投資が必要な時期に行われず，所得向上の機会を失うことも懸念される。金融市場の存在は消費の平準化を通じて人々の厚生を高め，投資の実現を通じて経済成長をもたらすことから，まさしく経済発展の要であると認識されている。開発途上国の農村では，なぜ金融市場が機能しないのだろうか。金融市場が存在しないとき，人々は消費標準化のためにいかなる行動をとりうるだろうか。また，金融市場へのアクセスを改善するためどのような制度的手法が存在するだろうか。本章のテーマは，こうした問題に関する議論を整理し，簡潔な説明を試みることである[1]。

1. 市場の失敗

金融取引の特徴

　金融取引には本質的な特徴がいくつか存在する。第1に，金融取引は現在と将来の異なる時点に及ぶ取引である。そのため，将来時点で契約が確実に履行されるか否かが1つの問題となる。第2に，金融機関の期待利益は借り手のリスクに依存する。金融機関が利益を確保するためには，借り手のリスクに基づいて契約を提示することが望ましい。しかし，第3に，借り手のリスクに関する情報を金融機関がすべて入手することは困難である。そのため，金融取引においては情報の非対称性（借り手の情報を借り手しかもっておらず，金融機関がもっていないこと）がもう1つの問題となる。情報の非対称の問題のうち，借り手のタイプについての情報が金融機関にとって未知であるため，リスクの高い借り手に融資が行われることをアドバース・セレクション（adverse selection）と呼ぶ（後述）。また，借り手の行動についての情報が金融機関にとって未知であることを利用して，借り手がリスクの高い行動をとることをモラル・ハザード（moral hazard）と呼ぶ。

開発途上国の農村で契約履行や情報の非対称性が現実的な問題となる背景には，取引費用の存在と資金需要の小規模性が関係している。融資の返済を例として考えよう。金融機関が借り手に確実な返済を促すためには，返済期日の時点で借り手の住所を特定し，所得状況を正確に把握するとともに，場合によっては契約の法的効力に訴える必要がある。こうしたことすべてに費用がかかる。また，そうした取引費用は融資規模にかかわらず一定という性格をもつ。これに対して農村の資金需要は一般に小さく，融資1件当たり金利収入も小さい。そのため，返済を促すための取引費用が金利収入を上回ってしまう可能性もある。融資に関する取引費用のうち最も大きな部分を占める情報生産の費用（借り手に関する情報収集の費用）についても同様である。借り手のタイプを入念に調べ，行動を常に監視することも不可能ではない。しかし，そうした情報収集の費用は，融資1件当たり金利収入をたちまち上回ってしまうであろう。

こと融資の場合に関していうと，担保の存在によって契約履行と情報の非対称性の問題はかなり軽減される。返済額に相当する担保を事前に要求できれば，金融機関が返済について思いわずらう必要はなくなる。しかし，借り手が十分な価値の担保を所有していないことも多く，その場合は返済の有限責任（limited liability）が重要な意味をもつ。そこでは返済額の上限が担保と所得の合計額に規定され，金融機関はこの合計額を超えて返済を強制することができない。以下では，担保が存在しない極端な場合を想定し，契約履行と情報の非対称性が金融市場の機能に与える影響を検討したい。

契約履行

リスクが存在するとき，たとえ借り手に返済の意思があっても，十分な所得を得ることができず，結果として契約を順守できないということがありうる。[2] その場合，金融機関は有限責任の下で資金の回収を断念せざるをえない。問題は，借り手の契約不履行が意図せざるものか，意図的なものかを判断することが困難なことである。この判断のためには，借り手の所得を正確に把握しなけ

ればならない。借り手がフォーマルな企業や安定した収入をもつ農家であれば，所得の把握は比較的容易である。しかし，開発途上国の農村では，そもそも所得が不安定であるうえ，農家のなかで生産と消費の決定が同時に行われるため，第三者が農家のキャッシュフローを把握することは容易でない。そのため，実際には十分な所得を得ている借り手であっても所得を隠して契約不履行を選択することができる。融資における意図的な契約不履行は，しばしば戦略的債務不履行（strategic default）とも呼ばれる。

　借り手の所得を特定できない場合，借り手が容易に居所を変えやすい場合，あるいは所得を特定できても借金の取立てに大きな費用がかかる場合，金融機関は資金の回収を借り手の自発的な返済に依存せざるをえない。返済が行われる条件は，契約不履行に伴う借り手の費用が利益を上回ることである。借り手の費用には，良心や恥の概念に基づく心理的費用，地域社会での信頼低下，金融機関からの融資が将来的に難しくなることが含まれる。しかし，こうした費用が十分に高くない場合，金融機関は融資規模を抑えることで，契約不履行に伴う借り手の利益を相対的に小さくしなければならない。契約不履行に伴う借り手の利益は，本来支払われるべき返済額が手元に残ることであるため，金融機関は返済額を大きくしないことで，契約不履行のインセンティブを低下させることができる。ただし，その結果として，資金需要を下回る額しか資金供給がなされないことになってしまう。これを信用割当と呼ぶ[3]。開発途上国の農村では借り手の希望する融資規模が実現することはまれであり，そうした観察事実と信用割当の存在は整合的といえる。

アドバース・セレクション

　借り手が元来有しているタイプ（たとえば，勤勉であるとか，怠惰であるとか）についての情報を金融機関が知りえない場合，金融機関はリスクの異なる借り手を区別することができない。このとき，以下に示すようなアドバース・セレクションの問題が生じる。

　いま，借り手が何らかの収益機会（事業）をもち，資金を必要とする状況を想定しよう。将来の収益は不確実であり，低リスクの借り手と高リスクの借り手がいる。ここで便宜的に，低リスクの借り手と高リスクの借り手の期待収益

は等しいと仮定しよう。さらには，開発途上国の実態に即して，借り手が事業に失敗すれば，金融機関がどんなに取立ての努力をしても返済がかなわない（すなわち有限責任）と仮定する。このとき，融資を受けることのメリットは，高リスクの借り手ほど大きくなる。なぜならば，収益が返済額（融資額プラス利子）を下回る際には，収益以上の返済が不可能である一方，収益が返済額を上回る際には，返済額以上の収益がすべて借り手のものとなるからである。そのため，収益の分散が大きい借り手ほど，手元に残る収益の期待値は大きくなる[4]。

　さて，金融機関は借り手の平均リスクに基づき貸出金利の設定を行うと考える。融資を受けるメリットは低リスクの借り手ほど小さいため，平均リスクに基づく貸出金利がある水準を超えると，最も低リスクの借り手は市場から退出する。この平均リスクの上昇に応じて金融機関が貸出金利を引き上げると，それまでは市場にとどまっていた低リスクの借り手がさらに市場から退出する。こうして，平均リスクの上昇と貸出金利の引上げが累積的に進行すると，最終的に市場に残るのは高リスクの借り手だけとなる。すなわち，平均リスクに基づく貸出金利の設定は，低リスクの借り手による退出を通じて市場の極端な縮小という事態を招くおそれがある。本来，金利を高めれば，生産性の低い借り手が市場から淘汰され，生産性の高い優良な借り手が取引相手として残ることで効率性が改善するのであるが，上に示した状況では，高リスクの借り手が残り，低リスクの優良な借り手が金融市場からの退出を余儀なくされる。これは高リスクの「望ましくない」借り手が勝者として選ばれてしまうという意味でアドバース・セレクション（adverse selection）と呼ばれる。

　こうした事態を回避して，すべての潜在的な借り手に融資を行うためには，貸出金利をある水準以下に抑えなければならない。しかし，この低い貸出金利は，高リスクの借り手に対しても適用されるため，平均リスクを反映しない貸出金利のもとで金融機関が利益を確保することは困難となる。まったく同じ議論は保険におけるアドバース・セレクションの問題についても当てはまる。そこでは，高リスクの人々ほど保険に加入するようになる[5]。融資や保険におけるアドバース・セレクションの問題は，高リスクの借り手や保険の加入者に対して高い貸出金利や保険料を課すことができないために生じる。

モラル・ハザード

借り手の行動のすべてを金融機関が知ることができない場合，金融機関はリスクに影響を与える借り手の意思決定を，契約で定めることができない。融資の場合は資金の使途や生産段階における投入と努力が，保険の場合はショックの発生を抑制する努力が，こうした意思決定に含まれる。このような，契約の趣旨に反した行動をモラル・ハザード（moral hazard）と呼ぶ。

融資においては，アドバース・セレクションの場合と同様に，返済責任が有限であり，借金を踏み倒すことが可能なので，期待所得が不変であるかぎり借り手はリスクを高めるような資金の使途を選択する。この行動を予想して金融機関はあらかじめ貸出金利を高く設定することもできる。しかし，貸出金利の引上げは，案に相違して，金融機関の期待収益を減少させる可能性がある。というのは，借り手が投入と努力の費用を負担して収益を高めても，その一部は融資に対する返済として金融機関の利益となってしまう。一方，借り手が努力をせずに事業が破綻しても，借金の返済免除という利益を借り手は受けることになる。これらのことを考慮すると，借り手の投入と努力は一般に過少となる。ここで重要な点は，貸出金利が高くなるほど，借り手が収益を高めるインセンティブは低下することである。そのため，借り手に適切なインセンティブを与えるためには，貸出金利をむしろ引き下げなければならない。このとき，金融機関の期待利益はモラル・ハザードが存在しない場合と比べて減少してしまう。

保険におけるモラル・ハザードは，事後の補償が存在することで，ショックの発生を抑制する努力が過少になることである。これにより，保険金の総支払額は増加し，保険料の上昇が生じる。[6]加入者が，ショックの発生を抑制するよう適切なインセンティブを与えるためには，保険金を引き下げて補償を限定的にしなければならない。すなわち，ショックの発生を抑制する努力を怠った加入者に罰則を与えなければならない。このことは，「完全な保険の提供」と「安価な保険の提供」という2つの目標が，両立しがたいことを意味する。融資や保険におけるモラル・ハザードの問題は，望ましくない行動をとる顧客に対して高い貸出金利や保険料（もしくは低い保険金）を課すことができないために生じる。

2. 農家の対応

リスクへの対処

　フォーマルな金融市場が存在しないとき，人々は事前と事後のさまざまな行動を通じてリスクの影響を軽減しなければならない。そうした行動にはインフォーマルな金融取引を伴う場合と，伴わない場合が存在する。まずは後者の場合から検討しよう。

　リスクに対処する事前の行動には，生産活動の多様化がある。これは複数の生産活動を組み合わせてリスクを分散することにより，所得そのもののリスクを抑制しようとする戦略である。小規模で雑多な事業に従事することは，家族の労働力を有効に活用しつつ，生業である農業所得の不安定性を補完する役割をもつ。また，複数の作物，家畜の飼養，魚の養殖などを組み合わせることで，個別のリスクが全体の農業所得に与える影響を軽減することが可能となる。ただし生産活動の多様化は，その家族が最も生産性の高い活動に特化していないことを意味するため，資源配分の効率性を犠牲にすることで成立している。

　リスクに対処する事前の行動には，貯蓄を行うことも含まれる。農村の貯蓄は金融機関に口座を開設して行われるだけでなく，現金や貴金属の保有，流動性の高い実物資産への投資という形でも行われる。所得のリスクに対処する目的で貯蓄がなされる場合，そうした貯蓄を予備的貯蓄（precautionary savings）と呼ぶ。ただし，予備的貯蓄を上回る大きなショックが発生した場合には，何らかの対処が事後に必要となる。

　ショックに対処する事後の行動としては，土地や家畜といった資産の売却，あるいは短期的な労働供給の増加が考えられる。しかし，生産資本の売却は将来の所得減少をもたらすため，一時的なショックに対処する行動が，長期にわたる負の影響をもたらす可能性も存在する。また，洪水や旱魃など地域で共通するショックが発生した際は，多くの人々が同時に資産の売却を行うため，市場価格の下落が生じて十分な補償とならない可能性も指摘されている。このことは労働供給の増加についても同様である。ジャヤチャンドラン（S. Jayachandran）は，インド農村における不作が労働供給や市場賃金の変化に与え

る影響を分析した（Jayachandran［2006］）。フォーマルな金融機関へのアクセスが不十分で，遠方への出稼ぎも困難な地域ほど，短期的な労働供給の増加が限られた地域に集中して賃金が下落するため，労働市場を通じた事後の対処が限定的な機能しかもたないことを明らかにした。

インターリンケージ

　リスクを抑制するために個人が単独で取りうる行動は限界があるため，やはり他者との金融取引が必要となる。開発途上国の農村では，政府や中央銀行の規制を受けないインフォーマルな金融取引が広く観察される。そうした金融取引における資金の供給主体としては，伝統的な金貸し業者が周知の存在である。金貸し業者の貸出金利は非常に高いため，しばしば搾取的として非難の対象となってきた。しかし，金貸し業者は必ずしも地域で独占的な立場にあるわけではなく，契約履行や借り手の監視に自ら費用を負担していることが明らかとなってきた。そのため，法外とも思える金貸し業者の高い貸出金利は，農村の高い取引費用を反映したものと理解することが適当であろう。

　農村における資金の供給主体には，伝統的な金貸し業者だけでなく，農家と経済的な取引関係にある商人や地主も存在する。こうした経済主体の優位性は，取引関係のある農家についてある程度の情報を得ていることである。さらに，商人は生産物や投入物の売買を通じて，地主は土地貸借を通じて農家と長期的な関係を築いていることが多い。そのため，融資が返済されない場合には，将来の融資に加えて他の取引も同時に拒否することで，契約不履行に伴う借り手の費用を高めることができる。このように，複数の取引を同一の主体間で行うことで，取引全体の潜在的な利益を高める手法をインターリンケージ（inter-linkage）と呼ぶ。こうした取引で興味深い点は，融資や保険の契約を明示的に結んでいなくとも，実質的な金融取引を伴う例が多く存在することである。たとえば，商人が種子や肥料などの投入物を農家に現物で供与し，生産物を市場価格より低く買い取る契約では，商人は，融資，投入物の販売，生産物の購入という3つの取引を農家と行っていることになる。

　農村の取引関係のなかでも，土地貸借は効率性や厚生に関する含意の重要性から多くの研究が蓄積されてきた分野である（Otsuka［2007］）。いま，地主が

自らの所有農地を他者に耕作させる状況を考えよう。地主は大別して，労働雇用，定額小作，分益小作という3つの選択肢をもつ。労働雇用は地主が経営を担いつつ労働者を雇用して耕作を行わせるものである。これに対して，定額小作と分益小作は経営と耕作の双方を小作に担わせるものであるが，前者では所得にかかわらず一定の地代を徴収し，後者では地主と小作が一定比率で所得を分ける。こうした契約形態の相違は，インセンティブの付与とリスク分担という観点から整理することができる。労働雇用では，農業労働者がまったくリスクを負担しない反面，収量が増加してもその分け前が得られないので，努力して働くインセンティブが存在しない。定額小作では，小作に収量向上のインセンティブが与えられる反面，リスクも全面的に負担しなければならない。分益小作はこの中間的位置づけである。所得の一定比率が地主に帰着するため収量向上のインセンティブは過小となるが，小作は地主とリスクを共同で負担することができる。小作が地主よりリスクを恐れる傾向が強い場合，分益小作は土地貸借と保険を組み合わせることでインセンティブの付与とリスク分担のバランスを実現する望ましい契約となりうる。また，地主と小作が同じコミュニティに属している場合は，インセンティブが過小となる問題もある程度は軽減される。したがって，農業生産のリスクが大きく，地主と小作に一定の社会的関係性が存在する場合は，分益小作が定額小作よりも好まれる。逆に，リスクが相対的に小さく，地主が村外に居住しているなどの理由で小作の行動を監視できない場合，インセンティブを与えるため定額小作が選択される。[7]

社会的ネットワーク

農村で暮らす人々は，さまざまな行事や作業をともにし，日々の生活のなかで助け合いを行っている。村内や親族に困窮している人がいれば，相対的に余裕のあるものがこうした人々に資金を提供することは珍しくない。そのため，開発途上国の農村では地縁や血縁などに基づく社会的ネットワークがリスクの影響を軽減するうえで重要な役割を果たしている。相互扶助の関係においては，実現した所得の状況に応じて，いずれもときに資金の供給主体となり，またときに資金の需要主体となる。そのため，ある時点だけで判断すれば単発の融資または所得移転であっても，そうした関係が長期的に繰り返される場合には，

相互に補償を行う保険とみなすことができる。

社会的ネットワークに基づく取引のメリットは，親しい間柄にある人々の間では情報の非対称性が存在しないことである。また，相互扶助から逸脱する行動をとってネットワークから排除される費用はとてつもなく大きい。そのため，契約不履行の問題も大きく軽減される。ただし，地域で共通のショックが発生した場合は，多数の村人が同時にショックを被るため，村内の保険は不完全なものとなる。また，大きなショックに対しては資金不足や契約履行の問題が生じるため，やはり保険が不完全となる。村内のリスク分担メカニズムはその存在が一般に確認されるものの，決して完全でないことが報告されている（Townsend [1994]；Udry [1994]）。

親族のネットワークは広範な地域と多様な職業に及ぶため，ショックの発生に関する相関が低いという意味では，村内のネットワークに対して優位性がある。しかし，その場合は取引費用の存在が問題となる。たとえば，距離を隔てた人々が資金を送金するときには，送金額にかかわらず固定的な費用が発生する。ジャック（W. Jack）とスリ（T. Suri）は，取引費用が小規模な送金を阻害して保険を不完全なものにする可能性を指摘する一方，ケニアにおいて携帯電話を用いたモバイルマネーが普及した結果，ネットワーク内の送金回数，送金先の拡大，合計の送金額の増加が観察され，インフォーマルなリスク分担が強化されたことを明らかにした（Jack and Suri [2014]）。

3. 制度の革新

マイクロファイナンスの成功

開発途上国の農村では，取引費用の存在と資金需要の小規模性を背景として，契約履行や情報の非対称性の問題がフォーマルな金融市場の成立を阻害することをみてきた。社会的ネットワークや既存の取引関係を通じて行われるインフォーマルな金融取引は，そうした問題から自由であるものの，多くの人々が共通して直面するリスクに対しては脆弱であるという特徴をもつ。そのため，人々は頻繁に資金制約に直面し，これを市場的な方法で解決することは困難であるとの見方が長らく支配的であった。このような見方を一変させたのがマイク

ロファイナンスの成功である。バングラデシュで設立されたグラミン銀行は，資産をもたない人々に無担保で小規模な融資を行い，きわめて高い返済率を実現することに成功した。多くのマイクロファイナンス機関が同様の試みを世界各地で実施し，マイクロファイナンスは急速な普及をみせている。[8]

　マイクロファイナンス機関は，いかにして契約履行や情報の非対称性の問題を克服したのだろうか。マイクロファイナンスにおける貸出の仕組みは地域や時期によっても一様でないが，しばしば観察される特徴の1つは，借り手がグループを形成して，定期的なグループミーティングの場で返済を行うことである。これは，金融機関が負担する取引費用（この場合は，借金取立てにかかる費用）を削減することに貢献する。また，公の場で返済が行われるため，契約不履行による借り手の費用は大きくなる。こうしたメリットに加え，初期のグラミン銀行に代表されるマイクロファイナンスでは連帯責任制（joint liability）と頻繁かつ硬直的な返済スケジュール（frequent and fixed repayment schedule）が注目を集めた。連帯責任制ではメンバー全員の返済が完了しない限り，グループに対して新たな融資が行われない。また，典型的な返済スケジュールでは融資直後から毎週の返済が要求され，スケジュールの変更に関して交渉の余地はほとんど存在しない。

　連帯責任制は，以下のメカニズムを通じて，契約履行や情報の非対称性の問題を軽減する可能性をもつことが明らかとなっている。まず，あるメンバーが返済不可能となった場合，将来の融資継続を希望する他のメンバーは返済を肩代わりしなければならない。このとき，返済を肩代わりしなければならないメンバーの実効的な貸出金利は上昇する。したがって，連帯責任制は高リスクの借り手やリスクを高める行動をとる借り手ではなく，そうした借り手と同じグループに属する他のメンバーに高い貸出金利を課すことになる。そのため，マイクロファイナンスの借り手は高リスクの借り手をグループから排除し，リスクを高める行動を抑制するよう相互に監視を行うインセンティブをもつ。契約履行についても同様の効果を期待できる。借り手は所得を相互に把握できるため，意図的な契約不履行を行うことは困難となる。こうしたメカニズムが機能する条件は，借り手の間に情報の非対称性が存在せず，望ましくない行動に対して社会的罰則を与えられることである。すなわち，借り手の社会的関係性を

融資のメカニズムに埋め込むことで，高い返済率を実現することが可能となるのである。ただし，連帯責任制にはデメリットも存在する。多くのメンバーが同時にショックを受けた場合，残されたメンバーは返済をすべて肩代わりすることができないかもしない。その場合，自分の返済だけを行っても継続的な融資を得ることはできないため，残されたメンバーは自らも契約不履行を選択する可能性が高い。

一方，頻繁かつ硬直的な返済スケジュールは，借り手の返済規律を高める仕組みであると理解される。借り手は所得を将来の返済に充てる計画をたてても，現在の消費の誘惑に逆らえず，所得をすべて消費してしまうかもしれない。このとき，頻繁な返済スケジュールは所得と返済のタイミングをなるべく一致させ，手元に資金を残さないことで消費の誘惑を最小にする効果がある。ただし，頻繁な返済スケジュールは，借り手に定期的な所得が存在することを前提としている。また，低リスクの借り手であってもときには返済不可能となる事態が生じうるため，硬直的な返済スケジュールに固執すれば優良な借り手を失うことにもなりかねない。

フィールド実験

メリットとデメリットの双方が指摘されるマイクロファイナンスの制度的特徴は，高い返済率を実現するうえでどこまで必要不可欠なものなのだろうか。近年，この問題をフィールド実験に基づいて明らかにする研究が進行している。フィールド実験は，異なる融資条件を無作為に割り当て，借り手の反応を観察することで，制度の相違が結果にもたらす影響を因果関係として特定する試みである（第10章を参照）。ここでは，いくつかの研究を選択的に紹介し，重要な含意と研究手法の有効性を確認したい。

ジーン（X. Gine）とカーラン（D. Karlan）は，フィリピンにおいて2つの関連する実験を実施した（Gine and Karlan［2014］）。1つは連帯責任制に基づく既存のグループから，一部を無作為に個人責任制に移行させるものであり，もう1つは新規のグループを無作為に連帯責任制と個人責任制に割り当てるものである。ただし，連帯責任制と個人責任制の双方で，定期的なグループミーティングが維持されている。結果として，2つの実験ともに，連帯責任制と

個人責任制の間で返済率に有意な違いは生じなかった。このことは，高い返済率を実現するうえで連帯責任制が必要不可欠というわけではないことを意味する。

　フェイゲンベルク（B. Feigenberg），フィールド（E. Field）とパンド（R. Pande）は，個人責任制に基づく新規融資に対して，毎週のミーティングおよび返済を課すグループと，毎月のミーティングおよび返済を課すグループを無作為に割り当てる実験をインドで実施した（Feigenberg, Field and Pande [2013]）。最初の融資の返済が完了したのち，すべてのグループは隔週のミーティングおよび返済に移行させている。結果として，毎週のミーティングを最初に課したグループのメンバーは，2回目以降の融資において返済率が高いことが明らかとなった。この理由として，毎週のミーティングを行ったグループのメンバーは社会的関係性が強まり，相互に資金を融通しあう行動を取るようになったことをあげている。このことは，借り手に強い社会的関係性が存在する場合や，頻繁なミーティングを通じてその関係性を強化できる場合は，連帯責任制が存在しなくとも，借り手は相互扶助を通じて自発的にお互いの返済率を高める行動をとることを意味する。近年，グラミン銀行を含む主要なマイクロファイナンス機関は，定期的なグループミーティングの機能を維持しつつ，個人責任制へと移行しているが，上記2つの研究結果はそうした方向性を支持するものである。

　最後に，フィールドらは，返済が融資直後から始まる影響を明らかにするため，個人責任制に基づく新規融資に対して，融資の2週間後から返済が始まるグループと，2カ月後から返済が始まるグループを無作為に割り当てる実験をインドで実施した（Field et al. [2013]）。2カ月後から返済が始まるグループのメンバーは，2週間後から返済を始めるグループと比べて事業に投資する割合が高く，所得の伸びも高いことが明らかとなった。その反面，2カ月後から返済を始めるグループでは，返済率の低下も観察された。この結果は，固定資本への投資によって期待所得の伸びは高まるものの，流動性の不足から初期の返済がしばしば困難になることを示唆している。融資直後からの返済スケジュールは，借り手にリスクを抑制する行動を促して初期の返済率を高める一方，長期的な所得の伸びを阻害している可能性がある。

4. 今後の課題——保険とリスク抑制

　マイクロファイナンスの普及を通じて，人々が無担保の融資を得る機会は飛躍的に拡大している。多くのマイクロファイナンス機関は，現在，融資だけでなく保険や貯蓄といった総合的な金融サービスを提供する努力を行っている。しかし，保険については必ずしも顕著な普及がみられていない。人々の自発的な相互扶助がマイクロファイナンスの高い返済率を支える一方，リスクを積極的にとれない状況が所得の伸びを阻害している可能性を考慮するならば，保険機能の強化はマイクロファイナンスの最大の課題であろう。保険の普及があまり進展していない理由は，いまだ十分な解明がなされていない。しかし，多くの保険は，わかりやすさを重視するあまり過度に単純なものとなっている問題が指摘されている。たとえば，医療保険においては年齢や疾病履歴に応じた保険料の設定，既往症に対するチェックが十分になされていない事例が報告されている。そのため，高リスクの加入者だけが積極的に保険を購入して保険運用が持続性を欠く可能性がある。すなわち，情報の非対称性に対する取組みが不十分であることが，普及を阻害する1つの要因として考えられる。

　情報の非対称を軽減する仕組みとして，近年，インデックス型保険の活用が大きな注目を集めている。代表的な例としては，モラル・ハザードの対象となりうる農家の生産量ではなく，地域の降雨量をインデックスにとり，降雨量が基準値を下回る旱魃（かんばつ）の際に保険金を支払う天候保険があげられる。インデックス型保険は加入者のタイプや行動と無関係なインデックスに基づいて保険金の支払いを決定するため，情報の非対称性の問題が発生しない。また，個々の損失状況を把握する必要がないため，取引費用を低く抑えることができる。これは保険料の低下にもつながる。ただし，リスクに関するインデックスと実際の損失額との相関が低い場合は，カバーされないリスクが大きくなり，インデックス型保険の魅力が低下する。また，個人の病気と相関するインデックスが得られない医療分野などでは，インデックス型保険の活用ができないという課題も存在する。今後は，保険の適切な制度設計に関しても，フィールド実験に基づく研究結果が蓄積されていくことが期待される。

最後に，開発途上国の農村では，リスクそのものを抑制することが重要であることを指摘しておきたい。リスクの存在は人々が金融取引を必要とする要因であるが，同時に金融取引の成立を困難にする要因でもある。とりわけ，多くの人々が共通して直面するリスクの存在は，インフォーマルな金融取引の有効性を著しく阻害するとともに，貸出金利や保険料の上昇を通じてフォーマルな融資や保険のメリットも限定的にする。そのため，政府の努力は金融市場の発達に加えて，人々が直面するリスクを抑制することにも向けられる必要がある。制度的にリスクを抑制する可能性については，コラムも参照されたい。

コラム： タイの洪水と渇水

2011年後半にチャオプラヤ川流域で生じた洪水は，稲作地帯が広がるタイ中部の農業に被害をもたらしただけでなく，工業や都市の機能にも重大な脅威を与えた。洪水の直接的な原因は降雨量の記録的な増大である。チャオプラヤ川上流に位置するダムでは，通常，乾季の農業用水や首都であるバンコクの生活用水を確保するため，雨季の終わりにかけて貯水率を高める操作が行われる。しかし，予想を上回る降雨量に対して放水が遅れ，貯水能力を上回る部分が一気に下流地域を襲ったことが被害を大きくした理由の1つと考えられている。

洪水は広範な地域に被害をもたらすショックであるため，インフォーマルな金融取引はもとより，フォーマルな金融機関も十分な資金提供を行うことは困難であった。洪水によって雨季の収穫は不可能となり，農家はまったく所得を得られないどころか，家屋や家畜などの財産を失い，低地の村では水没や陸の孤島となることを避けるため長期にわたって別の場所に避難する必要すら生じた。こうした費用に対しては，政府からの補償がわずかにショックの影響を軽減する役割を果たしたといえる。

2012年は一転して乾季の渇水が生じた。雨季の降雨量が平年を下回るものであったことに加えて，洪水の発生に備えた貯水率の引下げにより，雨季の終わりに十分な農業用水を確保できなかったことが理由の1つと考えられる。そのため，チャオプラヤ川上流域では一部の乾季作付けが不可能となり，農家はまたしても所得を得られない事態となった。

2年連続で生じた農業所得の低下は，基本的に自然条件の変化に伴う広範囲のショックが主要な原因である。しかし，洪水や渇水にかかわる予測の精度が不十分で，情報伝達も正確さを欠いたことが被害を大きくした印象は否めない。実際，農家は自分たちの村がいつどの程度の洪水に見舞われそうか，正確な情報源を欠いていた。

> こうした事態を避けるため，タイでは洪水に関する予測システムの構築が急がれている。また，地域によっては雨季の終わりに水田を遊水池として活用することを前提として，恒常的に雨季の作付けと収穫を早める試みが開始されている。自然条件をコントロールすることは不可能であるが，ショックに対する制度的な対応を整え地域レベルで実行することは可能である。こうした努力を通じて人々の直面するリスクを抑制することが，金融市場の機能を高めることにもつながると考えられる。

----- 注 -----

1) 本章では主に農村の家計（household：家族と同義の経済用語）を対象として議論を行う。ただし議論の多くは都市の相対的に貧しい家計についても適用可能である。
2) 契約履行の問題は融資と保険の双方で生じうる。ただし保険においては将来の支払義務を負う主体が金融機関であるため，契約履行の問題が深刻とはなりにくい。ここでは，融資の場合についてのみ検討する。
3) 信用割当は，融資額を上回る資金需要が存在する場合でも，貸し手が貸出金利の引上げや融資規模の拡大を行わない状況をさす。信用割当は契約履行の問題への対処のほかに，人為的な低金利政策によっても生じる。また，情報の非対称性が存在する場合に，アドバース・セレクションやモラル・ハザードの問題への対処として信用割当が生じる可能性も明らかにされている（Stiglitz and Weiss [1981]）。
4) 追加的な収益の増加がもたらす効用の増分が徐々に低下する場合，ここでの議論は成立しない可能性もある。
5) いま，人々が何らかのリスクに対して保険を購入する状況を想定しよう。保険契約は，加入者が事前に支払う保険料と，ショックが発生した際に支払われる保険金を定めたものである。このとき，保険を購入するメリットは高リスクの加入者ほど大きい。これは高い確率でショックが発生する加入者ほど，同じ保険料のもとで期待される保険金の受取り額が大きくなることから容易に確認できる。平均リスクに基づく保険料は低リスクの加入者にとって割高となるため，保険においても低リスクの加入者が退出することで市場の縮小をもたらす可能性がある。
6) 事後の行動変化で保険金の総支払額が増加する場合もある。保険加入に伴い病院での診療回数が増え，医療保険の請求額が増加することなどが代表的な例である。これを事後のモラル・ハザード（ex-post moral hazard）と呼ぶこともある。ただし，加入者の診療機会を拡充することは保険本来の目的でもあるため，その社会的費用と便益の比較にはより精緻な分析が必要となる。
7) 定額小作では，地代を現金で納めるか現物で納めるかの相違が，効率性とリスク分担に異なる含意をもたらす。地代を一定の現物で納める場合，借り手に対する収量向上のインセンティブは維持したまま，価格のリスクを地主と小作で分担することができる。
8) マイクロファイナンスの包括的サーベイとして，Armendáriz and Morduch [2010] や Banerjee [2013] を参照。

----- 参考文献 -----

Armendáriz and J. Morduch [2010] *The Economics of Microfinance*, 2nd ed., MIT Press.
Banerjee, A. [2013] "Microcredit Under the Microscope: What Have We Learned in the Past Two Decades, and What Do We Need to Know?" *Annual Review of Economics*, Vol.5, pp.

487-519.
Banerjee, A. and E. Duflo [2007] "The Economic Lives of the Poor," *Journal of Economic Perspectives*, Vol.21, No.1, pp.141-167.
Feigenberg, B., E. Field and R. Pande [2013] "The Economic Returns to Social Interaction: Experimental Evidence from Microfinance," *Review of Economic Studies* Vol.80, No.4, pp. 1459-1483.
Field, E., R. Pande, J. Papp and N. Rigol [2013] "Does Classic Microfinance Model Discourage Entrepreneurship Among the Poor? Experimental Evidence from India," *American Economic Review* Vol.103, No.6, pp.2196-2226.
Gine, X., and D. Karlan [2014] "Group versus Individual Liability: Short and Long Term Evidence from Philippine Microcredit Lending Groups," *Journal of Development Economics*, Vol.107, pp.65-83.
Jack, W., and T. Suri [2014] "Risk Sharing and Transaction Costs: Evidence from Kenya's Mobile Money Revolution," *American Economic Review*, Vol.104, No.1, pp.183-223.
Jayachandran, S. [2006] "Selling Labor Low: Wage Responses to Productivity Shocks in Developing Countries," *Journal of Political Economy*, Vol.114, No.3, pp.538-575.
Otsuka, K. [2007] "Efficiency and Equity Effects of Land Markets," R. Evenson and P. Pingali ed., *Handbook of Agricultural Economics*, Vol.3, Elvesier.
Stiglitz, J. and A. Weiss [1981] "Credit Rationing in Markets with Imperfect Information," *American Economic Review*, Vol.71, No.3, pp.393-410.
Townsend, R. [1994] "Risk and Insurance in Village India," *Econometrica*, Vol.62, No.3, pp.539-591.
Udry, C. [1994] "Risk and Insurance in a Rural Credit Market: An Empirical Investigation in Northern Nigeria," *Review of Economic Studies*, Vol.61, No.3, pp.495-526.

第13章　マクロ経済安定化

国宗　浩三

はじめに

マクロ経済学では「経済成長」「雇用」「物価」「国際収支」「為替レート」などが重要な指標になる。これらの指標の動きを安定的に保つために「マクロ経済政策」が実施される。

マクロ経済政策の基本的な考え方は先進国でも途上国でも同じである。しかし，途上国経済に特有の問題もあり，「マクロ経済安定化」は経済開発を進めるうえでも重要なトピックの1つとなっている。

経済開発を進めるうえで，政府の役割をどのように捉えるかは長らく論争の的となってきた。常に論点となるのは政府が積極的に介入するべきかどうかという点である。たとえば「貿易政策」においては，政府の介入・保護の下で「輸入代替工業化」をめざすべきか，より自由主義的な「輸出志向工業化」をめざすべきかという対立軸が存在した。また，「産業政策」においては，政府の強力なイニシアティブによって特定産業の育成を図るべきかどうかという論点がある。

しかしながら，これまでの経済開発の歴史を振り返ると，強力な政府の介入

政策については，成功した例よりも失敗した例の方が多い。政府は直接的な経済への介入に力を入れるよりも間接的・補完的な役割を堅実に果たすことに徹した方がよい成果につながることが多い。本章のテーマである「マクロ経済安定化」は，まさに経済開発において政府が果たすべき間接的・補完的な役割の代表例といえるだろう。

1. 開発途上国のマクロ経済の特徴

マクロ経済政策についての基本的な考え方は，先進国も途上国も同じである。しかし，途上国のマクロ経済には特有の問題が存在することを十分に考慮に入れておく必要がある。

高い成長率と大きな変動

第3章において，新古典派の経済成長モデルにおいては，1人当たり所得の低い国と高い国との間で「収斂(しゅうれん)」（コンバージェンス）が起こるとされることを学んだ。現実世界でコンバージェンスが起こっているかどうかについての決着はついていないが，危機的な状況に陥った場合を除けば，一般に途上国の経済成長率は先進国よりも高い。また，経済成長率の変動も先進国に比べて大きい。

表13-1に国のグループ別に経済成長率の平均と標準偏差を計算した値を示した。まず，経済成長率の平均は高所得国が最も低い（約2.4％）ことを確認してもらいたい。これに対して，低所得国は約3.7％，中所得国（低中所得国と高中所得国に分かれる）は約4.5％の平均成長率となっている。変動の大きさは標準偏差の大きさで測ることができる。標準偏差も高所得国が最も小さくなっていることを確認してもらいたい。なお，表には地域ごとに分けた国のグループについても示しているが，いずれも高所得国を除いた国々のデータを元に計算した値である。これらすべてについても平均成長率，標準偏差のいずれも高所得国よりも高いことがみてとれる。

また，同じことを視覚的にも確認するために図13-1には，高所得国と低所得国の経済成長率について度数分布を示している。高所得国の分布が1つ山なのに対し，低所得国は2つ山で横に広い分布になっていることがわかる。

表 13-1 経済成長率，経常収支の平均と標準偏差

(単位：%)

	経済成長率		経常収支	
	平均	標準偏差	平均	標準偏差
世　界	2.790	1.356	−0.336	0.333
高所得国	2.382	1.544	−0.359	0.349
低所得国	3.676	1.951	−3.128	1.007
低中所得国	4.488	1.736	−1.225	1.488
高中所得国	4.535	1.996	−0.010	2.089
東アジア・太平洋	8.298	2.058	0.831	3.134
南アジア	5.892	1.897	−1.219	1.140
ラテンアメリカ・カリブ	2.599	2.183	−1.771	1.670
欧州・中央アジア	2.537	3.920	1.326	2.713
中近東・北アフリカ	3.675	2.737	1.819	2.841
サブサハラ・アフリカ	3.095	2.005	−1.436	2.268

(注) 1) 東アジア・太平洋より以降の地域別では，すべて高所得国を除いたデータを元にしている。
2) 経常収支の欧州・中央アジアは 1987 年から 2011 年，中近東・北アフリカは 1993 年から 2011 年のデータを元にしている。
(出所) 世界銀行 WDI のデータを元に筆者計算。

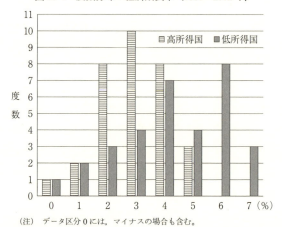

図 13-1　度数分布：経済成長率（1981〜2012 年）

(注) データ区分 0 には，マイナスの場合も含む。
(出所) 表 13-1 と同じ。

これは，低所得国の経済成長率の変動が，より大きいことを示している。

　経済成長率の変動をよりなだらかにすることはマクロ経済安定化の重要な目的の 1 つである。とりわけ，開発途上国においては経済成長率の低下が貧困や雇用問題の深刻化に直結しており，ひいては政治・社会の不安定化を招く危

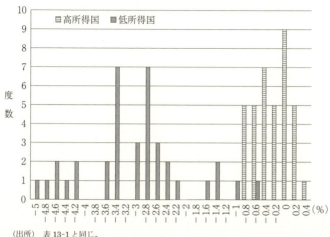

図 13-2 度数分布：経常収支（GDP 比％，1975～2011 年）

(出所) 表 13-1 と同じ。

険性が高い（開発途上国では貧困ラインぎりぎりの家計が多い。また，雇用保険などのセーフティーネットの整備が不十分であることが多いためである）。

国際収支の変動も激しい

経済成長率の変動が大きいことの背景の1つともなっているのが国際収支の変動の激しさである。経済成長率の場合と同様に，経常収支の GDP 比率について，平均と標準偏差を表 13-1 に示した。やはり，高所得国の標準偏差が最も小さい（＝変動が小さい）ことが確認できる（図 13-2 の度数分布のグラフも参照）。

経済開発が急速に進む状況下では，工業化に必要な資本財や中間財の輸入が増大し経常収支赤字を招くことが多い。経済発展が順調に進んでいる間は，経常収支赤字は資本流入によってファイナンスされる。しかし，経常収支赤字があまりにも大きくなり長期間にわたるようになると，その持続可能性についての疑念が高まり国際収支危機（通貨危機や債務危機）を引き起こすことにつながる。

国際収支危機が発生すると，経常収支は一転して黒字化することが多い。その理由は，第1に，国際収支危機への対策としての財政・金融の引締め政策

が採用されることが多く，その効果により輸入が急減するからである。第2に，通貨価値の急激な低下を伴う場合（通貨危機）には，輸入が割高となり，やはり急減する。

国際収支危機に対して，どのように備え対応するかという点もマクロ経済安定化政策の重要な論点の1つである。

国外からのショックに弱い経済構造

開発途上国のマクロ経済は対外的な要因に左右されることが多い。

第1に，人口規模がきわめて大きな中国やインドなどを除けば，開発途上国の経済規模は小さい（「経済規模＝1人当たり所得×人口」であるが，1人当たり所得が小さい途上国の経済規模は人口が大きくないかぎり小さくなる）。このため，より大きな世界経済の動向の影響を受けることになる。

第2に，第5章でみたように今日では輸出の増大を工業化の原動力として利用する「輸出志向」の工業化戦略を採用する途上国が大部分を占めるに至っている。これは，この工業化戦略が，内向きの工業化戦略である「輸入代替工業化」に比べて優位性があると広く認知された結果である。しかし，輸出志向の工業化戦略の短所は世界経済の動向に影響を受けやすい点である。すなわち，主要な輸出市場における景気低迷といった国外の要因に影響を受けやすい。

第3に，1990年代ごろから急速に進展した金融グローバル化のもとで，多くの開発途上国も国際金融市場の動向からの影響を強く受けるようになった。金融グローバル化の進展は，開発のための資金を調達するという観点からは途上国の開発を促進する効果が期待される。しかし，一方で金融市場に特有の不安定性が金融危機や通貨危機を引き起こす危険性が指摘されてきた。

これに関連して，多くの先進国との対比で開発途上国がハンデを負っている点を1つ指摘しておきたい。それは，自国通貨建てで対外借入れを行う能力である。多くの先進国の通貨は国際通貨として通用する。そのため，対外借入れを自国通貨建てで行うことが容易である。具体的にはアメリカのドル，日本の円，イギリスのポンド，ユーロ圏諸国のユーロ，いずれも国際通貨として利用されている（他にスイスのフラン等もある）。これに対して，開発途上国の多くでは対外借入れは外貨建てで行われることの方が多い。対外借入れを外貨建て

で行うと、通貨価値の大幅な変動——とりわけ問題なのは自国通貨安方向への変動——に大きな影響を受けることになる。[1]

対外ショックと途上国（代表的な事例）

開発途上国経済が対外的な要因によって影響を受けた例は多くあげられる。ここ数十年を振り返ると、1980年代のラテンアメリカの累積債務問題、90年代の通貨危機の頻発、2000年代以降ではリーマン・ショック後の世界金融危機の途上国への波及などの例が代表的である（表13-2参照）。

ラテンアメリカの累積債務問題の背景は、1970年代の2度のオイル・ショック（石油価格の高騰）により産油国に集まった外貨（オイルマネー）にあるとされている。オイルマネーは、欧米の金融機関を経由して世界中に貸し出されたが、その一部はラテンアメリカ諸国に流入した。ところが80年代に入ってアメリカが高金利政策に転じると、その影響を受け債務問題が一挙に深刻化した。なぜなら、前述のとおり途上国における対外債務は外貨建てで行われることが普通であり、とくにラテンアメリカ諸国ではドル建てで行われていた。そして、その金利はアメリカ国内の金利に連動する。したがって、アメリカの高金利政策はラテンアメリカ諸国の債務返済の負担増大を招き、累積債務問題を引き起こした（82年）。こうして、ラテンアメリカ諸国にとって80年代は「失われた10年」として記憶されることになった。

1990年代に入ると先進国を中心として金融グローバル化（国境を越える資金の流出入の増大）が急速に進展する。一部の開発途上国においても開発のための資金を国際金融市場から調達する動きが加速した。こうしたなか、通貨・金融危機が多発することになる（94年にはメキシコ危機、97年にはアジア通貨危機、98年のロシア危機、99年のブラジル危機、世紀をまたぐ2001年のアルゼンチン危機などがあげられる）。それぞれの危機の詳細な特徴は異なるが、国境を越える資金の流出入が背景にある点では共通している。

2000年代に入ると途上国も含め大きな危機は次第に収まり世界経済全体も好調な時期が続くが、08年のアメリカのリーマン・ショック以後の世界的な金融危機により開発途上国も大きな影響を受ける。第1に、08年後半から09年にかけては危機の直接的な影響により景気が大幅に悪化する。また、一部の

表13-2　世界的に注目を集めた通貨・金融・債務危機（1980年代以降）

1982年	ラテンアメリカの債務危機
1992〜93年	ERM（欧州為替相場メカニズム）危機
1994年	メキシコ危機
1997〜98年	アジア通貨危機
1998年	ロシア危機
1998〜99年	ブラジル危機
2000〜01年	トルコ危機
2001〜02年	アルゼンチン危機
2008年	リーマン・ショック
2010年〜	ユーロ危機

途上国では通貨安と外貨準備の減少が懸念された。第2に，09年後半以降の回復期においては，先行して景気回復を達成した開発途上国においてマクロ経済政策面での難しい問題を引き起こした。それは，金利引上げと通貨高のトレード・オフという問題である。先進国においては，アメリカのQE（量的緩和）を代表とする金融緩和政策が継続されるなか（通貨戦争），多くの途上国においてはインフレ対策のための金融引締め政策が必要とされたが，これは先進国との金利格差を広げ資金流入の原因となった。資金流入は自国通貨高を引き起こし輸出競争力の低下を招くため，途上国においてはインフレを取るか通貨高を取るかという悩ましい問題に直面することになった。

政策面での対外依存

厳密には経済自体の問題とはいえないかもしれないが，経済政策を遂行する体制についても開発途上国は問題を抱えていることが多い。能力の問題とインセンティブの問題である。まず，政策立案・遂行能力に問題がある場合には適切なマクロ経済安定化政策を実施することは難しい。さらに，国の意思決定が一部の特権階級の利害のみに基づいて行われるなど政治体制に問題がある場合には，マクロ経済を安定化させるという政策目標の優先順位が低くなる可能性もある。たとえば，国際収支の赤字が問題であるにもかかわらず，贅沢品などの輸入品の消費に依存する地主階級の利害を優先し，為替レートを割高に保つ政策（輸入が割安となる）が採用されるというようなケースである。

このような政策面での問題を抱える途上国は，マクロ経済安定化政策の立案

に関しても国際機関に依存することになる。たとえば，国際通貨基金（IMF）の融資プログラムを利用するに当たっては，詳細な融資条件（コンディショナリティー）を課されることになる。そして，マクロ経済政策に関する数値目標の達成が求められる。これは，不名誉なことであり国民受けもよくないのであるが，政策立案を外注するという側面があることも事実である。また，国際機関からの「外圧」を利用することにより国内の政策に対する反対勢力を黙らせるという効果が暗に期待されている場合もある。

こうした「政策の外注」には問題もある。国際機関の立案する政策が，その国にとって最もよい政策とは限らないからだ。たとえば，その国の実態からかけ離れた政策が押し付けられる危険性がある。また，国際機関の立案する政策にもある種の歪みが生じる可能性がある。国際機関にとっては融資した資金の回収が最優先であるため，経済成長の回復よりも国際収支の改善を優先する傾向があるとの批判が存在する（その他の批判は第4節で触れる）。

2. マクロ経済安定化政策とは

マクロ経済安定化政策の目標は文字通りマクロ経済の安定化である。具体的には①経済成長と雇用の安定，②物価の安定，③国際収支の安定，の3つの目標が重要である（図13-3）。

主要な政策は，①金融政策，②財政政策，③為替政策，の3つである。

金融政策は，マネーサプライをコントロールすることによって景気と物価水準に影響を与えようとする政策で，中央銀行によって実施される。財政政策は政府の財政支出の変化や増減税を通じて景気に影響を与えようとする政策である。為替政策は，為替レートを固定してしまう固定レート制度（固定相場制度）と，外国為替市場での自由な取引の結果に任せる変動レート制度（変動相場制度）とに大きく分けられる。しかし，実際には中間的な政策がとられる場合が多い。たとえば，公式には変動レート制度を採用しているが，実際には中央銀行による為替介入が常態化しているという具合である。

これら3つの政策は，相互に影響を与え合うという点に注意が必要である。たとえば，固定レート制度と変動レート制度のいずれが採用されていかによっ

図 13-3 マクロ経済安定化の目標と政策手段

主要3政策	①金融政策	→	目標	①経済成長と雇用の安定
	②財政政策			②物価の安定
	③為替政策			③国際収支の安定
関連する政策	外貨準備政策			
	ノミナル・アンカー政策（含む）インフレ・ターゲット政策			

て，金融政策と財政政策の効果が異なる（マンデル＝フレミング・モデル）。よって，3つの政策の組合せの問題も重要となる。

　なお，以下では主要な3つの政策だけでなく，関連する政策トピックとして，外貨準備政策，ノミナル・アンカー政策とインフレーション・ターゲット政策についても言及する。

　次の節では，開発途上国のマクロ経済安定化政策の課題について，①3つの政策のそれぞれの課題，②関連する2つの政策トピックについて，③政策の組合せの問題，④国際的な関連の問題（先進国のマクロ政策による影響），に分けて解説する。

3. 途上国のマクロ経済安定化政策の課題

金融政策の課題

　金融政策が効果を発揮するメカニズムを「金融政策のトランスミッション・メカニズム」と呼ぶが，開発途上国特有の事情により効果が期待できない場合がある。

　とくに，金利の規制が行われている場合には，「金利の低下が民間投資を刺激し，それが乗数過程を経て景気を刺激する」という金融政策のトランスミッション・メカニズムの出発点に関わる問題がある。[2]

　金利と一口にいっても実はさまざまな種類がある。中央銀行が直接操作可能な金利は短期金利であり銀行間市場の金利である。一方，投資を刺激するために重要なのは長期金利であるので，短期金利と長期金利との間の裁定関係が良好に働いていることが重要である。そのためには成熟した金融市場の存在が前

提となる。この前提が開発途上国では満たされていない場合が多い。

　そこでより直接的な介入が行われる場合がある。それは，銀行への直接的な窓口指導により企業への融資を増減させるという方法である。この手法の問題点は金利を通じた調整に比べて微調整が効きにくいという点である（ミクロ経済学的な資源配分上の問題もあるがここでは触れない）。たとえば，リーマン・ショックを受けて中国が実施した金融緩和策もこうした直接的指導に頼っていたため，銀行が急激に貸出を増大させ不動産市場の過熱をはじめさまざまな問題の原因となった。逆に，引締めの際にも急激な信用収縮につながる危険性がある。つまり，直接的な手法に頼ったのでは，マクロ経済を安定化させるという目的とは逆に不安定化させかねない。

　金融政策は対内政策に分類したが，為替レートとも密接な関係がある。両者の関係は，一方を立てると他方に制約がかかるといったものである。まず，固定レート制度の下では金融政策の有効性が失われる（マンデル＝フレミング・モデル）。一方，変動レート制度の下では金融政策は有効となるが，金融政策は為替レートに影響を与える。一般に金融緩和（金利の低下）は自国通貨安を，金融引締め（金利の上昇）は自国通貨高を招く効果をもつ。

　かつては，多くの途上国が固定レート制度を選択していた。この場合，前述の通り金融政策の効果が減殺されるという問題があった。その後，変動レート制度を採用する途上国が増えた。これは金融政策の有効性を高める変化であるが，為替レートへの影響に気をつける必要が出てきた。また，為替レートは，自国の金融政策だけでなく，他国（とくに先進国）の金融政策によっても影響を受ける点に注意が必要だ。とくに，途上国は先進国に比べて経済規模が小さいため，自国よりも他国の状況に大きく影響を受けることになる。

財政政策の課題

　マクロ経済を安定化させるためには，政府が能動的に政策を行うべきか，それともルールに基づいて受動的に政策を行うべきか，という点を巡って論争がある。能動的な政策に伴う問題点の1つとして，政策発動が遅くなり政策の効果が発生する頃には逆効果になってしまうというものがある。政策発動の遅れはとくに財政政策において顕著である。こうした問題を避けるうまい仕組み

が「ビルト・イン・スタビライザー」と呼ばれる財政政策のあり方である。代表的なものとしては，まず失業保険などのソーシャル・セーフティー・ネットがあげられる。景気が悪化した際に自動的に支出が増大し，景気を安定化させる受動的な財政政策の役割を果たす。また，累進課税も景気拡大期に税収を増大させ景気過熱を抑え，景気減退期に税収を減らし景気刺激効果を発揮する受動的な財政政策の役割を果たす。

ところが，開発途上国ではソーシャル・セーフティー・ネットが未整備であることが多く，こうした効果が期待しにくい。また，開発途上国では徴税能力に問題があることが多く，間接税中心の課税制度が選択されることが多い。間接税は累進課税になじみにくいため，やはりビルト・イン・スタビライザーとしての機能が弱くなる。

万一の場合に備えて，機動的な財政政策の余地を残しておくという観点も重要である。たとえば，リーマン・ショック後，中国は巨額の財政出動によっていち早く景気を立て直した（その副作用に問題があったとの指摘もあるが）。これは，中国の財政が健全であったからできたことである。

財政の健全度を図る指標の1つに政府債務残高のGDP比率がある。どの程度から不健全かという絶対的な数値はないが，途上国ほど厳しくみられる。たとえば，日本は200％を超えても市場に動揺はないが，途上国では50％程度でも問題視される。とりわけ，対外借入れが存在する場合に深刻である。

最後に，財政赤字を貨幣発行によって埋め合わせる政策，「マネー・ファイナンス」（またはマネタイゼーション）は絶対に避けるべきである。代表的なハイパー・インフレーションのエピソードは例外なくマネー・ファイナンスが原因となっている。小銭目的の犯罪で刑務所に入るのと同様の愚かしさがある。それというのも，インフレ高騰に伴う通貨発行で得られる政府収入は思ったほど大きくないからだ[3]。一方で，ハイパー・インフレによる経済への打撃はきわめて大きい。マネー・ファイナンスはとても割に合わない政策であることを知るべきである。

為替政策の課題

とくに，輸出志向の工業化戦略を採用している国では，自国通貨安に為替を

誘導したいという思惑が強く働く。一方，為替安は輸入物価高を通じてインフレを招くため，意図しない大幅な自国通貨安は避ける必要がある。

ところで，政府が為替レートに影響を与える能力は，資本取引の大きさに反比例する。したがって，政府が為替を操作したいという希望が強いほど資本取引規制などの市場への制限的な規制を選好することになる。これは，長期的には当該国の市場の成熟を妨げる（次項と関連するが，資本取引規制を実施している国の通貨は国際通貨としての地位を確立することは難しい）。

外貨準備政策の課題

外貨準備とは中央銀行が保有する外貨のことである。外貨準備を保有する目的は，いざというときのための為替介入の原資とするためである。1990年頃より金融グローバル化が進展した。先進国が先導する形ではあったが国境を越える金融取引が急速に増大し，貿易取引に匹敵あるいは凌駕する規模となった。金融取引に伴う外貨需要は変動が激しく90年代に相次いだ途上国における大規模な通貨危機の背景となった。

金融グローバル化への対応として，多くの途上国政府・中央銀行は外貨準備の積み増しを行った[4]。しかし，この政策にはいくつかの問題がある。

第1に，外貨準備保有のコストである。外貨準備は先進国の安全資産として保有・運用される（とくにアメリカの国債）。安全資産の収益率は低く，他の代替的資産に投資された場合との期待収益率の差が外貨準備保有の直接的コストとなる。

第2に，金融政策への影響である。中央銀行が外貨準備を積み増す際には，それと等価の国内通貨が市場に供給される。つまり，外貨準備の積み増しは金融緩和政策と同等の効果をもつ。客観的に金融緩和が必要な状況下であれば問題ないが，金融引締めが必要とされる局面で外貨準備積み増しが行われると景気変動を大きくする弊害が発生する。

1990年代以降，途上国が外貨準備を一貫して増大させる一方で，先進国は総体として外貨準備を（1カ月分の輸入代金に対する比率で）減らしてきた（図13-4）。政府部門の資金フローをみるかぎり，本来は開発のための資金需要が大きいはずの途上国が先進国へ資金を供給するという逆転現象が生じているので

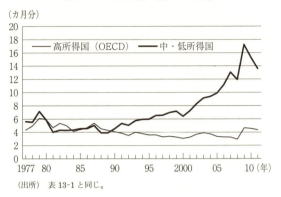

図13-4 外貨準備／輸入（1カ月）

（出所）表13-1と同じ。

ある。

　先進国が外貨準備を減らすことができるのは，成熟した金融部門および金融市場をもっているからである。たとえば，国内の企業が貿易や投資などを行う際の外貨調達は，基本的に民間金融機関によって難なく達成できる。政府の外貨準備に頼る必要性はきわめて低い。また，多くの先進国通貨は国際通貨としての地位を確立している。したがって，自国通貨建てによる海外からの資金調達（対外借入等）が可能である。

　これに対して，途上国の金融部門・金融市場は未成熟であり，民間部門の代わりに政府が外貨準備を蓄えているのである。しかし，政府が民間部門を代替すればするほど，金融部門や金融市場の成熟を妨げるという悪循環に陥っている。

　中長期的には，民間の金融機関と金融市場を育成し，民間主導の対外投資を促進し，自国通貨の国際通貨としての地位獲得をめざすなどの努力が必要である。

　また，複数国が通貨危機の際に相互に支援しあう枠組み（地域金融協力）の枠組み作りを進めることにより，単独国で多額の外貨準備を積み上げる必要性を低減させる方策も有効である。

政府への信任はあるか
—— ノミナル・アンカーとインフレーション・ターゲット

開発途上国がマクロ経済安定化政策を実施するうえで，障害となることが多いのは政府の政策に対する信頼（クレディビリティ）の欠如である。政策が十分に実施されない，または全体として整合性に欠ける政策が実施されるのではないか，という懸念をもたれると，政策効果が十分に得られず安定化政策は失敗してしまう。

その好例が1980年代のラテンアメリカ諸国におけるハイパー・インフレである。政府の政策に対する信頼の欠如により，インフレを制御するための安定化政策は何度も失敗することになった。この経験からマクロ経済安定化政策における補助的な政策として「ノミナル・アンカー」という考え方が強調された。アンカーとは錨のことで，船が錨を下ろして流されないようにするように，何らかの名目（ノミナル）変数の水準に固執することをさす。この場合は，為替レートの水準についての目標を守ることにより，物価水準を安定化させるという政府の政策に対する信頼を守ろうとした[5]。

その後，1990年代の大規模な通貨危機の時代を経て，変動レート制度を採用する開発途上国が増えてくると，為替レートに代わってインフレ率の水準をノミナル・アンカーの対象とする「インフレーション・ターゲット」政策を採用する開発途上国が増え現在に至っている。

いずれの場合も，その成否は，政府がノミナル・アンカーを中心として，全体的に整合的なマクロ経済安定化政策を実施するかどうかにかかっている。次に述べるように，マクロ経済政策は相互に影響を与えあうという性質をもっているため，全体的な政策に整合性がなければ政府のマクロ経済安定化政策に対する信頼は失われるだろう。

政策の組合せの問題

マクロ経済安定化のための政策は，互いに影響を与えあう点には注意が必要である。たとえば，金融政策と為替政策は相互に影響を与えるので，整合的でない組合せは効果が薄いか失敗するだろう。

開発途上国において起こりやすい典型的な状況は次のようなものである。

まず，経済発展が順調に進み高い経済成長を達成しつつある状況においては，景気の過熱を抑える金融引締め政策が必要となる。金融引締め政策に伴い金利が上昇傾向となるが，これは海外からの資本流入を促進する要因である（内外金利差が拡大するため）。政策当局は，ここで悩ましい問題に直面する。資本流入がもたらす通貨高の問題である。

通貨高を嫌い金融引締めが遅れるか，または不十分である場合には，景気の加熱を抑えることに失敗し国内経済におけるバブルの発生を招く原因となる。やがて，バブルの崩壊に伴い金融危機や通貨危機を引き起こす。

言い換えると，対内政策である金融政策と対外政策である為替政策のせめぎあいが起こりやすく，対応を誤ると通貨・金融危機の原因となりかねないのである。

国際的な連関

対外的な要因による影響もある。とくに先進国で実施されているマクロ経済政策から受ける影響が重要となる。

リーマン・ショック後，日米欧の大規模な金融緩和政策が長期化するなかで，開発途上国のマクロ経済政策は大きな制約を受けている。インフレ防止や景気過熱を防ぐ目的で金融引締め（＝具体的には利上げ）を行うと，それは自国通貨高につながる。とりわけ，主要先進国すべてが競って金融緩和しているなかでの金融引締めには慎重にならざるをえない。

4. 通貨危機と IMF 支援プログラム（IMF 融資[6]）

マクロ経済安定化政策は，経済が通常の状態においても常に重要な役割を果たしているが，その真価が試されるのは国際収支危機や通貨危機といった非常時である。そして，危機時の政策立案に主要な役割を果たしてきたのは国際通貨基金（IMF）である。それは，開発途上国では危機を乗り越えるためにIMFの融資を利用することが多いからである。

IMF の役割

開発途上国が政策立案能力を外部に頼る代表的な例が IMF による支援プログラムである。IMF は世界銀行と並んで，第2次世界大戦後の経済復興と経済面での国際協調の体制を支えてきた国際機関である。

世界恐慌から第2次世界大戦に向かう時期に各国の経済政策は他国を犠牲にしてでも自身の経済を守るという思想で実施された（近隣窮乏化政策）。具体的には排他的経済ブロックの形成（保護貿易主義）と通貨安競争である。こうした政策には勝者はいない。なぜなら，保護貿易主義は世界全体の貿易量を減少させ全体としてパイを縮小するだけであり，輸出競争力向上を狙った通貨安政策も他国における通貨安政策によって効果を削がれるだけだったからである。

IMF の当初の役割は不毛な通貨安競争の再発を防止することであった。大戦後の復興期においてブレトンウッズ体制として知られる世界的な固定レート制度の体制が維持されたが，そのなかで IMF は一時的な国際収支不均衡（＝貿易赤字）に陥った国への融資を主な任務とした。

一方，世界銀行は戦後復興のための開発資金の援助を主な任務としてきた。たとえば，日本の東海道新幹線は世界銀行の融資により建設された。

世界銀行との縄張り争いと「構造調整」政策

しかし，戦後復興が終わり，また，ブレトンウッズ体制が崩壊（1973年）した後に，IMF および世界銀行は，その業務の対象を開発途上国へとシフトさせていく。そうしたなか，80年代に入ると，世界銀行と IMF との間の「縄張り争い」が発生する。

本来，世界銀行の融資は「プロジェクト融資」（特定の開発プロジェクトへの融資），IMF の融資は「プログラム融資」（経済政策の実施を条件とし，特定のプロジェクトとの結びつきのない融資）というように役割を分担してきた（第11章も参照されたい）。しかし，このころになって世界銀行が「構造調整融資」（SAL）の実施を開始する。これは，特定のプロジェクと関連せず経済構造改革のための政策実施を条件とする融資であった。対抗するように IMF も「構造調整ファシリティ」（SAF）という非常によく似た新融資制度を開始し，両機関の縄張り争いが勃発する。

こうして,「構造調整」が1980年代を代表するキーワードの1つとなるなか,弊害も明らかになってくる。経済構造を改善するという名目で,さまざまな経済改革のための政策が融資実行の条件として加えられて行くに従い,融資プログラムの成功のハードルが次第に高くなっていった。

IMFの融資条件のことを「コンディショナリティー」と呼ぶが,従来はマクロ安定化のためのマクロ経済政策が中心であった(同じく第11章参照)。しかし,これ以降,さまざまなミクロ経済学的な政策が追加されていくことになる。1990年代に入って通貨危機が続発し,IMF融資プログラムが次々と実施されるが,その成果は芳しくなかった。その理由の1つとしてコンディショナリティーのあり方が批判されることになる。

IMF支援プログラムへの批判

融資条件「コンディショナリティー」が肥大化することには,いくつかの問題がある。

第1に,開発途上国の政策実施能力の限界を超える可能性がある。いうまでもなく,開発途上国の政策実施能力は先進国に比べて低い。多くの改革を一斉に実施することは,希少な政策実施のためのマンパワーを分散させることにつながる。

第2に,構造改革政策自体は有益であっても,それをいっせいに実施することを要件とした場合,改革により不利益を被るさまざまな利益集団からの反発をいっせいに招くことになる。これは,当該国の政治状況を改革の実施が不可能となるほど悪化させる場合も多い。

第3に,条件が多いほど政策の未実施を理由として融資プログラムが中断される可能性が高くなる。これは,融資プログラムの信頼性を低める結果をもたらす危険がある。

1990年代以降は金融グローバル化が進み,国境を越える急激な資金移動が経済を不安定化させるようになった。その結果,「人々の思惑」がマクロ経済安定化の成否を分ける重要な要因となっている。よって,融資プログラムの信頼性が低いと疑われることは致命的な問題となる。

多すぎる融資条件に対する批判に答えて,IMFもコンディショナリティー

の改革を進める姿勢をみせているが，1990年代の危機の経験を通じて多くの開発途上国は「IMF離れ」または「IMF忌避」の傾向を強めている。

地域金融協力

「IMF忌避」の1つの現れは，開発途上国が精力的に外貨準備を積みましていることである。外貨準備の量が多いほど，通貨危機や国際収支危機に際してIMFに頼らずになんとかできる可能性が高いからだ。もう1つの現れとして，東アジア諸国の間で進む地域金融協力の動きがあげられる。

東アジアでは，アジア通貨危機後の2000年にASEAN＋3（アセアンに日中韓の3カ国を加えた13カ国）の間でチェンマイ・イニシアティブと呼ばれる枠組みが形成された。これは各国の中央銀行の間で，危機的状況になった際に外貨準備を相互に融通する枠組みである（通貨の交換＝通貨スワップの協定による）。

現時点では，まだ，この枠組単独で通貨危機や国際収支危機に備えるのは十分とはいえない。第1に，発足以来，協定額の総額も順調に拡大を重ねてきたが，まだ十分とはいえない。第2に，実施体制も十分ではない。発動に際しては，資金の融通の実務，そして危機対応のためのマクロ安定化政策の助言なども必要となるが，そのための実働組織がまだ未成熟である[7]。第3に，チェンマイ・イニシアティブは発足以来，今日に至るまで実際に発動されたことはまだない。有効な枠組みであることの実証はまだこれからだといえるだろう。

結　語

開発途上国のマクロ経済は不安定になりやすい。マクロ経済を安定的に保つというマクロ経済安定化政策は，経済発展を進めるための環境としてきわめて重要である。金融政策，財政政策，為替政策という3本の柱を，全体としての整合性に注意しながらうまく組み合わせていくことが求められる。

通貨危機などの危機対応のマクロ経済安定化においては，IMFが重要な役割を果たしてきた。しかし，1990年代の危機対応においてIMFの支援プログラムは失敗することが多かった。これは，IMFへの批判を強め，東アジア地域においては地域諸国が協力して危機に備えようとする機運を高めた（地域金融協力）。

第13章　マクロ経済安定化

------- 注 -------

1) Eichengreen and Hausmann［1999］は一部の先進国を除いて途上国を含む多くの国々が自国通貨建てで借入を行う手段を欠いていることを「原罪」（オリジナル・シン）と呼び，国際金融市場における問題点として指摘している。これには，経済規模の小さな国の通貨建ての取引には規模の不経済があるため，また，潜在的な投資家の数は，経済規模の大きな先進国に多く，多数派の投資家達にとっては為替リスクのないこれら一部の先進国通貨建ての債券に対する嗜好が強いため，などの理由が考えられる。いずれにしても，自国通貨建てで借り入れる手段に乏しい途上国の銀行，企業の外貨建債権・債務のバランスが崩れるのは，無理からぬことと考えられる。
2) 金利の規制にはミクロ経済学的観点からの問題もある（金融抑圧），それはここでは触れない。
3) インフレが進むに従って，人々は自国通貨の保有をできるかぎり減らそうとする。そのため，マネー・ファイナンスは難しくなるし，同じ額のマネー・ファイナンスより得られる政府の実質収入は小さくなる。
4) 国宗編［2011］［2013］参照。
5) クローリング・ペッグといって，一定の率で為替レートを切り下げていく政策をとる場合も含む。この場合は，為替レートの水準ではなくて，変化率に対してアンカーする（錨を下ろす）ことになる。
6) IMFの役割，IMFへの批判，地域金融協力の進展について，よりくわしく知りたい読者は国宗編［2009］および国宗［2013］を参照。
7) ASEAN＋3では，これらの機能を担う主体として2011年5月にASEAN＋3 Macroeconomic Research Office（AMRO）をシンガポールに設立した。これは，非常に重要な一歩であると評価できるが，AMROの人員はいまだ十分でなく，その実態がどのようなものとなるか，今後の動向に注目したい。

------- 参考文献 -------

国宗浩三［2013］『IMF改革と通貨危機の理論——アジア通貨危機の宿題』（開発経済学の挑戦Ⅴ），勁草書房

国宗浩三編［2009］『岐路に立つIMF——改革の課題，地域金融協力との関係』日本貿易振興機構アジア経済研究所

国宗浩三編［2011］『国際資金移動と東アジア新興国の経済構造変化』アジア経済研究所

国宗浩三編［2013］『グローバル金融危機と途上国経済の政策対応』アジア経済研究所

Eichengreen, B. and R. Hausmann［1999］"Exchange Rates and Financial Fragility," *NBER Working Paper*, No.7418 (Cambridge, Massachusetts: National Bureau of Economic Research)

第14章 経済統合

黒岩 郁雄

はじめに

東アジアでは，東アジア地域包括的経済連携（RCEP），環太平洋パートナーシップ（TPP）など，従来の二国間自由貿易協定（FTA）の枠組みを超えた広域FTAが広がっている。またこのような傾向は東アジアに限らず，ラテンアメリカ，サブサハラ・アフリカなど他の開発途上地域でもみられる。本章では，FTAや関税同盟によって推進される経済統合が開発途上国の経済発展にどのような影響を及ぼすのか，また開発途上国が経済統合の恩恵を享受するにはどのような条件を満たす必要があるのかについて検討する。

開発経済学にとって，東アジアの経験を他の開発途上地域の経済発展に活かすことは重要なテーマである。ここでは最初に東アジアの経済統合について検証する。続いて，他の開発途上地域，なかでも経済統合から大きな恩恵を受ける可能性があるサブサハラ・アフリカに焦点を当てる。

1. 東アジア統合の深化
――事実上の統合から制度的統合に向けて

　経済統合は,「事実上の統合」と「制度的統合」の2つに分けて考えるとわかりやすい。「事実上の統合」とは各国が自発的に貿易投資の自由化を進めた結果,国境を越えた企業活動が活発になり,貿易など域内諸国の相互依存関係が緊密化したものと捉えられる。東アジアでは,1980年代半ばまでに多くの国々が輸入代替工業化政策に行き詰まり,貿易投資の自由化を進めた。その結果,東アジア域内における貿易投資活動が活発化し,企業の生産拠点間を結ぶ生産・物流ネットワークが発達した。とくに東南アジアでは85年のプラザ合意による為替レート切上げのため日本,韓国,台湾などから大量の直接投資が流入した。また90年代以降は,直接投資が中国に向かうようになり,東アジア全域をカバーする生産・物流ネットワークが発達したのである。

　しかしながら,各国の自発的な貿易投資自由化に依存した経済統合には限界がある。たとえば,東アジアでは原材料,部品,機械など生産財の関税率を引き下げる一方で,消費財の関税率は高く維持されたままである(黒岩［2014］)。また,国境を越えて企業が自由に活動するには,関税障壁だけではなく,煩雑な通関手続き,基準認証などさまざまな非関税障壁を撤廃する必要があり,それらを実現するには国家間の合意に基づく「制度的統合」が効果的である。制度的統合の枠組みとして,自由貿易協定(FTA)や関税同盟などがある。FTAとは特定の国や地域との間で物品やサービス貿易の障壁を削減・撤廃することを目的とする協定である。しかし実際には,日本の経済連携協定(EPA)にみられるように,貿易自由化に加えて,投資,人の移動,知的財産権,競争政策,政府調達などさまざまな分野におけるルール作りや協力が含まれることが多い。一方,関税同盟では,自由貿易協定とは異なり域外諸国に対して共通の関税制度が適用されている。[1]

　ASEAN諸国は,他の東アジア諸国に先んじて,1993年にASEAN自由貿易地域(AFTA)を発効させた。さらに今世紀に入り,東アジアではFTAの数が急増している。当初は,日本シンガポール経済連携協定(2002年発効)を嚆

矢とした二国間FTAのネットワークが拡大したが，現在は，それらを統合した広域FTAに重点が移りつつある。東アジアでは現在複数の広域FTA構想が併存している。なかでも，FTAの空白地帯であった北東アジアを対象とする日中韓FTA，東アジア主要16カ国（ASEAN 10カ国＋日・中・韓＋インド・オーストラリア・ニュージーランド）を網羅する東アジア地域包括的経済連携（RCEP），アメリカを含めたアジア太平洋地域の12カ国が進める環太平洋パートナーシップ（TPP）などが大きな注目を浴びている[2]。

広域FTAは，二国間FTAと比較して，原産地規則などのルールが域内で統一されており，企業にとって使い勝手がよい[3]。また多国籍企業の生産・物流ネットワークとFTAの地理的範囲が重なることによって，ネットワーク全体の効率性を高めることができる。

以上のように，東アジアではFTAの適用範囲を東アジア全域に広げようとする広域FTA構想が広がりつつある。以下では，東アジアの経済発展メカニズムに目を向け，経済統合が産業立地を通じて，後発国の経済発展に対してどのような影響を与えるのか検討しよう。

2. 経済統合と産業立地

東アジアの雁行型発展メカニズム

東アジアの経済発展プロセスを概観するために，仮に製造業の国際競争力が向上し，総輸出額のなかで製造業が占める割合が50％以上に達した時期を経済発展の「離陸」（take-off）局面であるとみなすと，以下のようにまとめることができる。

日本は，明治維新以降の近代化によって工業化を押し進め，1900年頃にアジアで最初の離陸を達成した。第2次世界大戦後は，他の東アジア諸国が次々と独立し，日本を追いかけるように工業化を推進した。その結果，香港，韓国，台湾，シンガポールなどの新興工業経済地域（NIEs）は50〜70年代にいち早く離陸し，マレーシア，タイ，フィリピン，インドネシアなどの先発ASEAN諸国は，80年代以降に離陸した。一方，カンボジア，ラオス，ベトナムなどの後発ASEAN諸国，および80年代に離陸を達成した中国は，90

図14-1 分散，集積，集積を伴う分散

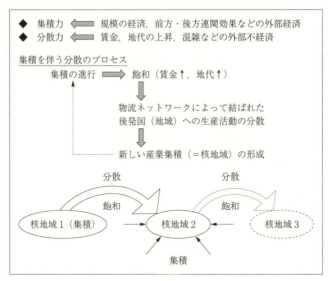

(出所) 筆者作成。

年代以降に本格的な工業化の時代を迎えたのである（Kuroiwa and Kumagai [2011]）。

これら諸国の離陸の過程では、いずれも輸入代替型から輸出志向型、あるいは計画経済から市場経済への転換が契機となって、先発国で比較優位を失った産業が後発国に向けて移転した。その際、先発国では後発国と差別化するために産業の高度化、多様化を進めるとともに、先発国から後発国に向けて直接投資が行われた（とくに、ASEAN諸国、中国においてその傾向は顕著であった）。続いて、直接投資は後発国に対して資本、技術、経営ノウハウなどの移転とともに中間財、資本財の輸入を促し、後発国で生産された製品の多くは先進諸国に向けて輸出されたのである。

このように、先発国で競争力を失った産業が後発国に向けて次々に移転し、その結果、先導役の日本に続いて、NIEs、ASEAN諸国、中国が離陸した。この様子は雁の一群が飛ぶ様子に見立てて「雁行型発展」と呼ばれるが、そのメカニズムを産業立地の視点から説明すると次のようになろう（図14-1）。

産業立地を決定する要因として、少数の有望な地域に産業立地を集中させる

力(=「集積力」)と産業立地を分散させる力(=「分散力」)の両方が働く(図14-1上段)。最初に集積力について考えよう。多くの産業の生産工程は,原材料,部品を供給する上流部門とその加工や組立てを行う下流部門によって構成されている。ここで仮に上流部門に多くの企業が新規参入し,多数の原材料,部品が現地生産されると,それを用いる下流企業の中間財調達費用を引き下げて利潤を高める(=「前方連関効果」)。そのため,より多くの下流企業が引き付けられて最終財生産が増大するであろう。一方最終財生産が増大すると,今度は中間財に対する派生需要が拡大して,さらに多くの上流企業が参入する(=「後方連関効果」)。以上のような循環的な因果関係を通じて,上流企業と下流企業が相互に補完しあい産業集積が形成されるのである[4](Fujita, Krugman and Venables [1999])。

　集積の経済が強く働き,それを抑制する力が働かなければ,産業集積は際限なく拡大しつづけ,後発国(地域)への産業移転は進まないであろう。ところが,実際には産業集積の結果,労働に対する需要が増大し賃金が上昇する。同時に産業集積は地代の上昇や混雑などの外部不経済を発生させるため,企業の生産コストを高める。仮に産業集積によって発生する追加的な費用がその利益を上回れば,分散力が集積力を上回り,企業はより賃金の低い後発国をめざして移動を開始するだろう。またその際,先発国から後発国に向けて部品,原材料などの調達が増加するため,両国は緊密な物流ネットワークによって結ばれていなければならない。

　一度集積した産業が産業集積の飽和によって移転する現象は「再分散」と呼ばれる。ここでは,再分散した産業が再び集積し,さらに分散と集積を繰り返す状況を「集積を伴う分散」と呼ぶことにしよう。図14-1下段では,産業集積の飽和によって分散した生産活動は,集積の経済によって集積し,さらにその集積が賃金,地代の上昇によって飽和すれば,再び分散して別の場所に移転する。「雁行形態型」と呼ばれる東アジアの産業発展は,このようなプロセスが先発国から後発国に向けて繰り返されて,集積が東アジア全域に広がったものとみなすことができよう。

図14-2 東アジア諸国の1人当たり実質GDPのタイル指標

(出所) 黒岩・坪田 [2014]。

後発国のキャッチアップ

前節において，産業立地を決定する要因として少数の有望な国（地域）に産業立地を集中させる力（＝集積力）と分散させる力（＝分散力）の両方が働くことが示された。そこで，集積力が分散力を上回る場合には，産業が特定の国（地域）に集中して，経済格差を拡大させることが予想される。他方，分散力が集積力を上回る場合には，産業が後発国に向けて移転して，経済格差を縮小させる。

図14-2は東アジアにおける経済統合の深化と国家間の所得格差の関係を示している。ここで縦軸の域内貿易比率は経済統合の深化を示し，横軸のタイル指標は国家間の所得格差を示している（タイル指数は1人当たり実質GDPの各国間のばらつきを示し，所得格差が大きいほど，高い値を示す）。

図14-2に示された30年間は，1997年に発生したアジア通貨危機などの時期を除くと，域内貿易比率の上昇とともにタイル指標が減少した。この期間は，日本や新興国の企業が安い労働力を求めて，東アジアの後進諸国へ直接投資を拡大した時期と重なる（コラム①参照）。

経済成長は複数の要因が重なって達成されるため，十分な検討が必要である（第3章参照）。しかしながら，東アジアでは雁行形態型の産業発展が経済統合

を深化させるとともに,経済格差が縮小してきたことがわかる。以下では,経済統合の影響についてより詳細に検討しよう。経済統合は財,サービスのみならず,投資,労働力の国境を越えたより自由な移動を進める。したがってその影響を貿易費用の低下と生産要素の移動に分けて考えることができる。

3. 経済統合による立地条件の変化

貿易費用の低下

　国際貿易にはさまざまな費用が科せられる。広義の貿易費用には輸送費用（金銭および時間費用），政策的な障壁（関税および非関税障壁），国内の流通費用（卸売,小売），契約の執行費用,情報費用等が重要である。貿易費用は高く,アンダーソン（E.J. Anderson）とウィンクープ（E. von Wincoop）によると,広義の貿易費用は生産費用の約170％にも達している（Anderson and Wincoop [2004]）。経済統合に伴う関税,非関税障壁の削減やインフラ整備は,これらの貿易費用を引き下げ,産業立地や国際貿易のパターンに大きな影響を与える。

　例として,国内産業を保護するために関税および非関税障壁が高く設定され,海外から輸出するのが困難な状況を想定しよう。企業が現地市場を獲得するためには,そうした国に投資して国内市場向けの生産拠点を設けるしかない。つまり,貿易費用が高い場合には,現地市場へのアクセスが重要な立地要因になり,生産拠点は各国に分散するのである。

　ところが経済統合によって貿易費用が低下し,域内市場が統一されると,最も効率のよいところで生産を集約化して行い,域内市場に輸出することができる。そのため,企業にとって現地市場へのアクセスについて配慮する必要性は薄れ,代わりに生産面の優位性が重要になる。なお,生産面の優位性が個々の企業の規模の経済あるいは（産業連関効果のような）集積の経済によってもたらされる場合には,生産拠点を少数の国や地域に集約化することによって生産効率をさらに高めることができる。そのため,貿易費用の低下は,産業の「集積」あるいは地理的集中をもたらすであろう。

　一方,生産面の優位性は,生産拠点を賃金,地代など要素価格が低廉な地域に移転することによっても得られる。集積の経済と比較して,これらのメリッ

トが十分に大きければ，貿易費用の低下は，要素価格が低い国や地域への産業の「分散」をもたらすであろう。

前節で触れたように，離陸を達成する以前の東アジア諸国は輸入代替工業化政策を採用していた。輸入代替工業化政策は国内の産業保護のために，海外からの輸入品に対して高い貿易障壁を課す政策である。そのため，企業にとっての貿易費用は禁止的に高くなり，現地市場にアクセスする唯一の方法は，それぞれの市場に生産拠点を設けることであった。しかし現在では，経済統合が進んで東アジア域内の貿易障壁が削減されたため，自動車，家電などの分野では企業による生産拠点の集約化がみられる。一方，貿易費用の低下は，企業が労働集約的な生産工程を低賃金国に移転するのを容易にするため，生産拠点の分散化を進める要因にもなっている。縫製，製靴，エレクトロニクス，自動車部品（ワイヤーハーネス等）では，中国，タイの生産拠点からベトナム，カンボジア，ラオスなどに向けて生産工程の一部を移転させている企業がみられる。

生産要素の移動

経済統合のもう1つの柱は，資本，労働力など生産要素のより自由な移動である。投資の自由化は，企業が国境を越えて自由に移動するのを助ける。またその際，企業は目的に応じて産業集積が進んだ国（＝高賃金国）と低賃金国のどちらにも引きつけられる（たとえば，裾野産業の集積が重要な立地要因であるなら前者を，低賃金が重要ならば後者を選択するはずである）。そのため，投資障壁の撤廃は，生産活動の集積あるいは分散のいずれかを促すことになろう。

労働力の場合には，低賃金に引きつけられる労働力はいないため，国際的な労働移動の自由化は，労働力の高賃金国への移動を促すのみである。通常，賃金水準が高いのは，（天然資源等に恵まれた一部地域を除けば）産業集積の進んだ国や地域である。そのため，労働移動の自由化は集積地への労働移動を促すと考えられる。なお，国際的な労働移動は2つの効果を通じて産業集積をさらに推し進める。第1に労働者は所得の一定割合を就業している地域で支出するため，労働移動はそれを受け入れる地域の市場規模を拡大させる（「域内市場効果」）。労働移動の第2の影響は，産業集積地に対する労働力の弾力的な供給である。これによって労働力不足や賃金高騰によって発生する産業集積の飽和

が弱まり，集積した産業が再び分散するのを妨げる。その結果，国際的な労働移動が可能となれば，産業集積は拡大しつづけるであろう。

東アジアでは，経済統合の進展に伴い，投資の自由化が押し進められてきた。一方国際的な労働移動，とくに未熟練労働力の移動は制限されたままである。その結果，東アジアでは低賃金を求めて生産活動が域内に分散し産業の「集積」よりもむしろ「分散」が促進されたと考えられる。これは，必ずしも意図されたものではないとはいえ，低所得国のキャッチアップを促し，域内諸国の所得格差を縮小させるうえで有効に働いたと推測される[6]。

産業の「再分散」と開発政策

前節において，産業集積が飽和して「集積」から「再分散」に移行するプロセスについて簡単に述べた（前掲図14-1参照）。多くの後発国にとって，先発国から離散する産業をどのように自国に誘致して産業発展につなげるかは重大な関心事である。とくに労働集約型の産業では，集積の経済と比較して，賃金高騰など集積の不経済の影響を受けやすい。そこで，貿易費用が低下すると，集積のメリットは弱まり，賃金の低い後発国に生産拠点を移すようになる。

このように，後発国への産業移転を進めるためには，貿易費用の低下が不可欠であり，そのためには経済統合が有効な手段となる。またその際，FTAや関税同盟だけではなく，国境をまたぐ経済回廊やその他の輸送インフラの整備，通関，入管，検疫などの越境手続きを簡素化する越境交通協定（CBTA）の締結なども重要である。すでに東アジアでは，これらの施策がメコン地域を中心に進められており，外資企業が投資先を選択するうえで見落とせないファクターになっている。

以上のように，経済統合による貿易費用の低下は，労働集約度の高い産業を中心に生産拠点の後発国への移転を促すことが明らかになった。次節では，製造業を中心とする産業発展から取り残されてきたサブサハラ・アフリカを念頭におき，東アジアの経験をどのように活かすことができるか検討しよう。

4. 経済統合と後発国の開発戦略
　　──サブサハラ・アフリカの事例

　要素価格に大きな格差がある国同士が経済統合を進めて，域内の貿易投資の自由化を進めると，労働集約的な生産活動が後発国に移転して，後発国のキャッチアップを促す。そのような状況は，東アジアのみならず，北米（アメリカ・カナダからメキシコへの移転）やヨーロッパ（西欧諸国から中東欧諸国への移転）においてもみられた。そのため，それ以外の地域においても，経済統合によって後発国の産業発展を始動させることができるかどうか検討する価値があろう。

　サブサハラ・アフリカ諸国は資源価格の高騰により近年高成長を続けてきたが，それを持続させるためには，製造業を含めた他産業の発展が欠かせない。近年，世界中から投資を集めて「世界の工場」として急成長を遂げてきた中国の労働市場に変調がみられる。急成長の結果，一部の地域では労働力が過剰から不足へと転じ，労働コスト増加によって一部の産業は中国から分散しはじめた。分散した産業は，近隣の東南アジア諸国だけではなく，バングラデシュなど南アジア諸国にも移動している。このように，巨大な製造業拠点における産業集積の飽和は，サブサハラ・アフリカを含む後発国にとって大きな発展の機会をもたらす可能性がある。しかし，サブサハラ・アフリカの場合には，他の開発途上地域と比較して，いくかの不利な点を抱えている。雁行形態型発展がサブサハラ・アフリカにおいても実現可能か，産業立地の視点から検討してみよう。

　サブサハラ・アフリカ諸国は，植民地政策によって人為的に国境が設定され，人口規模，経済規模ともに小国の集合となってしまった。世界経済の中心地から遠く離れた大陸に，多数の小国（北アフリカ5カ国，サブサハラ・アフリカ49か国）が存在することは，経済的にさまざまな困難をもたらすことが予想される。

　アフリカ研究の第一人者であるコリアー（P. Collier）とベナブルズ（A.J. Venables）は，アフリカは小国に分裂しているために，①自然資源が国家間で不均等に配分されている，②都市の規模が小さく集積の経済が機能しない，③

財政規模が小さいため公共財が不足する,などの問題が発生していると指摘している (Collier and Venables [2008])。これらは,中国,インドなどの人口大国が台頭する一方で,小国に分裂したサブサハラ・アフリカで製造業が停滞する理由を明らかにしている[7)8)]。とくに,②,③は国や都市の人口規模を拡大することによって得られる規模や集積の経済が重要であることを指摘しており,経済統合を進めて域内市場を拡大するとともに,道路,鉄道,電力などのインフラ整備によって近隣諸国とのコネクティビティを改善することがその解決策になる。

一方,ペイジ (J. Page) は,中国やインドの工業化が進展すると賃金が高騰するため,労働集約型産業がアフリカに移転して生産ネットワークに参加できる可能性が高まると予測する (Page [2011])。しかし,その際問題になるのは,アフリカ諸国,なかでも内陸諸国の高い貿易費用である。内陸諸国が沿海諸国の港を使って世界の他地域と交易することが期待されるが,近隣諸国の劣悪なインフラ,不統一な規制,非効率な通関手続き,汚職などが貿易費用を著しく高めるため,国際的な生産ネットワークへの参入は難しい。したがって,内陸国が生産ネットワークに参入するには,沿海諸国との統合を進め,国際港と内陸国を結ぶ経済回廊を整備することが不可欠である[9)]。

現在サブサハラ・アフリカでは,8つの地域経済共同体[10)] (RECs) のもとで,自由貿易地域や関税同盟が形成されつつあり,広域インフラ計画の立案,越境交通協定の推進などもRECsが重要な役割を担っている。また日本を含めたドナー諸国も援助や特恵関税などを通じて支援しており,それらの努力によって域外,域内の貿易費用が低下すれば,前節で示された再分散メカニズムが働きやすくなる。とくに内陸地域と比較して,沿海地域は国際的な生産ネットワークに参加するうえで優位性が高い[11)]。そのため,最初の段階では沿海地域を中心に経済特区 (SEZ) を設置するのが効果的であろう。その際,内陸地域からの人口移動が可能であれば,産業集積を形成するうえで有利に働く。

同時に,貿易費用の低下に加えて,人材育成やガバナンスの改善,輸送,通信,電力をはじめとするインフラ網の整備,政治や治安,マクロ経済の安定など投資環境の整備が重要であるのは東アジアの経験からも明らかである。また沿海地域と内陸地域が効率的な物流ネットワークで結ばれていれば,(沿海地域

の産業集積が飽和した後に）内陸地域への産業移転の可能性が高まるのは，中国などの経験が示す通りである。

むろん，これまでの経緯を考えると，サブサハラ・アフリカ，とくに地理的に不利な内陸諸国の経済開発は容易でないように思える。しかし経済統合の推進とそれに伴う貿易費用の低下は，東アジアでみられた雁行型発展の前提条件であり，サブサハラ・アフリカにおける産業発展のための重要なステップであると位置づけることができよう（コラム②参照）。

コラム①：　第2次アンバンドリング

東アジアにおける経済統合と国家間の所得格差の関係について検討したが，同様な傾向は世界全体の所得格差においてもみられるであろうか。ボールドウィン（E.R. Baldwin）とエバレット（S.J. Everett）によると，19世紀以降の輸送技術の進歩や関税引下げによって財の輸送費用が大幅に低下した（Baldwin and Everett ［2012］）。その結果，（それまで地産地消型であった生産地と消費地の関係が大きく変化して）生産地と消費地を引き離すことが可能になり，先進国における工業部門の産業集積と途上国における産業空洞化が進み，南北間の格差が拡大した（第1次アンバンドリング）。しかし，1980年代半ばに起きた情報通信革命によって生産工程の分割・分離が可能になり，賃金格差を原因とする生産工程の開発途上国への移転が進むようになった（第2次アンバンドリング）。

このように現在では，経済統合や貿易自由化が先進国から後発国に向けての産業移転を促し，後発国のキャッチアップを助けると考えられている。この発展プロセスをサブサハラ・アフリカなど残された低開発地域へと拡大していくことが開発経済学の重要な使命であろう。

コラム②：　アフリカの経済統合と日本の経済協力

港湾施設，道路，鉄道などにおける驚くほど非効率な物流インフラ，汚職や遅延をもたらす頻繁な警察の検問や車重計の設置，トラックの行列ができる非効率な国境手続き，これらすべてが物流コストを高めて，アフリカ諸国，とくに内陸国の産業競争力を著しく阻害している。さらに高い物流コストは物価水準を高めるとともに，肥料など農業投入財のコストを高める。これらがアフリカの農業や貧困層の生活水準に悪影響を及ぼしているのは想像に難くない。

日本政府は，TICAD（アフリカ開発会議）の一環としてサブサハラ・アフリカ

の経済統合を支援してきた。とくに近年では広域運輸インフラ，広域電力インフラ，貿易の促進・拡大に重点を置いている。東アフリカを例にとると，東アフリカ共同体（EAC）のメンバー国（ケニア，タンザニア，ウガンダ，ルワンダ，ブルンジ）に対して，国際協力機構（JICA）は，経済回廊の建設とともに国境手続き円滑化のための支援を行っている。ケニアとタンザニアを結ぶ幹線道路では，有償資金協力を使った道路や国境施設の整備が行われ，とくに国境施設ではワンストップ・ボーダー・ポスト（OSBP）の設置（本章冒頭の写真参照）を目的とする技術協力が実施されている。OSBPは，出国時と入国時に行ってきた税関，検疫，出入国審査を両国が共同で行うことで越境手続きを一度に済ます仕組みであり，物流時間を大幅に短縮するものと期待されている。

　またJICAは，インド洋に面したモンバサ港（ケニア）の機能強化や経済特区（SEZ）の建設を支援しており，国際市場へのアクセスと産業基盤を整備するうえで重要な貢献を行っている。これらに加えて，日本からの直接投資やインフラ建設のための民間資金の流入が増えれば，経済協力の効果は飛躍的に高まるであろう。

------ 注 ------

1) FTA，関税同盟よりも高度な制度的枠組みとして，欧州連合（EU）で実施されている共同市場や通貨同盟などがある。共同市場では，関税同盟に加えて域内の生産要素の移動が自由化され，さらに通貨同盟では域内で単一通貨が流通するようになる。
2) これらFTAの詳細については外務省のホームページ（http://www.mofa.go.jp/mofaj/gaiko/fta/）を参照。また本章で議論されていない経済統合の静態的，動態的効果については第5章を参照。
3) 原産地規則とは製品の原産地を決めるためのルールであり，原産地規則が満たされる場合にのみ，FTAによる特恵関税が適用される。たとえば，原産地規則として，製品に付加された付加価値が一定の基準（たとえば，40％）を超えることが要求される場合には，広域FTAの累積ルールによって域内諸国のすべての付加価値が加算されるので，二国間FTAと比較して基準を満たすのが容易になる。
4) 上記モデルの典型的な事例は自動車産業である。自動車メーカーは重く嵩張る多種・多様な部品・コンポーネントを供給する上流部門と結びついている。そのため，裾野産業の発達は自動車メーカーを引き付ける誘因となる。一方顧客である自動車メーカーの存在は部品サプライヤーを引きつけるため，「企業城下町」と呼ばれるような産業集積が形成されるのである（たとえば，日本の豊田市，タイの東部臨海地域）。一方，産業連関効果以外にも，産業集積を形成する要因としては，①価格指数／自地域市場効果，②技能労働者のプール，③輸送ハブの形成，④知識・情報のスピルオーバーなどがあり，実際には複数の要因が重なって産業集積が形成される（黒岩 [2014]）。
5) たとえば，経済統合が進んだ東南アジアでは，裾野産業が発達したタイや人口の多いインドネシアに自動車産業の投資が集中している。また家電産業でも投資の重複を避けるために，製品別に生産拠点を設けて集約化する傾向がみられる。
6) たとえば，メコン経済圏の中心に位置するタイが周辺諸国からの労働力を無制限に受け入れたと仮定しよう。その場合，賃金格差のためにカンボジア，ラオス，ミャンマーなどから現在よりも

大量の未熟練労働力が流入し，バンコク周辺地域の労働市場の逼迫は大幅に緩和されるであろう。他方で，周辺諸国の低賃金労働力を求めて投資する企業は少なくなるため，周辺諸国の産業発展の機会が損なわれるかもしれない。

7) 人口規模が大きいことが経済発展にとって有利になることが注目されている。たとえば，「自地域市場効果」によって人口や市場規模の大きな国や地域に製造業が集積することが理論的に明らかにされている（Fujita, Krugman and Venables [1999]）。また実証分析によると，都市の規模が2倍に拡大すると，生産性は3～8％増大する（Rosenthal and Strange [2004]）。

8) サブサハラ・アフリカでは域内市場の統合が進んでいない。それに関連して，世界銀行は同じ内陸国であるスイスとサブサハラ・アフリカ諸国に関する興味深い比較を行っている。それによると，ヨーロッパ諸国との統合が進んでいるスイスでは近隣諸国の経済成長から強いスピルオーバー効果を受けるのに対して，域内貿易比率が低いサブサハラ・アフリカの内陸国ではスピルオーバー効果は弱く，近隣諸国が成長してもその恩恵を受けることは少ない（World Bank [2009]）。

9) アフリカでは全人口の3分の1が内陸国に住んでいる。全世界には43の内陸国があり，内陸国であることによって成長率は少なくとも0.5％引き下げられると推計されている（World Bank [2009]）。内陸国が多いアフリカにとって経済統合は東アジア以上に切実な問題であるといえるかもしれない。

10) サブサハラ・アフリカの地域経済共同体（RECs）としては，東南アフリカ市場共同体（COMESA），サヘル・サハラ諸国国家共同体（CEN-SAD/COMESSA），西アフリカ諸国経済共同体（ECOWAS），西アフリカ経済通貨同盟（UEMOA），東アフリカ政府間開発機構（IGAD），東アフリカ共同体（EAC），中部アフリカ諸国経済共同体（ECCAS），南部アフリカ開発共同体（SADC），南部アフリカ関税同盟（SACU）などがある。さらに，これらRECs間の統合を段階的に進めて，最終的にアフリカ全体を1つの共同体にすることがアフリカ連合（AU）によって合意されている（アブジャ条約，1991年）。

11) 経済統合によって沿海地域や国境地帯などフロンティア地域の立地優位性が高まることが，北米，ヨーロッパ，東アジア諸国の経験で明らかにされている（Kuroiwa ed. [2012]）。

━━━━ 参考文献 ━━━━

黒岩郁雄［2014］「序章 東アジア統合の経緯と背景」黒岩郁雄編『東アジア統合の経済学』日本評論社

黒岩郁雄・坪田建明［2014］「第10章 地域格差」黒岩郁雄編『東アジア統合の経済学』日本評論社

小島清［2003］『雁行型経済発展論（第1巻）日本経済，アジア経済，世界経済』文眞堂

Anderson, E.J. and E. van Wincoop [2004] "Trade Costs," *Journal of Economic Literature*, Vol.42, No.3, pp.691-751.

Baldwin, E.R. [2013] "Global Supply Chains: Why They Emerged, Why They Matter, and Where They are Going," D.K. Elms, P. Low eds., *Global Value Chains in a Changing World*, World Trade Organization.

Baldwin, E.R. and S.J. Everett [2012] "Value Creation and Trade in 21st Century Manufacturing: What Policies for UK Manufacturing?" D. Greenaway ed. *The UK in a Global World: How Can the UK Focus on Steps in Global Value Chains that Really Add Value?*, BIS, CEPR, and ESRC, 14 June.

Collier, P. and A.J. Venables [2008] "Trade and Economic Performance: Does Africa's Fragmentation Matter?, Annual World Bank Conference on Development Economics, June.

Fujita, M., P. Krugman, and A.J. Venables [1999] *Spatial Economy: Cities, Regions, and In-*

ternational Trade, MIT Press.（藤田昌久・P. クルーグマン・A.J. ベナブルズ〔小出博之訳〕[2000]『空間経済学——都市・地域・国際貿易の新しい分析』東洋経済新報社）

Krugman, P. [1980] "Scale Economies, Product Differentiation, and the Pattern of Trade," *American Economic Review*, Vol.70, No.5, pp.950-959.

Kuroiwa, I. ed. [2012] *Economic Integration and the Location of Industries: the Case of Less Developed East Asian Countries*, Palgrave Macmillan.

Kuroiwa, I. and S. Kumagai [2011] "A History of De Facto Economic Integration in East Asia," M. Fujita, I. Kuroiwa, and S. Kumagai eds., *The Economics of East Asian Integration*, Edward-Elgar.

Page, J. [2011] "Debilitating Borders: Why Africa Cannot Compete without Regional Integration," E. Aryeetey et al. eds., *Foresight Africa: The Continents' Greatest Challenges and Opportunities for 2011*, pp.25-27, Brookings Institution.

Rosenthal S.S. and W.C. Strange [2004] "Evidences on the Nature and Sources of Agglomeration Economies," J.V. Henderson and J.-F. Thisse eds., *Handbook of Urban and Regional Economics*, Vol.4, pp.2119-2171.

World Bank [2009] *World Development Report: Reshaping Economic Geography*, The World Bank.

第15章 環　境

小島 道一

はじめに

　環境問題は，さまざまな形で人々の健康や経済活動に影響を与える。石炭火力発電所や製鉄所などから排出される硫黄酸化物などによる大気汚染は，喘息などの呼吸器系の疾患を生じさせる。工場排水などによる水質汚濁も，農業や漁業の生産量を減少させるとともに，水や食物などを通して有害物質が体のなかに取り込まれ，人々の健康を損なう。二酸化炭素やメタンガスなどの排出量増加による地球温暖化や気候変動は，降水パターンを変え，ダムや農業用水をはじめ，それまでの水供給に関するインフラ投資の効果を損なわせたり，旱魃_{かんばつ}などによる食料危機を招いたりする可能性がある。水産資源の乱獲により，地域的に，あるいは，世界的に，マグロなど，生息数が減少してきている種もある。

　さまざまな環境問題に対処するための技術的な方法は，工学などの学問分野で議論されてきた。一方，環境技術をどのような制度のなかで普及させていくか，資源を持続的に利用していくにはどのような制度が望ましいかといった点については，経済学などの社会科学で議論され，さまざま処方箋が出されてい

る。大気汚染や水質汚濁については，外部性を内部化する必要があること，その方法として，直接規制や課税などの経済的手段の利用の比較などがなされてきた。石油など究極的には枯渇してしまう天然資源を多時点で利用して行く場合の最適な資源採掘量，水産資源など所有権を設定しにくい資源をどのように利用していくかも，資源経済学などの分野で研究されてきている。

　しかし，開発途上国では，貧困からの脱出を優先しがちで，環境対策は後回しになってきた傾向がある。また，環境経済学や資源経済学で示されている処方箋を適用するとしても，途上国の政府や専門機関に規制を執行する能力がなく，また予算が制約されているため，十分な効果をあげていない場合も少なくない。本章では，開発途上国における環境と開発をどのように考えるべきか，持続可能な開発に向けてどのような取組みが必要なのかについて考える。

1. 「開発 vs. 環境」から「持続可能な発展」へ

　2000年9月に国連で採択されたミレニアム開発目標には，8つの目標の1つとして「環境の持続可能性の確保」が入っている。具体的なターゲットとして，「持続可能な開発の原則を各国の政策や戦略に反映させ，環境資源の喪失を阻止し，回復を図る」「生物の多様性の損失を抑え，2010年までに，損失率の大幅な引下げを達成する」「2015年までに，安全な飲料水と基礎的な衛生施設を持続可能な形で利用できない人々の割合を半減させる」「2020年までに最低1億人のスラムの居住者の生活を大幅に改善する」ということが掲げられている。

　しかし，環境問題が注目されるようになった1970年代前半には，「環境」と「開発」を対立的にみることが一般的であった。先進国では，ロンドンのスモッグによる健康被害や水俣病などの公害病などを受けて「ゼロ成長論」が唱えられ，経済成長を止めることこそが，人々の生活の向上につながるとの考え方が広がった。日本でも，朝日新聞が70年に「くたばれ GNP」（GNP：国民総生産）という連載を組むなど，経済成長こそが環境問題の原因とみなされた。

　このような状況のなかで72年にストックホルムで開催された国連人間環境会議でまとめられた「人間環境宣言」では，「環境」と「開発」を対立的に捉

えながら，途上国では「開発」を重視すべきだとの立場が示された。

　開発途上国では，環境問題の大部分が低開発から生じている。何百万の人々が十分な食物，衣服，住居，教育，健康，衛生を欠く状態で，人間としての生活を維持する最低水準をはるかに下回る生活を続けている。このため開発途上国は，開発の優先順位と環境の保全，改善の必要性を念頭において，その努力を開発に向けなければならない。……（人間環境宣言(4)）

　このような「環境」と「開発」を対立的にみる考え方が大きく変わってきたのは，1980年代である。日本政府が提唱し，国連に設置された「環境と開発に関する世界委員会」は，Our Common Future（邦訳『地球の未来を守るために』）と題する報告書を87年にまとめ，そのなかで持続可能な開発を進めるべきとの提言をまとめた。持続可能な開発とは，「将来の世代が自らの欲求を充足する能力を損なうことなく，今日の欲求を満たすこと」と定義されている。環境問題に対応するとともに，途上国の開発を進め，貧困を解消していくことの重要性が国際的に確認された。このような見方の背景には，貧困層の所得がさまざまな形で自然に依存しており，貧困に対応するため，あるいは所得向上のために，傾斜地での農地の拡大や放牧の拡大などを過剰に行うことで，所得の基盤となっている自然を破壊してしまい，かえって，貧困が深刻化するという事態を引き起こしていることが指摘されるようになったことがある。また，環境に配慮しない工業化により汚染が深刻化し，貧困層の健康を損ない，貧困が深刻化するというような場合もある。このような「環境と貧困の悪循環」を脱するとともに，オゾン層破壊などの将来世代に影響を与える地球環境問題へ対処するために，「持続可能な開発」の概念が唱えられた。

　「環境と開発に関する世界委員会」の提言を受け，国連は，1992年に「環境と開発に関する国連会議」をブラジルのリオデジャネイロで開催した。世界各国の政府首脳が参加し，環境と開発の問題について議論したため，地球サミットと呼ばれている。この会議で採択された「環境と開発に関する宣言」では，「開発の権利は，現在及び将来の世代の開発及び環境上の必要性を公平に充たすことができるよう行使されなければならない」と述べられている。このよう

な取組みの結果，2000年のミレニアム開発目標では，「環境」が開発目標の1つに据えられた。

開発と環境の問題が国際的に，かつ統合的に議論されるようになってきたのは，地球規模で環境問題が深刻化していることや，経済のグローバリゼーションが進展していることも重要な背景となっている。経済活動が，各国のなかで完結して，また，その経済活動から発生する環境問題が，その国のなかだけで問題となっているのであれば，各国が外部性を内部化するなどの政策を実施すればよい。しかし，消費段階で環境問題を引き起こすような製品が国際的に取引され，また，各国の経済活動に伴う環境問題が他国でも被害をもたらしたり，地球規模での環境問題を引き起こしたりする事態が発生してくると，各国がそれぞれの国で環境対策を国内事情のみを考えて実施するだけでは，十分な対策とならない可能性がある。そのため，環境分野での国際協力が進み，また，さまざまな国際環境条約が作られるようになってきた。

2. 経済成長・経済発展と環境問題

国際協力の現場では，環境問題と貧困問題を同時に解決していくことをめざす「持続可能な開発」の概念が1980年代から広がってきたが，経済学の分野では，経済成長をすることが環境問題の解決につながるとの見方が示される場合も少なくない。そのような議論の中心となってきたのが，環境指標の水準と所得水準の関係を計量的に分析する研究である。経済成長に伴い，環境指標がどのように変化しているのかを捉えるものである。初期の代表的なものとして，Grossman and Krueger [1991] や World Bank [1992] などがある。

その関係は，大きく3つのカテゴリーに分類される（図15-1）[1]。1つ目は，所得が高くなるにしたがって，環境指標が改善するタイプである。「安全な水を得られない人口比」や「十分な下水設備なしの都市人口比」があてはまり，生活に直接結びついた指標といえる。水供給の改善などへの投資が行われやすい分野である。2つ目は，所得が高くなるにしたがって，環境指標が一時的に悪化するが，ある程度の所得を超えると環境指標が改善していくタイプである。経済成長と所得分配に関するクズネッツ曲線（逆U字の関係）になぞらえ，環

図15-1 所得水準と環境指標の関係

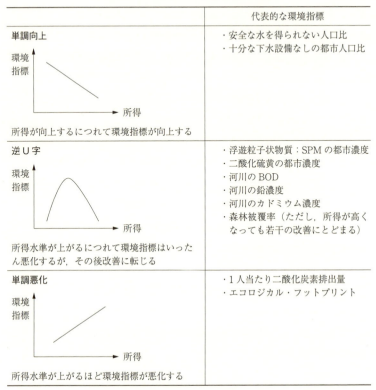

(注) ここで示した指標では，森林被覆率を除いて，指標の値が増加すれば，環境が悪化することを示している。
(出所) World Bank [1992]; Shafik [1994]; Grossman and Krueger [1991]; Dinda [2004]; Caviglia-Harris, Chambers and Kahn [2009]; 赤尾 [2002] などを参考に筆者作成。

境クズネッツ曲線と呼ばれている。二酸化硫黄濃度，河川のBOD（Biochemical Oxygen Demand）濃度など，公害問題にかかわる汚染指標があてはまる。森林被覆率は，所得が上昇するにしたがって減少するが，ある程度の所得になると若干向上することが観測されている。しかし，逆U字とみなせるほど改善がはっきりあるわけではない。3つ目は，所得が高くなるにしたがって，環境指標が悪化するタイプである。二酸化炭素の排出量がこれにあたる。また，さまざまな環境負荷を面積に換算したエコロジカル・フットプリントも，逆U字となっている。[2]

環境クズネッツ曲線をめぐって

環境クズネッツ曲線をめぐっては,「貧困が環境問題をもたらしている」という見方と相まって,所得の向上をしていくことがまず重要であると解釈される場合がある。所得が高くなるにしたがって環境をより重視するようになり,環境対策が進むようになるとする見方である。理論的には,社会全体が最適な選択の結果として逆U字が現れていると説明することもできる。[3]

その一方で,環境クズネッツ曲線の転換点をより早い時期に迎えられるように,また,曲線全体が下方にシフトするようにすべきだとの主張もある。どのようにリープフロッグ(蛙飛び)するかという議論である。環境指標を社会全体の合理的な結果とはみなさず,低所得国でも対応が必要という見方といえる。

大気の二酸化硫黄,河川の BOD や COD(化学的酸素需要量)濃度などの公害指標が,環境クズネッツ曲線にあてはまる。これらの汚染の原因となる物質の多くは産業部門で発生しており,その削減のためには,追加的な投資が必要となる。一方,その被害は,周辺の住民の健康被害や,下流域での農業や漁業の生産の減少などの形で現れる。このような負の外部性の発生に対処するためには,汚染者の責任を定めた法律体系の整備や排水や排煙の汚染物質の濃度を測る技術,汚染を防ぐための排水処理や排煙対策技術が必要となる。多くの途上国では,法体系が整備できたとしても汚染物質の濃度を測る技術や公害対策技術が十分になく,また,被害者が汚染企業を訴えるような司法制度が整備されていない場合もあり,公害対策が十分に進んでいない。環境指標の悪化を社会の最適な選択の結果だとみることはできない。

所得の向上に伴って悪化している環境指標

所得の向上に伴って悪化している環境指標としては,廃棄物の発生量や二酸化炭素の発生量などがあげられる。廃棄物の発生量は潜在的な環境への負荷であり,その処理の仕方によって環境影響は大きく異なってくる。覆土や浸出水対策などの環境対策を行わずに埋立て処分(オープンダンピング)を行えば,水質汚濁を生じさせたり,温暖化係数の高いメタンガスを発生させることになる。また,大気汚染対策をせずに焼却処分すれば,大気汚染を生じさせる。十分な大気汚染対策のもとで焼却を行い,発電や熱回収を行っている場合とでは,環

境への影響が大きく異なっている。

　一方，二酸化炭素は，温室効果ガスの代表的なものである。温室効果ガスは一国のみで削減努力をしてもその効果には限界があり，世界全体での排出量を削減していくことが必要となっている。しかし，世界各国が，どのような形で責任を負い排出量を削減していくかについての国際交渉は難航し，世界全体で排出量を一定水準に保つような合意はできていない。

途上国における環境問題への対応

　さまざまな環境問題に対応する政策は，先進国と開発途上国では，基本的にあまり変わりない。水質汚濁や大気汚染に関しては，外部性を内部化するように汚染物資の環境への排出基準を定めること，それに違反した場合の罰則を求めることが基本となる。森林資源の減少に関しては，伐採権の発行量を管理したり，木材伐採や禁止する保護地域を定める，伐採する木の太さを制限する択伐を義務づけるなどの方法がとられている。

　環境問題は多岐にわたっており，それぞれの環境問題に対応するためには，環境を担当している省庁だけでなくさまざまな省庁の取組みが必要となっている。排出基準の設定は，環境担当省庁が行っている場合が少なくないが，環境負荷をかけない生産技術（クリーナープロダクション）の普及を進めるような取組みは，工業担当省庁の関連機関が実施する場合が多い。森林保護に関しては，森林や林業を担当している省庁が担当しており，環境部門と森林保護部門が一緒になっている場合もあるが，別々の省庁になっている場合もある。農業部門では，地下水の汚染につながるような過剰な化学肥料投入の抑制を図っていく必要がある。道路・鉄道などの交通インフラ建設にあたっても環境負荷を考える必要がある。自然エネルギーの利用などについては，エネルギー担当省庁が所管している場合が多い。

　環境規制に関するさまざまな違反の取締りでは，警察部門での能力向上も必要となっている。ベトナムでは，公安部門に環境担当の部署を2007年に設置したことで，公害規制の違反摘発が進むようになった。有害物質等の海外からの流入や絶滅が危惧されている希少動植物の国際取引の抑制には，税関や検疫部門が重要となる。また，汚職が蔓延していれば，規制を導入しても，汚職の

機会をあらたに作りだすだけで問題解決につながらない。汚職を摘発する検察などの部門が機能している必要がある。このように環境問題の解決には，1つの省庁だけでなく，さまざまな部門で，能力を形成していく必要がある。さらに，これらの政策を実行する政府の能力だけではなく，民間企業や研究機関の対応能力も必要である。

　上記のような政策は，経済発展を必ずしも抑制するものではなく，環境と開発が両立するような政策も少なからず存在している。たとえば，生産段階での省エネルギー技術の採用は，石油や石炭などの費用を節約でき，短期間で投資を回収できる場合が少なくない。

　さまざまな開発プロジェクトの実施に際しては，環境面の影響評価を行う環境アセスメントが実施されている。これは，1980年代に大規模ダムの開発などの開発プロジェクトが，環境面で生物多様性の破壊や住民移転に伴う社会的な問題の発生の可能性をNGOや住民から指摘されたことをきっかけに，対応が進められてきたものである。世界銀行をはじめ，さまざまな援助機関が環境影響評価に関するガイドラインを制定してきた。国際協力の現場では，環境面，社会面の開発プロジェクトの影響を理解し，悪影響を極力引き起こさないように開発を進める形となってきている。

3. 地球環境問題と開発途上国

　1980年代後半以降，従来の公害問題だけではなく，オゾン層破壊，地球温暖化，生物多様性の減少など，地球規模の環境問題へ開発途上国も対応を迫られるようになってきた。これに対して，開発途上国は，歴史的に地球環境の悪化に対する主要な責任は先進国にあり，また，対策のための資金的技術的能力を考慮すると，途上国が環境問題に取り組むうえで追加的な資金が必要であるとの主張を繰り返してきている。地球環境問題に対応しつつ，途上国の経済発展，貧困問題の解決をどのように進めていくかが課題となっている。

共通であるが差異のある責任の原則
　1980年代から90年代初めの地球環境問題をめぐる国際交渉のなかで，途

上国と先進国の責任のあり方に関する原則として,「共通であるが差異のある責任の原則」の考え方が生まれた。92年の地球サミットで合意された「環境と開発に関するリオ宣言」では,原則の1つとして,次のように述べられている。

　原則7　各国は,グローバルパートナーシップの精神に基づき,地球の生態系の健全性と統合性の保全,保護及び回復のため,協力しなければならない。地球環境の悪化に対する異なる寄与の程度に鑑み,国家は共通であるが異なる責任を有する。先進国は,自らの社会が地球環境に与えた圧力及び自ら有する技術と資金に鑑み,持続可能な開発の国際的追求において,自らが有する責任を認める。

　この考え方は,1992年の環境問題に関する国際的な交渉のなかで,常に参照され,さまざまな国際環境条約に反映してきている。

京都議定書とクリーン開発メカニズム（CDM）

　地球温暖化に対処するための京都議定書も,「共通であるが差異のある責任の原則」が適用された条約である。1997年に合意された京都議定書では先進国に,温室効果ガスの排出量の削減を義務づけた。90年の温室効果ガスの排出量を基準に,ドイツ,イギリスなどのEU 15カ国が8％削減,アメリカが7％削減,日本やカナダが6％削減するということで合意された。[4] この削減目標を達成するために,削減義務を負っている先進国同士が削減量を取引する制度（共同実施,排出権取引）に加えて,先進国が開発途上国で資金や技術を提供して,温室効果ガスを削減するプロジェクトを実施した場合,その削減量の一部または全部を先進国の削減義務を満たすために使うことのできるクリーン開発メカニズム（Clean Development Mechanism : CDM）の枠組みが導入された。

　この合意を受け,CDMの枠組みのもと,開発途上国で温室効果ガスを削減するさまざまなプロジェクトが実施されている。2013年9月までのCDM理事会に登録された7289件のプロジェクトでみると,水力・風力発電所などの再生可能エネルギーを含めたエネルギー産業が74.6％を占めている。次に,

廃棄物関連が 10.9%, 製造業関連が 4.2% などとなっている。また, CER（認証排出削減量）の予測発行量でみると中国が 61.5%, インドが 11.2%, ブラジルが 7.7% となっている。地域的にプロジェクトが偏在していることが窺える。後発開発途上国は, 登録の申請件数が 13 年 9 月までに, 75 件しか行われていない。中国やインドなど人口が大きく, また, ある程度の経済水準に達している国, 急速に工業化している国にプロジェクトが集中している。

　CDM プロジェクトによる温室効果ガスの削減量は, プロジェクトを行わなかった場合の「なりゆきシナリオ」(Business As Usual) と比較して算出することになっている。ある程度の経済水準に達している国では, 元から温室効果ガスの発生量があり, また, 急速に工業化している国では, 温室効果ガスの発生の伸びが見込めることから,「なりゆきシナリオ」と比べて, 予測される削減量が大きくなりやすい。また, 人口が多い国では, 同様のプロジェクトを同じ国のなかで展開しやすいことから, 一部の国に CDM プロジェクトが集中してしまう形となった。

　CDM プロジェクトによる投資額は, 2005 年から 2010 年の間で, 年間 200 億ドルから 400 億ドルの間で推移したと推計されている。DAC 諸国による援助総額が, 年間 1246 億ドルとなっており, CDM プロジェクトによる投資が, 途上国にとっても無視できないものとなっている。一方, CDM を利用することで, 08 年から 12 年の第 1 約束期間には, EU と日本は, 36 億ドル分の温室効果ガス削減費用を節約できたと推計されている (UNFCCC [2012])。

　CDM のみで, 開発途上国が持続可能な社会に変化するわけではない。インドネシアなど, いくつかの国では, エネルギー補助金によりエネルギー価格が国際水準に比べ低く抑えられている。エネルギー価格の高騰で生活が困る都市の貧困層の救済策という側面もあるが, 財政を圧迫するだけでなく, エネルギー価格の抑制は, エネルギー効率的な製品の普及を妨げることになる。

　二酸化炭素の吸収源である森林を保全することも温室効果対策となる。REDD (Reducing Emissions from Deforestation and Forest Degradation in Developing Countries, 森林の減少・劣化からの温室効果ガス排出削減) プラスは, 途上国における森林破壊を防止したり, 植林をするために, 先進国が途上国に資金を提供する枠組みであり, 現在, 徐々に進められているところである。森林保

護や植林を CDM の枠組みで利用することに関しては，他の温室効果ガス削減プロジェクトと比べると慎重に議論されてきた。これまでの途上国における森林保護や植林プロジェクトは，周辺住民との摩擦を起こしてきたからである（小島［1999］参照）。途上国政府に森林保護や植林などの資金を供与しても，途上国政府が，地元の住民の土地利用を制約することは，かなりの工夫が必要となっており，実際に森林保護が進むことが保証されているわけではない。

さまざまな国際環境条約

他の国際環境条約の枠組みのなかでも「共通であるが差異のある責任の原則」をどのように適用するか，途上国への支援をどのように行うのかが議論になってきている。

1987年にまとめられた「オゾン層を破壊する物質に関するモントリオール議定書」では「開発途上国の必要を満たすために，追加的な財源及び関連のある技術の利用に関する措置を含む特別な措置が必要であることを確認」すること，「開発途上国の必要にとくに留意しつつ，オゾン層を破壊する物質の放出の規制及び削減に関連のある代替技術の研究，開発および移転における国際協力を推進することが重要であることを考慮」することが述べられ，そのための基金も設けられている。さらに，「第5条 開発途上国の特別な事情」のなかで，さまざまなオゾン層破壊物質の排出削減スケジュールを先進国と比べ，10年間遅らせることが定められている。

「有害廃棄物の越境移動を管理するためのバーゼル条約」（通称：バーゼル条約）は，1980年代に先進国から開発途上国に有害廃棄物が輸出され不適正に処理されたことから，89年に条文がまとめられ，92年に発効した条約である。95年の締約国会議では，先進国から途上国への有害廃棄物の輸出を禁止するBAN改正案が採択された。

崩れつつある「先進国 vs. 途上国」の図式

このような国際環境条約に関する交渉のなかでは，1990年代までの「先進国 vs. 途上国」という図式が崩れつつある。経済発展を遂げ，経済活動に伴う環境への負荷が大きくなっている国や技術力を向上させてきている国がでてき

ている一方，いぜん，環境と貧困の悪循環が一般的と考えられる国や，気候変動の影響により国そのものの持続的な存立があやぶまれるような国も出てきている。その結果，1つのグループと考えられてきた途上国のなかで意見対立がでてくるようになった。

地球温暖化に関しては，気候変動・海面上昇の被害を受ける後発途上国や島嶼国が，温室効果ガスを大量に排出させている新興国に対しても，温室効果ガスの削減を求めるようになってきている（高村［2014］）。2013年10月に合意された「水銀に関する水俣条約」（通称：水俣条約）の交渉のなかでは，環境中への水銀の排出量が多い中国，インドなどの途上国における排出抑制をどのように進めるかが重要なポイントとなった。バーゼル条約では，シンガポールなど途上国に分類されている一方，環境対策が進み，一部の有害廃棄物の輸入と処理については，自信をもっている途上国が出てきている（小島［2011］）。

さまざまな国際条約によって，先進国としてより重い責任を負う国，途上国として軽い責任を負う国は異なっている。また，途上国に分類されている国のなかでも，所得水準，製造業の発展状況などが異なってきている。途上国のなかでも他の途上国に比べると，技術力も資金力ももっている国が出てきており，「共通であるが差異のある責任の原則」を今後どのように適用していくのか，そのための国際合意をどのように形成していくかが問われている。

4. 環境と貿易

地球環境問題への対応のためさまざまな国際環境条約が作られ，その対応が進められてきているが，経済活動のグローバリゼーションのなかで環境対策をどのように進めていくのかも，新たな課題となってきている。

地球温暖化対策と貿易

温室効果ガスの削減では，各国の1990年温室効果ガス排出量を基準に，排出を抑えていく議論が国際的には展開されている。しかし，さまざまな製品が国際貿易されていることから，各国が排出した温室効果ガスの量を元に，議論することの妥当性を問う研究がでている。

たとえば，中国は，温室効果ガスの排出量は，アメリカを抜き，世界で1番大きくなっているが，世界の工場と呼ばれており，世界中にさまざまな製品が輸出されている。輸出製品の生産のために発生する温室効果ガスは，無視できない量になっている。ピーター（G.P. Peter）とハートウィッチ（E.G. Hertwich）は，中国の生産に起因する二酸化炭素の排出量のうち28.2%が輸出向けのものであるとしている（Peter and Hertwich [2008]）。京都議定書で削減義務を負っている先進国は，輸出のための生産に伴う二酸化酸素の排出量に比べると，輸入のために輸入元で発生した二酸化炭素の排出量のほうが多くなっているのに対して，途上国は，輸出のための生産に伴う二酸化炭素の排出量のほうが，輸入のために輸入元で発生した二酸化炭素の排出量よりも多くなる傾向があるという。

経済がグローバル化しているなかでは，ある国が温暖化対策を進めた結果その国で生産活動が滞る一方，他国からの輸入が増え他国での温室効果ガスの排出が増えてしまえば，温暖化対策の効果がなかったということになりかねない。このような状況はカーボン・リーケージと呼ばれている。

先進国が，その国で発生している温室効果ガスだけではなく，輸入されている製品の生産過程での温室効果ガスの発生量の抑制を求められることになれば，生産に伴う温室効果ガスの発生量が多い製品の輸入を抑制することが必要になる。このような先進国の貿易規制は，さまざまな製品の供給国となっている中国やインドなどの新興国にとっては望ましいものではない。グローバル化する経済のなかで，誰にどのような責任を負わせるかが課題となってきている。

先進国の化学物質関連規制と途上国

化学物質関連の規制については，先進国の規制に対応するため，途上国の企業も使用する化学物質を変更することなどが求められている。EUのRoHS指令（Directive on the Restriction of the use of certain Hazardous Substances in electrical equipment，電気・電子機器における特定有害物資の使用制限に関する欧州議会・理事会指令）は，電気・電子機器に，水銀，鉛，六化クロムなどの有害物質を使用することを，原則禁止とする規則である。2003年に公布され，06年7月から施行されている。ヨーロッパで生産された電気・電子機器だけでなく，

ヨーロッパに製品を輸出する業者も，この規制に従う必要がある。この規制を満たすために，製造業者は，部品の納入元，さらに部品の原料を提供している企業を含めたサプライチェーン全体で，どのような化学物質を利用しているのか把握し，有害物質が使われないように管理する必要がうまれた。

　道田［2014］では，マレーシアやベトナムなどにおけるヒアリングをもとに，RoHSなどの製品環境規制に，途上国の企業がどのように対応しているかがまとめられている。製品環境規制の内容を把握しておらずまったく対応を行っていない企業，製品を最終的に組み立てる企業の指示に従う形で製品環境規制に対応している企業，製品環境規制に対応できず輸出先・納入先を変えている企業などさまざまな対応がなされている。そのうえで，規制水準への対応の仕方によって企業の棲み分けが起こっていると指摘している。アジア諸国では，生産活動のフラグメンテーションがすすんできており，サプライチェーンの管理は，国境を越えて必要となっている。

環境貿易措置とGATT/WTO

　製品環境規制を含めて，各国が環境問題に関連して貿易障壁を設けることについては，自由貿易を進める関税及び貿易に関する一般協定（GATT）のルールに沿ったものであるかどうかが，繰り返し争われてきた。GATTでは，第1条一般的最恵国待遇，第3条内国の課税及び規制に関する内国民待遇，第11条数量制限の一般的な廃止などが定められている。その一方で，GATT20条では，GATTのルールを適用する例外が定められている。

第二十条　一般的例外
この協定の規定は，締約国が次のいずれかの措置を採用すること又は実施することを妨げるものと解してはならない。ただし，それらの措置を，同様の条件の下にある諸国の間において任意の若しくは正当と認められない差別待遇の手段となるような方法で，又は国際貿易の偽装された制限となるような方法で，適用しないことを条件とする。
　(b)　人，動物又は植物の生命又は健康の保護のために必要な措置
　(g)　有限天然資源の保存に関する措置。ただし，この措置が国内の生産

又は消費に対する制限と関連して実施される場合に限る。(一部省略)

　特定の環境貿易措置が GATT20 条で定められている例外にあたるかどうかが，GATT や世界貿易機関（WTO）の紛争処理手続きのなかで争われてきた。恣意的な環境貿易措置とみなされる判断が 1990 年代後半まで続いたが，環境貿易措置の適用を認める判断も出てきている。また，アメリカのエビを採集する際にカメの混獲を防いでいない国からのエビの輸入禁止措置に関する裁定では，途上国への混獲防止技術に関する国際協力を求めており，一方的に環境貿易措置をとるのではなく，途上国での能力形成への支援が求められている。

　開発途上国における環境問題への対応の必要性は，ミレニアム開発目標に「環境」が柱の1つとして盛り込まれたように，広く認識されるようになった。しかし，地球規模の環境問題への関心の高まり，経済のグローバリゼーションの進展により，途上国は，自国で抱えている環境問題への対応だけでなく，地球環境問題への対応，他国の製品環境規制などへの対応も求められるようになってきている。これらの問題への対応は，環境対策技術のみならず，資源効率性の高い生産技術などを得る機会ともなってきており，先進国等から技術協力，技術移転を受けながら，持続的な開発を進めるチャンスも生まれてきている。

コラム： 中古品の越境移動

　日本を含め先進国から開発途上国に古着，中古家電，中古乗用車など，さまざまな中古消費財が輸出されている。また，建設機械，工作機械，農業機械などの資本財についても，先進国で利用されたあと，途上国に輸出され，再利用されている。このような中古品の利用は，途上国の生活水準の向上や生産能力の向上につながる一方，実際にはリユースされずに途上国で廃棄されるものも少なくなく，問題が生じているとの報告もなされている（Basel Action Network ［2005］)。また，安価な中古品の流入が途上国における製造業の発展を妨げているとの指摘もなされている。

　このような批判に対応するため，輸入国は，中古品の輸入禁止や，製造年の古いものに限り輸入を禁止する，輸出前の性能検査を義務付けるといった措置をとっている。家電やコンピュータなどの情報機器については，国際的な基準を作ろうと，バーゼル条約のもとで議論が始まっている。1つの焦点になっているのが，輸出前

に機能検査を行っていないものを有害廃棄物とみなすかどうかである。グローバリゼーションのなかで，さまざまな故障品が，途上国の生産拠点を含め，修理センターに空輸されるなどして修理されている。このような越境移動も，故障品が有害廃棄物とみなされると，バーゼル条約上の事前通告・同意が必要となり，手続きに時間を要するため，修理に時間が余計にかかることになる。

どのように規制を運用すれば，国際リユースによる環境負荷を抑えつつ，便益を享受していくことができるのかが問われている。

（出所）小島編［2014］。

---- 注 ----

1) Shafik［1994］は，経済成長に伴い環境指標が悪化し，ある時点から向上するものの所得がさらに上昇すると再度悪化する指標として，河川の糞大腸菌濃度をあげている。
2) たとえば，農産物の生産であればその生産のための面積，二酸化炭素の排出であればその吸収のために必要な森林面積を使って，それぞれの環境負荷を表す。
3) たとえば，Stokey［1998］参照。赤尾［2002］で解説されている。
4) アメリカやカナダは，京都議定書の合意には参加したものの，その後，離脱している。

---- 参考文献 ----

赤尾健一［2002］「持続可能な発展と環境クズネッツ曲線」中村愼一郎編『廃棄物経済学をめざして』早稲田大学出版部

亀山康子・高村ゆかり編［2011］『気候変動と国際協調――京都議定書と多国間強調の行方』慈学社出版

小島道一［1999］「温暖化対策としての途上国における植林」環境経済・政策学会編『地球温暖化への挑戦』東洋経済新報社

小島道一［2011］「途上国の経済発展とバーゼル条約」『廃棄物資源循環学会誌』第22巻第2号，140～147頁

小島道一［2014］『国際リユースと発展途上国――越境する中古品取引』日本貿易振興機構アジア経済研究所

高村ゆかり［2014］「経済のグローバル化における気候変動に関する国際制度の変容と貿易レジーム」箭内彰子・道田悦代編『途上国からみた「貿易と環境」』日本貿易振興機構アジア経済研究所，35～59頁

道田悦代［2014］「製品環境規制がサプライチェーンを通じて開発途上国に与える影響――化学物質規制の事例」箭内彰子・道田悦代編『途上国からみた「貿易と環境」』日本貿易振興機構アジア経済研究所，107～134頁

Basel Action Network [2005] *The Digital Dump: Exporting Re-use and Abuse to Africa*.

Caviglia-Harris, J.L., D. Chambers and J.R. Kahn [2009] "Taking the "U" out of Kuznets: A Comprehensive Analysis of the EKC and Environmental Degradation," *Ecological Economics*, Vol.68, No.4, pp.1149-1159.

Dinda, S. [2004] "Environmental Kuznets Curve Hypothesis: A Survey," *Ecological Economics*, Vol.49, No.4, pp.431-455.

Grossman, G.M. and A.B. Krueger [1991] "Environmental Impacts of a North American Free Trade Agreement," *NBER Working Paper*, 3914.

Peters, G.P. and E.G. Hertwich [2008] "CO_2 Embodied in International Trade with Implications for Global Climate Policy," *Environmental Science & Technology*," Vol.42, No.5, pp. 1401-1407.

Shafik, N. [1994] "Economic Development and Environmental Quality: An Econometric Analysis," *Oxford Economic Papers*, Vol.46, pp.757-773.

Stokey, N.L. [1998] "Are There Limits to Growth," *International Economic Review*, Vol.39, No.1, pp.1-31.

United Nations Framework Convention on Climate Change [2012] *Benefits of the Clean Development Mechanism 2012*. (最終アクセス日：2013年10月26日　http://cdm.unfccc.int/about/dev_ben/ABC_2012.pdf)

World Bank [1992] *World Development Report 1992: Development and the Environment*. (世界銀行『世界開発報告 1992』)

World Commission on Environment and Development [1987] *Our Common Future*, Oxford. (環境と開発に関する世界委員会編［1987］『地球の未来を守るために』福武書店)

第16章 障　　害

森　壮也

はじめに

　障害者と聞いたとき，どのようなイメージが浮かぶだろうか。開発途上国の障害者について最も多くの人が抱くイメージは，物乞いのそれであろう。というのは，都市部の交差点や繁華街の路上で障害者の物乞いをみかけることが多いからである。その次に多いのが，途上国にもある障害児のための学校や施設で出会う障害児たちである。途上国支援の現場では，こうした障害者に出会うことも多い。親の無理解で家に閉じ込められていたり，足場の悪い水田のなかの家に住んでいるために自由に外に出ることが適わないでいる盲の青年のようなケースも途上国ではみかける。周囲の社会の状況のなかで，何もできない無力な存在だと思われている障害者がいる。

　これらの障害者は，いわゆる「脆弱な人たち」として括られるグループに属する。彼らは支援の受け手，または弱い立場にある人たち，とみなされることが多い。これらの人たちについての課題は，国際福祉の領域として扱われてきた。そうした見方をとる文献や実践も数多い。

　本章で取り扱う「障害と開発」のアプローチは，障害者を福祉の観点から扱

うアプローチとは異なる。その違いはいったいどこにあるのだろうか。

　その理解の鍵は，開発（経済）学と障害学（Disability Studies）との出合いにある。開発学は障害学との出合いにより，後に詳述する「障害の社会モデル」を「障害と開発」という領域に導入した。

　障害についての最も古典的な接近法は，慈善アプローチである。このアプローチは，思いやり，哀れみ，同情，宗教的情熱，といった動機に基づくものである。これに対し，いわゆる福祉のアプローチで用いられる基礎概念は，責務，支援，博愛，専門機関・施設，統合であり，より専門的かつ，より職業的な形で，障害課題に取り組むこととなった。しかし同時に福祉アプローチによって，非障害当事者である障害専門家による障害者支援という性格が強まり，障害当事者の自主性への配慮は失われていった。

　一方，「障害の社会モデル」が障害学によって主張されるようになり，障害者のみならず障害者を取り巻く社会を変えなければならない，という考え方が普及していった。すなわち，障害を個人的な悲劇として受け止めるのではなく，障害課題の根源を，障害当事者のもつ医学的特質のみに還元してしまうのでもなく，それを受け容れることのできない社会に求めるのが障害学のアプローチである。こうした社会環境を重視するアプローチは，開発経済学がジェンダーや児童労働といった課題に取り組む際のアプローチとも馴染むものである（森・山形［2013］）。

　それぞれの開発途上国の発展段階によって，社会のなかの，障害者に対するバリアの状況は異なる。それによって，医学的には同じような程度の障害であっても，その現れ方は大きく異なることとなる。たとえば，開発途上国の農村にすむ聴覚障害者のほとんどが，小学校すら満足に卒業できず，読み書きもできないのに対し，仮に聴力が同じであっても，その人が先進国に住んでいれば，手話通訳を利用して，大学で教えることさえできる。開発途上国における貧困のため，障害の有無にかかわらず被るさまざまな不利が，障害があることによって，さらに大きな不利として障害者に課せられる。

　たとえばかつて高度経済成長を成し遂げた日本では，トリクル・ダウンと呼ばれる，全体が富めば，貧しいものたちにもその恩恵は配分されるはずだという考え方に沿う形で，障害者たちも経済成長の果実を一部享受することができ

た。しかし，だからといって，開発途上国も，そうした日本などの先進国がかつてたどった道のりをそのまま踏襲すればよいとはいえない。言い換えれば，全体としての開発を考えるだけで充分で，障害者の問題を福祉の問題として後回しにしてよい理由は何もない。

　障害課題は，居住地域や年齢等を問わず直面しうることから，ジェンダーや環境といった課題と同様に，開発の「分野横断的課題」(cross cutting issue) の1つと位置づけられている（森［2008］）。国際協力がなされるどのような地域にも障害をもつ住民がいる可能性があるし，彼らを無視した支援が行われたことによって思いもかけない問題が生じることもある。アフリカにおけるHIV／エイズの啓蒙キャンペーンは，当初，障害者のことを想定しておらず，肢体不自由者がアクセスできない建物のなかで開催され，点字の資料も用意されず，手話通訳もいなかったために，さまざまな種類の障害者たちに届かなかった。その結果，非障害者の間ではHIV陽性と診断される人たちの比率が減ったのに対し，障害者のなかでは逆にその比率が高まる，という驚くべき状況も出現した。これは，アフリカの文脈のなかで非障害者のHIV陽性と診断された人たちが，処女と交わることでHIV陰性になるという迷信があったこととも関係している。すなわち，性的な生活とは無縁だと誤解された障害者が彼らのレイプの対象になり，さらに，HIV／エイズの予防啓蒙の場に参加できないでいた障害コミュニティ内でHIV感染が増大したからである。

　本章では，そうした開発途上国にも数多く暮らしている障害者の問題に開発論，開発経済学がどうアプローチしていくのかを紹介する。そしてそれにあたっては，冒頭で述べたように，障害者を支援の対象である脆弱者としてではなく，むしろ，権利を実現する主体として捉える視点を重視する。

1. 障害と開発

包摂的な開発とアマルティア・セン

　障害者は，世界の全人口の10％から15％を占めると推定されている（WHO and World Bank［2011］）。くわえて，開発途上国の貧困は，さまざまな側面から障害を助長しているので，開発途上国の農村部の貧困者の2割が障

害者であるとする推計もある。そうした状況下では，社会環境を変えることによって，障害者を福祉の対象としてではなく，開発の担い手として位置づけるということは，至極当然のことである。

　セン（A. Sen）は「貧困は潜在能力の欠乏という観点から正しく説明することができる」（Sen［1999］邦訳，99頁）と述べ，国民の福祉の水準を，所得に基づく古典的な指標で測るのではなく，潜在能力（ケイパビリティ）で測ることの必要性を論じた。この観点から開発は，「人々が享受するさまざまの本質的自由を増大させるプロセス」（1頁）と定義されている。所得は「本質的自由」を増大させる1つの手段でしかない。たとえどれほど所得の面で豊かであっても，重い障害のためにそれを支出することができなければ，その人は豊かであるとはいえない。このように，開発を自由の観点から評価することが，センの問題意識であった（McMurrin［1980］）。

　この問題意識を元にセンが提起したのが，ケイパビリティ・アプローチである。ケイパビリティ・アプローチは，人の機能を価値あるものとして実現する機会に注目する考え方である。ケイパビリティ・アプローチは，実際の財や財の利用から得られる喜びを自明のこととして前提とするのではなく，福祉達成のために資源を利用できる機会の意義を強調する考え方である。ケイパビリティ・アプローチについて，センは「例えば，もし，ある人が所得は高いが病気がちであったり，あるいは身体的障害のためにハンディがあるとすると，その人は，単に所得が高いというだけで，非常に優位にあるとは言えなくなる。彼女は確かに生活の手段の一つ（すなわち，所得）をたくさん持っているが，病気や身体的ハンディのために，それを良い生活（すなわち，彼女が賞賛する理由のある生き方）に変換する上で困難に直面している。そうではなく，我々は，彼女がもし選択するなら，良い選択状態や，彼女が価値を認める理由のあることなどを行うのに十分な能力をどの程度，実際に達成できるかを見なければならない」（Sen［2009］邦訳339～340頁）と障害を例にあげて説明している。ケイパビリティは，結果ではなく，選択の自由の程度，つまり「ある人が選択しうるすべての機能の組合せの情報」（同342頁）を含んでいる。開発途上国の障害者の現状を正しく理解するためには，所得のみならず，それ以上に彼らが制約を受けているのが，このケイパビリティであることを理解する必要がある。単

に所得が低いということではなく，ケイパビリティの制約を受けている人たちとして，障害者を改めて開発の文脈のなかで捉え直し，センのいう意味で彼らの貧困を捉え直すべきである。

さらにセンは，「世界における貧困の理解において，障害の妥当性についてはしばしば過小評価されており，そのことは，ケイパビリティの視点に注目すべきことを示す，最も重要な議論の一つである」と述べている（Sen［2009］邦訳372頁）。センは，ククリス（W. Kuklys）の議論を紹介して，障害者は，①障害ゆえに非障害者なら負担しなくてもよい日常生活上のコスト（Extra Cost），②加えて，よりよい生活を構築するため，得られた所得や資源を消費財やサービスに変換する際に，障害者はより多くのコストを負うという意味での「変換ハンディキャップ」という2つの追加的不利益を抱えていることを指摘している。またセンは，「障害の悲劇的な帰結の多くは，実際には社会の断固とした支援と想像力に富む介入によってかなり克服できる」（Sen［2009］邦訳，373頁）と述べ，開発政策や社会政策によって，障害の問題の多くが解決可能なことを示唆している。前述の福祉アプローチを採用したとするならば，これらのコストを障害者が負わなければならないのであるが，それを社会が負うことによって障害者のケイパビリティを高め，彼らをどう開発の担い手として包摂するのか，ということが，国際開発における重要な課題となる。

開発課題としての障害

ここで障害課題を他の開発課題と比較して位置づけてみよう。ジェンダーに関する平等という課題は，女性の経済・政治・社会的地位を男性のそれにいかに近づけるかという指向をもった「開発における女性」（WID）という発想を乗り越え，女性の地位の改善を，男女両性の問題として考えるという指向をもった「ジェンダーと開発」（GAD）という発想に置き換えられる形で取り組まれている。こうした開発の文脈で脆弱な人たちと位置づけられるグループとして，女性のほか，高齢者，子ども，先住民族，難民，出稼ぎ労働者等がある（森・山形［2013］）。

こうした脆弱なグループは，障害者グループとの間で，いくつかの共通点や相違点を有している。たとえば，性別間で生物学的に属性を変更するには大き

なコストを要するが，他のいくつかのグループについては，属性の変更の蓋然性が高い。その典型は高齢者で，すべての人は自分も必ずいずれは高齢者になるという理解を共有しているため，非高齢者でも高齢化の問題には比較的敏感である。子ども，という脆弱グループについても，「大人もかつては子どもだった」ことから，大人も子どもの問題に敏感である。

これに対し，障害者については，実際にはすべての人が障害者になる可能性をもっている（とくに高齢化によって障害者と同様の社会的障壁に曝される可能性は高い）にもかかわらず，非障害者にとって「自分とは無関係な存在」とみなされがちであった。したがって，障害者の環境を変え（メインストリーミング），能力強化（エンパワー）によって開発の担い手に位置づける指向は弱かった。「障害と開発」アプローチは，そうした状況に対し，障害学の助けも借りながら，新たに障害者をそれ以外の人たち同様に開発の担い手にし，エンパワーしていく取組みなのである。

障害の社会モデル

ここで，障害学による障害理解のフロンティアを紹介する必要がある。従来障害は，疾病の延長線上に位置づけられており，障害は治療の対象としてみなされていた。すなわち障害は，個人的な悲劇，と解釈されてきたのである。このような障害解釈は「障害の医療・個人モデル」と呼ばれている。

これに対し障害学では，障害はむしろ社会の側にある，あるいは社会と個人の接する部分にこそあるという「障害の社会モデル」を提唱した。障害当事者の観点からすると，障害があっても，社会生活を営むうえで困難がなければ問題はないので，障害への対処を，医療やリハビリテーションのみに求めるのは間違っているというわけである。医学的な身体・感覚等の機能面での障害の「正常化」によって問題を解決するのではなく，社会の側の変革によって環境を整備していくことで，障害を解決していこうというのが，障害学の考え方である。日本に障害学を位置づけるきっかけともなった石川・長瀬［1999］において，長瀬は「障害学，ディスアビリティスタディーズとは，障害を分析の切り口として確立する学問，思想，知の運動である。それは従来の医療，社会福祉の視点から障害，障害者をとらえるものではない。個人のインペアメント

(損傷)の治療を至上命題とする医療,『障害者すなわち障害者福祉の対象』という枠組みからの脱却を目指す試みである。そして,障害独自の視点の確立を指向し,文化としての障害,障害者として生きる価値に着目する」としている。その後の障害学の発展と,英米での「障害の社会モデル」の違いは,杉野[2007]に詳しい。

2. 貧困と障害

「障害と開発」という課題に関して,いま1つ取り組むべき問題として,障害者の貧困がある。開発途上国,なかでも農村部の貧困層に,障害者が多いということが知られている(森編[2010])。障害者の貧困率が,非障害者を含めた人口全体の貧困率の数倍に及ぶ,というフィリピンの実証例もある(森・山形[2013])。

障害者の雇用
根本的な問題は,多くの開発途上国において,障害者に雇用機会が少なく,結果として職が得られないことである(森編[2010])。職が得られないということで,障害者の社会進出が遅れ,それがまた就職を困難にするといったように,障害者は容易に「貧困の罠」に陥ってしまう。もちろん,所得を稼ぐことだけが人間の幸福ではないが,だからといって私たちは障害者に,障害のみをその理由として,就職をあきらめさせるわけにはいかない。したがって,雇用機会を創り出す,ということが,より重要になる。雇用創出は,山形編[2008]をはじめとした多くの著作が触れているように,貧困削減の基本戦略でもある。

しかし障害者については,雇用機会の創出が容易ではない。開発途上国では一般に,障害者の雇用がほとんど進んでおらず,またその理由としては,障害者のもつ能力に関する企業の無理解があげられている。障害者の雇用に対して,いくつかの途上国では,税制や雇用割当を通じたインセンティブを企業に対して提供しているが,それらは大きな効果を生み出してはおらず,インセンティブの与え方をはじめとする制度全体が,再検討されなければならない(小林編

［2010］［2012］)。

教育の収益

　一方，障害者の雇用機会が少ないということは，障害者が経済的にまったく無力であることを意味しているわけではない。事実，十分な学校教育を受けた障害者のなかにはかなりの収入を得ている人たちもいる。教育という人的投資の収益率が，障害者に関して高い，とする推計結果がいくつか発表されている。

　これらの研究は，労働経済学で用いられるミンサー方程式（Mincer［1958］）を障害者の所得データに適用し，就学年数が所得の決定要因としてどれほどの影響力をもっているかを推計している。[1] 森・山形［2013］は，フィリピンの都市と農村で，独自に収集した障害者データを用いて障害者の教育の収益率を計算してみたところ，1年就学年数が上がるごとに，所得が25.9％上昇するという，高い推計値が出たことを紹介している。ラミチャネ（K. Lamichhane）と澤田康幸は，ネパールの障害当事者団体のメンバーを対象にして収集したデータを元に同様の計算を行い，やはり19.3％から25.6％という高い数値を得ている（Lamichhane and Sawada［2013］）。

　これらの高い数値は，教育環境を十分に与えられなかった障害者にとっては，教育の収益増加効果が大きい，という結果を示しているとも解釈できる。[2] これまで十分な教育機会が与えられてこなかった障害者は，いわば，開発のなかでもフロンティアの領域にあるといえる。それがこうした教育の有無による大きな違いを生み出しているともいえる。言い換えれば，教育水準も所得も低い障害者グループと，教育水準も所得も高い障害者グループに二極分化していることが，教育と所得の双方向の因果関係によって，このような高い教育の収益率の推計値を生み出している可能性もある。いずれにせよ，この分野については，より多くの国々のデータを用いることによって，さらに検証を進めていく必要があろう。

自立生活運動

　障害者の潜在力の発揮という観点では，センがケイパビリティ概念を用いて，障害者の自立生活のあり方についての重要な指摘を行っているので，以下に紹

介したい（Sen［2009］邦訳，437頁）。

他者の助けなしに，外出できない身体障害者（Aさん）について，以下の3つのケースを考えてみよう。

ケース1：Aさんは，他者の助けを得られないため，外出できない。
ケース2：Aさんは，地域の社会保障制度によって提供されるヘルパー（あるいは善意のボランティア）に常に助けられており，その結果，いつでも外出したいと思うときに外出し，自由に動き回ることができる。
ケース3：Aさんは高い費用を払って，介助者を雇っていて，いつでも望むときに外出し，自由に動き回ることができる。

センによれば，ケース1のみがケイパビリティを欠いたケースである。公共哲学の領域でセンのケイパビリティ・アプローチと対立して考えられることの多いサンデル（M. Sandel）に代表される共和主義的アプローチでは，ケース1とケース2を共にAさんが不自由なケースと考える。しかし，センは違う。彼は次のように考えるのである。ケース3は，そもそも所得が高いのでケイパビリティが高いケースである。ここで注目したいのはケース2で，この場合には，社会保障や学校制度などを充実させる政策の結果として，障害者のケイパビリティの拡大が可能になっている。

この事例が示しているのは，「自立生活」（Independent Living）には，だれの支援も借りずに行う自立生活と，社会の支援を得ることにより，障害者の潜在力を十全に発揮するというタイプの自立生活もある，ということである。このような新しい自立生活概念は，障害当事者たちの国際的な運動の基盤にもなっている。障害者インターナショナルのアジア太平洋地域のリーダーと社会学者の対談である中西・上野［2003］において強調されているように，自立とは，誰の支援も受けないことではなく，支援をたとえ受けていたとしても，自己決定ができることである。

これは障害者に限ったことではなく，人はだれも生活インフラの支援の網のなかで生きている。松井・川島・長瀬［2011］で，松井はこのことを「人はひとりでは生きられない」（iii頁）と表現した。開発の文脈に置き換えると，社会

の側が変わっていくことで,障害者の自立を可能にし,開発の担い手とするような仕組みを経済学は考えなければならない,というのが松井らの主張である。

3. 国際社会の取組みと障害者政策

国連障害者の権利条約

　本書の第1章で,ミレニアム開発目標 (MDGs) という8つの目標が2000年に策定されたことを紹介した。この8つの目標はそれぞれ,貧困,教育,ジェンダー,保健,環境および先進国の責務等に関するものであり,障害については目標が掲げられていなかった。しかしながら障害者は,開発途上国の貧困層のうちの2割以上を占めるともいわれており,障害課題への取組みが必要であることについては,国際社会においても十分な認識があった。

　翌年の2001年の国連総会において,メキシコのフォックス大統領(当時)が,「国連障害者の権利条約」(United Nations Convention on the Rights of Persons with Disabilities: UNCRPD) 策定を提案し,採択された。その後,起草作業が進み,06年の第61回国連総会において同条約が全会一致で採択された。MDGs という貧困削減のための国際目標には取り上げられなかった障害課題であるが,女性の差別撤廃条約(1979年),子どもの権利条約(89年)と並んで,障害者の権利条約が採択されたことで,国際開発の課題に取り込まれることとなった。同条約は,2008年に国連加盟国20カ国以上の批准を経て発効した。14年初で,批准国は141カ国(国連全加盟国193カ国の73％以上)であり,同年,日本も批准した。

　条約は,それを批准した国々が,その条約に則った国内法・制度を確立する義務を負うという意味で,国内政策の規準となる。つまり現在でも,世界の7割以上の国々が,障害者の権利条約に基づいて,国内法・制度を整備する意思表明をしたことになる,という意味で重要である。

　障害者の権利条約は,障害者に対する差別を禁止し,障害者の社会参加を進めることをその中心的な精神としている。この条約は,前述の「障害の社会モデル」を取り入れ,前文で「(e) 障害が発展する概念であることを認め,また,障害が,機能障害を有する者とこれらの者に対する態度及び環境による障壁と

の間の相互作用であって，これらの者が他の者との平等を基礎として社会に完全かつ効果的に参加することを妨げるものによって生ずることを認め（る）」としている。「これらの者に対する態度及び環境による障壁」の箇所が，社会の側の対応や課題を指摘している。

またこうした障害観に立ったうえで，締約国が開発途上国の障害者の貧困削減の問題にも取り組むべきことを，第32条「国際協力」に定めている。これによれば締約国には以下のことを求めている。

(a) 国際協力（国際的な開発計画を含む。）が，障害者を包容し，かつ，障害者にとって利用しやすいものであることを確保すること。
(b) 能力の開発（情報，経験，研修計画及び最良の実例の交換及び共有を通じたものを含む。）を容易にし，及び支援すること。
(c) 研究における協力を容易にし，並びに科学及び技術に関する知識を利用する機会を得やすくすること。
(d) 適当な場合には，技術援助及び経済援助（利用可能な支援技術の利用及び共有を容易にすることによる援助並びに技術移転を通じた援助を含む。）を提供すること。（以上，政府公定訳）

これらは，国際協力への障害者のアクセシビリティと，開発途上国の障害者施策への支援を求める内容である（松井・川島編［2010］）。

また，障害課題の重要性の認識を高めるうえで重要なのが，第31条に定められた，障害者統計の収集である。障害者についての統計整備が重要なのは，これまで多くの開発途上国における障害者数が，実態とかけ離れた，非常に低い値として推計されてきたという問題があるからである。その背景に障害者の比率が推定と国によっては1％未満という小さい比率で算定されていたことがある。図16-1は，アジア大平洋地域の障害者比率の一覧である。これをみるとわかるように，この地域の多くの開発途上国の人口センサスにおける障害者数の対人口比の推計値が，世銀などが推定している10～15％という値よりかなり低い結果となった。これを参照して，多くの開発途上国において障害者は，周縁的な存在と位置づけられ，政府の障害政策が手薄になる原因となっていた。

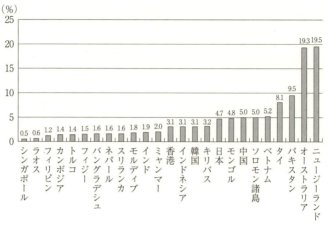

図 16-1 アジア太平洋地域の障害者の国別比率

(出所) United Nations DISTAT2.

　このように，統計整備は障害課題の重要性の認識を高めるうえで，喫緊の問題である。一般的に，人口センサスのデータ収集を担当する調査員は，障害についての知識を欠いている。また，彼らに対する事前訓練も十分ではないことが多い。その結果，極端な事例としては，調査の際に拡声器を使って地域の障害者を招集しようとしたために，聴覚障害者の数が過小に報告されることもあった。さらには，障害者の登録システムも普及していない。これらの問題から，開発途上国においては，人口センサスによる障害者数の推定値が過小になっており，それに代わる信頼できる障害統計がないという問題が，依然として大きい（森［2010］；森・山形［2013］）。このことが，障害者の権利条約に統計整備が特筆される理由であり，低い障害者数の推定値が，障害者の貧困削減の取組みを強化する努力の大きな壁となっている。

ポスト MDGs と障害

　MDGs は，2015 年に目標の期限を迎える。15 年の後，ポスト MDGs の枠組みがどうあるべきか，現在，議論されている最中である。MDGs には障害課題が盛り込まれなかったが，ポスト MDGs 枠組に，障害課題を導入することが，12 年の第 67 回，13 年の第 68 回と 2 回の国連総会において，合意さ

れている[3]。さらに 13 年には「障害と開発」を主テーマとした政府間ハイレベル協議が開催され，「障害包摂的な開発のための国際間及び地域間協力とパートナーシップ」と「ポスト 2015 年開発アジェンダと障害者のための包摂的な開発」が合意文書として採択された。これらの経緯により，ポスト MDGs 枠組に障害課題が反映されることは確実になった。今後，具体的にどのような形で反映されるか，またどのような指標が目標に用いられるかという議論が進んでいくものと考えられる。

以上，本章では，「障害と開発」について，開発途上国の障害者の一般的イメージから説き起こし，センのケイパビリティ・アプローチや，障害学における「障害の社会モデル」との関連も議論しながら，ミレニアム開発目標（MDGs）と国連障害者の権利条約（UNCRPD）といったこの分野で重要な概念および枠組みを紹介した。さらに開発経済学が取り組んでいる最大の課題である貧困削減のため，障害者についてはどのようなアプローチが可能なのかを，雇用や教育に着目して論じた。また政策立案の前提として，障害者の実態把握のために用いられる障害者統計の整備が，開発途上国で遅れている現状にも触れた。

すでに述べたように「障害と開発」は，開発経済学のなかでも新しい分野である。他章で述べられている開発経済学のツールも十分に活用しながら，途上国の障害者の実態の把握や，採用すべき政策の提言をするなど，求められる課題は数多い。社会と障害当事者の間の関係から障害を捉える障害学の視点は，これらの課題解決の努力を後押ししてくれるはずである。最後に，途上国のさまざまな問題に対処する際に，世界のどの地域にも障害者はいるということを忘れずに，取り組んでいただきたい。

コラム： マンデラ追悼式典での「偽通訳問題」

2013 年 12 月 5 日にアパルトヘイト運動のリーダーであり，南アフリカ共和国最初の黒人大統領であるマンデラ（N.R. Mandela）が死去し，同月 10 日にヨハネスブルクの FNB スタジアムで追悼式典が開かれた。この追悼式典でオバマ米大統領をはじめとする各国からの弔問客の演説の際，演壇のすぐ脇に手話通訳が立っ

た。

　南アフリカは，アフリカでも障害者施策が進んでいる国として知られている。その背景には，アパルトヘイト運動が障害者運動とも手を携えて運動したことがある。それだけに世界各国に向けて放映された追悼式典で手話通訳が立ったシーンは大きなインパクトを世界に与えた。

　しかしこの通訳を目にした同国の聞こえない人たちはすぐにブーイングを発することとなった。なぜなら，この手話通訳の手話がまったく理解できないものだったからである。南アフリカの手話とは似ても似つかぬ手話であり，国際的な式典だからというわけで，（ろう者の世界会議で用いられる）国際手話あるいは世界で大きな影響力をもつイギリスの手話（BSL）やアメリカの手話（ASL）であるわけでもない，誰にも理解できない「手話」だったのである。同国のろう者の団体の会長や同国国会議員でもある会長の夫人をはじめ多くのろう者たちがツイッターなどで不満を表明，同国の与党であるANC（アフリカ民族会議）の担当者に向けてこの通訳を代えて欲しいというメッセージを発した。しかし，そのメッセージは無視され，式典の間ずっと，同国のろう者の誰にも理解されない手話を発する通訳は通訳を続けた。

　しかしながらこの障害当事者たちの声は，ツイッターやフェイスブックといったSNSを通じて，国内だけでなく，世界中に発信され，放送された映像をみた各国の聞こえない人たちからの怒りの輪が，半ば連帯のように世界中に広がっていった。こうした状況を受けて，南アフリカや同じイギリス連邦のオーストラリアの大手メディアが反応，そしてその怒りの声は，さらにイギリスのBBCなどの先進国の大手メディア，アメリカのニューヨーク・タイムズやワシントン・ポストといった国際的にも影響力のあるメディアで取り上げられ，ついには日本の新聞やTVなども反応，日本では，在京のすべてのキー局が番組で取り上げるに至った。

　この事件はその後，この手話通訳を担当した男性が南アフリカの聞こえない人たちの団体が認定した通訳資格を有していなかったことが判明した。また，ANCの幹部が社長をしていた会社から派遣されたことなどが報道されるに至った。

　これら一連のことから透けてみえてくるのは，国際的に発信される場でもあるのにもかかわらず，聞こえない人たちの言語である手話についての理解が政府側にまったく欠けたままアレンジがされていたという，南アフリカ政府としても恥ずべき状況が暴露されてしまったということである。マンデラ引退後の同国の政権の政治的な諸問題も関連していることが想像される。一方，一国の一見小さなできごとも，メディアやSNSといった新しいメディアを通じれば国際的な大きな力をもち，これまでほとんど顧みられることのなかった障害者たちの声がメインストリームのニュースのなかに登場する機会があることを，世界の聞こえない人たちに知らしめた事件でもあった。アメリカなどでは，これを機会に手話通訳の資質や資格の見直し

などが始まっている。いわば，途上国の障害者問題が先進国の障害者にかかわる制度も動かしはじめているといえる興味深い事件となった。

------ 注 ------

1) ミンサー方程式そのものについては，本章第4章人的資源第2節の説明を参照のこと。ここで紹介されている教育の収益をめぐる議論を障害に限らず，一般的に展開しているものとして，この他，黒田・横関編 [2005] がある。
2) しかし，森・山形 [2013] では，所得変数の定義を変えたり，就学年数の内生性に配慮したりすると，教育の収益率の推計値が，一桁台に低下することが報告されている。
3) 採択された文書はそれぞれ，「ミレニアム開発目標の実現と国際的に合意された障害者のための開発諸目標――2015年及びその後に向けた障害包摂的な開発（A/67/211）」と，「これからの道のり――2015年及びその後に向けた障害包摂的な開発アジェンダ（A/68/95）」である。

------ 参考文献 ------

石川准・長瀬修編 [1999]『障害学への招待――社会，文化，ディスアビリティ』明石書店
小林昌之編 [2010]『アジア諸国の障害者法――法的権利の確立と課題』アジア経済研究所
小林昌之編 [2012]『アジアの障害者雇用法制――差別禁止と雇用促進』アジア経済研究所
黒田一雄・横関祐見子編 [2005]『国際教育開発論――理論と実践』有斐閣
杉野昭博 [2007]『障害学――理論形成と射程』東京大学出版会
中西正司・上野千鶴子 [2003]『当事者主権』岩波書店
松井彰彦・川島聡・長瀬修編 [2011]『障害を問い直す』東洋経済新報社
松井亮輔・川島聡編 [2010]『概説 障害者権利条約』法律文化社
森壮也編 [2008]『障害と開発――途上国の障害当事者と社会』アジア経済研究所
森壮也編 [2010]『途上国障害者の貧困削減――かれらはどう生計を営んでいるのか』岩波書店
森壮也・山形辰史 [2013]『障害と開発の実証分析――社会モデルの観点から』勁草書房
山形辰史編 [2008]『貧困削減戦略再考――生計向上アプローチの可能性』岩波書店
Kuklys, W. [2005] *Amartya Sen's Capability Approach: Theoretical Insights and Empirical Applications*, Springer.
Lamichhane, K. and Y. Sawada [2013] "Disability and Returns to Education in a Developing Country," *Economics of Education Review*, Vol.37, pp.85-94.
McMurrin, S. [1980] *The Tanner Lectures on Human Values*, Vol.1, University of Utah Press. (Reprinted in 2011 as Paperback, Cambridge University Press)
Mincer, J. [1958] "Investment in Human Capital and Personal Income Distribution," *Journal of Political Economy*, Vol.66, No.4, pp.281-302.
Sen, A. [1999] *Development as Freedom*, Knopf. (石塚雅彦訳 [2000]『自由と経済開発』日本経済新聞社)
Sen, A. [2009] *The Idea of Justice*, Allen Lane and Harvard University Press. (池本幸生訳 [2011]『正義のアイデア』明石書店)
World Health Organization and World Bank [2011] *World Report on Disability*, WHO. (A. オフィサー，A. ポザラック編，石川ミカ訳 [2013]『世界障害報告書』明石書店)

今後の学習案内

本書は，大学の学部3，4年生の開発経済学の授業や，大学院生の国際開発の入門的な講義の教科書として用いられることを想定して編集されている。本書の特徴は，経済学の基礎を学んだ読者に，ミクロからマクロ，ローカルからグローバルまで，幅広い分野にわたる国際開発課題を網羅的に紹介したことである。本書と補完的ないくつかの書籍が出版されているので，それらを紹介したい。

まず，経済学を履修したことのない学生や，高校生にも**開発経済学のエッセンス**をわかりやすく，かつ事例を豊富に紹介した本として，以下のものがある。本書と同様，日本貿易振興機構アジア経済研究所研究者が中心となって執筆している。

1　高橋和志・山形辰史編［2010］『国際協力ってなんだろう——現場に生きる開発経済学』岩波書店（岩波ジュニア新書）

本書を通読した読者は，より専門性の高い開発経済学の中級の教科書に進みたいと考えるであろう。近年，開発途上国の消費者や生産者のミクロ経済学的行動を，データを用いて実証的に検証することにより，援助プロジェクトの評価や政策の効果を検証しようとするミクロ実証開発経済学が大きく発展している。この方向性を本書では，第1，2，4，9，10，12章に反映している。

ミクロ実証開発経済学の入門としては，

2　A. V. Banerjee and E. Duflo［2011］*Poor Economics: A Radical Rethinking of the Way to Fight Global Poverty*, PublicAffairs. （山形浩生訳［2012］『貧乏人の経済学——もういちど貧困問題を根っこから考える』みすず書房）

3　D. Karlan and J. Appel［2011］*More Than Good Intentions: How a New Economics is Helping to Solve Global Poverty*, Dutton. （清川幸美訳・澤田康幸解説［2013］『善意で貧困はなくせるのか？——貧乏人の行動経済学』みすず書房）

4　大塚啓二郎［2014］『なぜ貧しい国はなくならないのか——正しい開発戦略を考える』日本経済新聞出版社

5　黒崎卓・山形辰史［2003］『開発経済学——貧困削減へのアプローチ』日本評論社

があげられる。**大学院レベルの教科書**としては，

6　P. Bardhan and C. Udry［1999］*Development Microeconomics*, Oxford University Press. （福井清一・不破信彦・松下敬一郎訳［2001］『開発のミクロ経済学』東洋経済新報社）

7　黒崎卓［2009］『貧困と脆弱性の経済分析』勁草書房

8　黒崎卓［2001］『開発のミクロ経済学——理論と応用』岩波書店

がある。さらに，計量経済学を用いたミクロ実証研究の参考書としては，

  9 澤田康幸・園部哲史編［2006］『市場と経済発展——途上国における貧困削減に向けて』東洋経済新報社

  10 大塚啓二郎・櫻井武司編［2007］『貧困と経済発展——アジアの経験とアフリカの現状』東洋経済新報社

  11 福井清一編［2014］『新興アジアの貧困削減と制度——行動経済学的視点を据えて』勁草書房

が薦められる。

開発経済学のマクロ的研究は，長期変動を分析する経済成長論（本書第3章を参照）と，短期変動を分析する景気循環論（第13章）に大別される。**経済成長論の入門書**としては，

  12 C. I. Jones and D. Vollrath [2013] *Introduction to Economic Growth*, 3rd ed., W.W. Norton and Company.（香西泰訳［1999］『経済成長理論入門——新古典派から内生的成長理論へ』日本経済新聞社）

があり，経済成長をもたらす社会構造に関する解説書には

  13 M. Eswaran and A. Kotwal [1994] *Why Poverty Persists in India*, Oxford University Press.（永谷敬三訳［2000］『なぜ貧困はなくならないのか』日本評論社）

  14 W. Easterly [2001] *The Elusive Quest for Growth*, MIT Press.（小浜裕久・織井啓介・冨田陽子訳［2003］『エコノミスト 南の貧困と戦う』東洋経済新報社）

がある。また，**大学院生向けの教科書**としては

  15 D. Acemoglu [2009] *Introduction to Modern Economic Growth*, Princeton University Press.

  16 戸堂康之［2008］『技術伝播と経済成長——グローバル化時代の途上国経済分析』勁草書房

が薦められる。これらは，技術進歩（第7章）について学ぶためにも有用である。第13章で学んだ**開発途上国のマクロ経済安定化**をより深く研究したい読者には，

  17 国宗浩三［2013］『IMF改革と通貨危機の理論——アジア通貨危機の宿題』勁草書房

  18 P.R. Agénor and P.J. Montiel [1996] *Development Macroeconomics*, Princeton University Press.（第3版は2008年出版）

が推薦できる。

第5，6，7，14章では貿易，投資，技術政策などを中心に開発途上国経済について分

析したが，(他の開発途上国に対して重要な示唆を与える) 東アジア諸国の経験を基に開発戦略を考えるための必読書として，

 19 World Bank [1993] *The East Asian Miracle: Economic Growth and Public Policy*, Oxford University Press．(白鳥正喜監訳 [1994]『東アジアの奇跡——経済成長と政府の役割』東洋経済新報社)

 20 I. Gill and H. Kharas [2007] *East Asian Renaissance: Ideas for Economic Growth*, The World Bank.

があげられる。一方，現地研究の視点から開発途上国のキャッチアップに焦点を当てた教科書としては，

 21 末廣昭 [2000]『キャッチアップ型工業化論——アジア経済の軌跡と展望』名古屋大学出版会

がある。また近年重要性を増している**地域統合の教科書**としては，以下の書がある。

 22 黒岩郁雄編 [2014]『東アジア統合の経済学』日本評論社

産業連関 (第8章)，制度 (第9章)，開発援助 (第11章)，農村金融 (第12章)，環境 (第15章)，障害 (第16章) をより深く学びたい読者には以下の本が推薦できる。

産業連関

 23 R.E. Miller, and P.D. Blair [2009] *Input-Output Analysis: Foundations and Extensions*, 2nd ed., Cambridge University Press.

 24 玉村千治・桑森啓編 [2014]『国際産業連関分析論——理論と応用』日本貿易振興機構アジア経済研究所

制　度

 25 D. Acemoglu and J.A. Robinson [2012] *Why Nations Fail: The Origins of Power, Prosperity, and Poverty*, Crown Publishers．(鬼澤忍訳 [2013]『国家はなぜ衰退するのか——権力・繁栄・貧困の起源 上・下』早川書房)

農村金融

 26 D. Collins, J. Morduch, S. Rutherford and O. Ruthven [2009] *Portfolios of the Poor: How the World's Poor Live on $2 a Day*, Princeton University Press．(野上裕生監修・大川修二訳 [2011]『最底辺のポートフォリオ——1日2ドルで暮らすということ』みすず書房)

 27 B. Armendáriz and J. Morduch [2010] *The Economics of Microfinance*, 2nd ed., MIT Press.

援　助

 28 J.D. Sachs [2005] *The End of Poverty: Economic Possibilities for Our Time*, Penguin Press．(鈴木主税・野中邦子編 [2006]『貧困の終焉——2025年までに世界を変える』早川書房)

 29 W. Easterly [2006] *The White Man's Burden: Why the West's Efforts to Aid the Rest Have Done So Much Ill and So Little Good*, Penguin Press.（小浜裕久・織井啓介・冨田陽子訳［2009］『傲慢な援助』東洋経済新報社）

環　境
 30 World Commission on Environment and Development [1987] *Our Common Future*, Oxford University Press.（環境と開発に関する世界委員会編［1987］『地球の未来を守るために』福武書店）

障　害
 31 森壮也編［2008］『障害と開発――途上国の障害当事者と社会』日本貿易振興機構アジア経済研究所
 32 森壮也・山形辰史［2013］『障害と開発の実証分析――社会モデルの観点から』勁草書房

最後に，**開発経済学説史**として，以下を薦めたい。
 33 高山晟［1985］「開発経済学の現状」安場保吉・江崎光男編『経済発展論』創文社，277～350頁
 34 絵所秀紀［1997］『開発の政治経済学』日本評論社

（黒岩郁雄・高橋和志・山形辰史）

用語解説

あ行

アドバース・セレクション（adverse selection） 質のよい財・サービスを提供する人と，質の悪い財・サービスを提供する人とが市場にいた場合，両者の区別がつかないために，質の悪い財・サービスを提供する人しか市場に残らない現象のこと．（第12章）

インターリンケージ（interlinkage） 複合契約ともいう．同一の相手と複数の財・サービスの取引に関する契約を同時に行うことを意味する．地主と小作農の間での農地貸借契約と金貸し契約の複合，商人と農民の間での生産資金前貸しと農産物販売契約の複合などの例がその代表である．（第12章）

か行

外部経済効果（external effects） 外部性ともいう．ある特定の家計や企業の行動が，市場での金銭的な取引を経由することなく，直接ほかの家計や企業に影響を与えてしまうこと．ある財・サービスの消費が，何らかの理由（法制度の不備や取引に費用がかかりすぎる）によって市場での取引を通じて行うことができない場合に発生する．より厳密には，ほかの家計や企業によい効果を与える場合を「外部経済」，悪い効果を与える場合（公害や環境破壊）を「外部不経済」という．なお，税制などを工夫したり，資源などの所有権をはっきりさせたりして，外部経済効果を金銭的な取引で補償することを内部化という．一例としてピグー税は，このような外部経済・外部不経済がある財の生産を社会的にみて最適な水準にするために使われる税の総称である．外部経済や不経済がある財では，財の私的限界費用と社会的限界費用が異なってくる．このとき，財の生産に税をかけて私的限界費用と社会的限界費用とを一致させると，財の生産水準が社会的にみて最適な水準になることが期待できる．環境税などがこの例である．（第15章）

過剰労働（余剰労働）（surplus labor, redundant labor） 途上国の農業あるいは伝統部門では，土地などの生産要素に比べて，労働力があまりに多いために，労働の限界生産性がゼロ（労働者がその部門から退出しても，その部門の生産が低下しないことで，この労働者が生産にまったく貢献していない状況を意味する）になることがある．このような労働力を過剰労働という．また，文献によっては過剰労働と余剰労働を区別するものもある．（第2章）

ガバナンス（governance） 政府が公的資源を，国民の利益のために有効に用いるよう政治家や公務員の行動を制御すること．（第11章）

雁行形態論（flying geese model） 赤松要（かなめ）によって提唱された経済発展モデル．オリジナルの雁行形態モデルでは，産業が「輸入→国内生産（輸入代替）→輸出」の段階を経

て発展する（雁行基本型）。さらには大来佐武郎（おおきたさぶろう）によって広められた雁行形態モデルでは，アジア・太平洋においてアメリカが先導国になり，日本が繊維など非耐久消費財，家電など耐久消費財そして資本財といった順序で追い上げ的発展に成功したこと，そしてアジア NIEs，ついで ASEAN 諸国，中国が日本の後を追っていることが示された。（第 14 章）

慣習経済（customary economy）　慣習経済とは，開発途上国に広く残存していると思われるもので，その成員が互いに面識をもっているような小域を範囲として，その成員の集団全体としての福祉を最大化することを目的にして各人の義務と特権を決めている経済である。このなかでは共同体ないしコミュニティ的関係によって社会が編成されており，非市場的行動原理によって資源配分が行われたり，自給的な経済活動が多いという傾向がある。（第 2 章）

偽装失業（disguised unemployment）　ほかに働く機会がないので農業や都市の雑業部門にとどまっているという意味では失業者であるが，その部門で実際に働いているほかの人と同じように仕事をしているので失業状態が偽装されて雇用状態にみえること。「過剰労働」の項も参照されたい。（第 2 章）

均整成長（balanced growth）・**不均整成長**（unbalanced growth）　前方連関や後方連関のある産業・部門のすべてを同じ率で成長させる戦略のことを，均整がとれている（balanced）という意味で均整（均斉）あるいは均衡成長という。これに対して特定産業・部門を優先して成長させ，それ以外の産業・部門の成長をあとから特定産業・部門に誘発されるように図る戦略のことを不均整（不均斉，不均衡）成長という。（第 10 章）

金融のトランスミッション・メカニズム（transmission mechanism of monetary policy）　金融政策が効果を発揮するメカニズムのこと。開発途上国では，金利の規制，金融部門・金融市場の未成熟などの制約があるため，金融政策が期待された効果を発揮できない場合がある。また，金利に代わって銀行への直接的な窓口指導により企業への融資を増減させる方法もあるが，金利を通じた調整に比べて微調整が効きにくいなどの問題がある。（第 13 章）

クズネッツの逆 U 字仮説（Kuznets' inverted U hypothesis）　クズネッツ（S. S. Kuznets）が主張した仮説。不平等度は経済発展の初期段階に低く，経済発展とともに高まるが，十分経済発展が進むと再び低くなる，としている。このとき，不平等度と経済発展指標の関係が逆 U 字を描く。環境指標についても逆 U 字型の関係がありうることが議論されている。（第 1 章，第 15 章）

グラント・エレメント（grant element）　開発途上国に対する貸付について，どの程度返済条件が緩やかであるか，贈与的要素がどのくらい含まれているかを示したもの。資金約束額の額面価値から，必要な元本償還や利子支払の合計額の割引現在価値を差し引いて算出する。（第 11 章）

クリーン開発メカニズム（clean development mechanism：CDM）　先進国が開発途上国に対して，温室効果ガスを削減するための援助を行った場合，その先進国の温室効果ガス削減義務を減らすことのできる制度のことをさしている。京都議定書に盛り込まれている。（第15章）

経済活動の集積（agglomeration of economic activities）　企業の生産活動は企業レベルの規模の経済や前方・後方連関効果などの集積の経済によって地理的に集中する傾向がある。そのほかに，集積の要因としては，価格指数・自地域市場効果，特殊な技能労働者のプール，輸送ハブの形成，知識・情報のスピルオーバーなどがある。（第14章）

経済活動の分散（dispersion of economic activities）　企業の生産活動が地理的に集中すると賃金，地代の上昇，さらには混雑などの外部不経済が発生する。そのため，集積のデメリットがメリットを上回ると生産活動は分散しはじめる。ただし，生産活動はどこへでも分散するのではなく，新しい生産拠点となるためには集積地と効率的な物流ネットワークで結ばれている必要がある。（第14章）

限定合理性（bounded rationality）　人間の計算能力には限界があり，複雑な経済計算や最適化問題などは処理できない。また人間が分析の対象にする社会現象には複雑なものが多いので，正確な経済計算はできないことも多い。このような場合には，あまり複雑な思考はせずに，ある程度の水準を満足できたら，それで止めるという限定された思考の方がかえって合理的といえる場合がある。このような人間の思考原理のことを「制限された合理性」という（満足化ともいう。経営学者サイモン〔H. Simon〕の言葉）。（第4章）

後発性の利益（advantage of backwardness）　後から発展を開始する開発途上国は，先進国が開発した技術や知識，開発の経験を早い時期から利用できるので，より急速に発展できるという考え方。（第7章）

効率賃金仮説（efficiency wage hypothesis）　より高い賃金を支払っても，労働者の健康状態が改善したり，労働意欲がより高くなったりすることによって，総費用がかえって減少することがある。このような場合，企業は完全雇用に見合う水準よりも賃金を高く設定するようになり，そのために失業者が生じるという仮説のこと。（第2章）

さ　行

産業連関表（input-output table）　一国（あるいは国際産業連関表の場合には複数国）において一定期間に行われた財・サービスの産業間取引を1つの行列の形に示した統計表。行（ヨコ）方向に財・サービスの供給部門，列（タテ）方向に財・サービスの需要部門を表し，その交点がそれら部門間の取引額を示す。産業連関表は，波及効果の分析を通じて，一国（あるいは国際産業連関表の場合には複数国）全体の産業の相互依存関係を明らかにする。（第8章）

ジェンダー（gender）　ジェンダーとは生物としての性差（sex）ではなく，人が社会生

活のなかで身につける男女差のことである。ジェンダーという概念を通じて男性や女性の役割を社会的関係として捉えることは，その背景にある経済的，社会的関係を理解することにつながる。(第4章)

市場の失敗（market failure） 情報が完全で外部性が存在せず，生産や消費活動に規模の経済性がない状況では，競争均衡はパレート最適な均衡を実現する（厚生経済学の第1定理）。しかし，このような仮定が成立しない状況では，競争市場は最適な均衡状態を実現することはできない。これを市場の失敗と呼ぶ。市場の失敗がある場合，課税や補助金の導入など政府による市場介入が正当性をもつこととなる。しかし，政府にとっても何が最適な状態かを判断することは難しく，必ずしも政策介入が望ましい結果をもたらすとは限らない（政府の失敗）。(第3章，第10章，第12章)

持続可能な開発（sustainable development） 環境保護と整合的な開発のこと。「将来の世代が自らの欲求を充足する能力を損なうことなく，今日の欲求を満たすこと」と定義されている。(第15章)

ジニ係数（Gini coefficient） 不平等度指標の1つ。(第1章)

障害の社会モデル（social model of disability） 障害課題の本質を，障害者と，障害者を取り巻く社会の接点の問題と捉え，社会の側にも変化を求める考え方をさす。(第16章)

情報の非対称性（information asymmetry） 財やサービスの質についての情報量が，売り手と買い手の間で異なっていることをさす。市場の失敗の原因となる。(第12章)

自立生活（independent living） 障害者が，社会の支援を受けつつ，自己決定によって生活を送ること。(第16章)

人的資本（human capital） 人間のなかに蓄積される生産要素。物的資本と同様に，投資によって蓄積され，生産活動に貢献する。(第4章)

垂直型の直接投資（vertical foreign direct investment） 生産費用の削減を目的に行われる直接投資。垂直型の直接投資では，すべての生産工程を自国で行うのではなく，生産工程の分割が行われる。たとえば，自国で資本や熟練労働力を多く投入する中間財を生産する一方で，海外では非熟練労働力を多く投入して組立作業などを行う。海外の労働コストが低く，同時に二国間の貿易費用が低い場合には，垂直型の直接投資のメリットは高まる。(第6章)

水平型の直接投資（horizontal foreign direct investment） 投資受入国の市場へのアクセスを目的とする直接投資。企業は海外市場にアクセスするために，輸出か，あるいは直接投資による現地生産（＝水平型の直接投資）を選ぶ。その際，市場アクセスを目的とする国の関税が高い，または輸送費が高いと，貿易費用が上昇して，輸出による企業の利益は減ってしまうため，直接投資によって現地生産するメリットは高まる。(第6章)

生存賃金（subsistence wage） 生存に必要な最低限の生活物資をまかなうだけの賃金の

額。(第2章)

成長要因分解(growth accounting) 経済成長をその要因別に分解すること。要因としては,生産要素の成長と技術進歩があげられる。技術進歩率(総要素生産性成長率とも呼ばれる)は,実際の経済成長率から,「生産要素の成長によって説明される成長率」を差し引くことによって求められる。(第3章)

た 行

チェンマイ・イニシアティブ(Chiang Mai initiative) アジア通貨危機を契機に東アジアで実施された地域金融協力。東アジアではアジア通貨危機後の2000年にASEAN+3(ASEAN 10カ国に日中韓を加えた13カ国)の間でチェンマイ・イニシアティブと呼ばれる枠組みが成立した。これは各国の中央銀行の間で,危機的状況になった際に外貨準備を相互に融通する枠組みである。(第13章)

知的財産権(intellectual property rights) 新しい知識・技術の開発には費用がかかる一方で,それは公共財と類似した性質(非競合性,非排除性)をもつ。そのため,個人や企業の技術革新を活発にするために,知的財産権は新規性のある創造的な活動の結果に対して期間限定的な占有権を権利保有者に与えるものである。その代わり,権利保有者はその技術・知識を公開しなければならない。(第7章)

中所得国の罠(middle-income trap) 経済成長の初期は,低い人件費と大量生産による費用削減で強い競争力をもった産業が,経済成長とともに人件費が高まるなどしてその産業の競争力が低下していく一方,高度な専門知識や技術革新に大きく依存する高付加価値の財・サービス部門へは,産業構造の変容が容易に進んでいかない様子を示す。(第7章)

直接投資(Foreign Direct Investment:FDI) 「水平型の直接投資」「垂直型の直接投資」の項を参照。

トゥー・ギャップ・モデル(two gap model) 援助の必要額を,投資貯蓄ギャップ,輸出入ギャップから求めるモデルのこと。(第11章)

投資協定 「二国間投資協定」の項を参照。

トリクル・ダウン(trickle down,浸透〔均霑(きんてん)〕) 経済全体を成長させれば,その成果が時間の経過とともに貧困者層にも徐々に浸透して貧困が解消されるという効果。(第1章,第10章)

取引費用(transaction cost) 財・サービスの取引相手をみつけたり,取引の条件を交渉するためにかかる費用のこと。(第9章)

な 行

内生的経済成長モデル(endogenous growth model) 外生的技術進歩を仮定せずとも,長期的な1人当たり経済成長率がプラスになるような経済成長モデル。新古典派経済

成長モデルにおいては,外生的技術進歩がない場合,長期的な1人当たり経済成長率がゼロになるので,その点が対照的である。内生的経済成長モデルにおいては,長期的な1人当たり成長率をプラスにするような,外部性,技術革新,人的資本蓄積等の効果が探求された。(第3章)

二国間投資協定(bilateral investment agreement) 海外で投資を行う自国企業を保護するために,投資母国の政府が投資受入国の政府と結ぶ協定。その目的は,政府の非合理的な強制収用から自国企業の投資財産を保護すること,および投資受入国政府と企業との間の商業的な紛争処理や仲裁の方法を定めることである。また投資協定が結ばれていない場合でも,自由貿易協定(FTA)や経済連携協定(EPA)のなかで投資に関する章が設けられ,外資企業の投資保護や投資の自由化を規定している場合がある。(第6章)

人間開発指数(Human Development Index:HDI) 所得以外の行動制約を考慮に入れた厚生指標の1つ。もともとのHDIは出生時平均余命,成人識字率および初・中・高等教育の総就学率,そして購買力平価(PPP)に換算された1人当たりの国内総生産(GDP)の算術平均から計算されていた。2010年に改良が加えられ,出生時平均余命,購買力平価(PPP)に換算された1人当たりの国民総所得(GNI)と,教育年数の予測値(就学年齢の子どもがその後の生涯で受けると予測される教育の年数)と平均値(25歳以上の人が生涯を通じて受けた教育の平均年数)の幾何平均に変更された。国連開発計画が,この指数の値を,毎年国ごとに発表している。(第10章)

ノミナル・アンカー(nominal anchor) 開発途上国がマクロ経済安定化政策を実施するうえで政府の政策に対する信頼度を高めるために,補助的に実施された政策。アンカーとは錨のことで,船が錨を下して流されないようにするように,何らかの名目(アンカー)変数の水準に固定することをさす。当初は,物価水準を安定化させるために,為替レートの水準について目標を守ろうとした。現在は,変動レート制を採用する開発途上国が増えたため,インフレ率の水準をノミナル・アンカーの対象とする「インフレーション・ターゲット」政策を採用する国が増えている。(第13章)

は 行

比較優位(comparative advantage) ある国がすべての財を他国より絶対的に低い費用で生産できる(「絶対優位」という)としても,なおその国は貿易を行う根拠があることを主張するため,経済学者リカード(D. Ricardo)が提唱した原理のこと。(要素賦存の相違を前提としたヘクシャー=オリーン・モデルでは)自国と他国がA財とB財を生産・消費している状況で,この2国が貿易を開始すると,要素の賦存状況に応じて,A財のB財に対する相対的な生産費が自国では他の国よりも低いことがある。このようなときには,自国はA財の生産に特化して,そのA財を国際市場でB財と交換した方が効率的である。このように,自国にとって一番生産が得意な財の生産に特化し

て，その財の輸出と交換に，自国が不得意な財を輸入すれば最も効率的な生産と消費を実現できるということが比較優位の考え方である。（第5章）

ヒモ付き援助（tied aid）　援助プロジェクトの受注を，当該援助国企業にのみ限定する援助のこと。（第11章）

貧困ギャップ（poverty gap）・**貧困ギャップ比率**（poverty gap ratio）　貧困層の所得と貧困線水準の所得との差額を，貧困層全体の人数分だけ合計したものが貧困ギャップである。貧困層を貧困線水準にまでもっていくのに必要な所得と考えられる。また，この値を貧困層全体について集計して，社会の全員が貧困線水準の所得を得ていた場合の所得総額との比率をとったものは貧困ギャップ比率と呼ばれ，貧困の程度の指標として利用されている。（第1章）

貧困人口比率（poverty head count ratio）　貧困者数の，総人口に対する比率のこと。（第1章）

貧困線（poverty line）　ある国や社会で生活していくのに最低限必要な支出額や所得額のこと。国際機関が推計している場合のように，人間として生活するのに最低限必要な消費財の消費量を各国の価格で評価したものもあるし，また各国の統計局が推計を行っている場合のように，その国に固有の消費パターンを想定して計算することもある。この額以下の所得や支出しかできない人口グループは貧困層とみなされ，貧困政策の対象になる。（第1章）

ファンジビリティ（fungibility）　政府開発援助が軍事費など目的外の支出に流用されること。（第11章）

不均整成長　「均整成長・不均整成長」の項を参照。

プログラム援助（program assistance）　ダムや道路などの特定のプロジェクトを対象とせずに，幅広い開発計画に対して供与される援助のこと。途上国の国際収支や外資繰りを改善したり，「経済改革プログラム」の実行を融資条件にすることで，途上国の経済実績を改善しようとする意図がある。構造調整援助，商品援助などがある。（第11章）

プロジェクト援助（project assistance）　経済開発を目的として進められる具体的なプロジェクトを対象にして行われる援助。（第11章）

ペティ＝クラークの法則（Petty-Clark's Law）　経済発展に伴い，第1次産業から第2次産業，ひいては第3次産業へと産業の比重が変化する法則。（第2章）

ま 行

マイクロファイナンス（microfinance）　低所得者層を対象にした貸出を行う金融のことである。マイクロクレジットと呼ばれることもあるが，貸出（クレジット）だけでなく，貯蓄や保険を含めた資金供給全体（ファイナンス）を低所得者層に提供するという意味合いを込めてマイクロファイナンスという用語が使われている。日本語では小規模金融（あるいは小口金融）と訳される。バングラデシュのグラミン銀行の事例によって，世

界各国で注目されるようになった。(第12章)

緑の革命(green revolution) 1960年代以降,高収量品種の米や小麦の導入によって開発途上国の食糧生産が急増したことをいう。この新技術は,安定した灌漑条件のもとでは,化学肥料を多投することによって単位面積当たりの収穫量を画期的に上昇させた。また,このような農業技術の革新に伴って制度的・社会的な変化(農業の商業化の進展,地域格差の増大,農村の階層分解など)が生じたことをも含めて「緑の革命」ということもある。(第2章,第10章)

ミレニアム開発目標(Millennium Development Goals:MDGs) 2000年の国連ミレニアム・サミットを契機に策定された8つの目標をさす。2015年を達成期限としている。(第1章)

モラル・ハザード(moral hazard) 「非道徳的行動」とも訳される。保障のある制度やルール,契約関係などを過度に悪用して自己の利益を追求したり,保障がなされているがゆえに危険を回避する努力を怠ることなどをさす。契約関係の場合には,自分の生活にかかわることを代理人に委託すると,その代理人に対する監督が不十分であるならば,委託した本人の利益を損なうような結果が起こりやすい。このような代理人の行為をモラル・ハザードという。(第12章)

や 行

輸入代替(import substitution) 国内への財の供給を外国からの輸入品から国内工業部門の製品で代替していくことによって工業化を図ることを輸入代替という。(第5章,第10章)

幼稚産業保護(infant industry protection) 外国からの輸入品に関税をかけることで国内産業を保護,育成しようとする政策。幼稚産業保護政策は,保護された産業が生産拡大による学習効果や競争効果,さらには収穫逓増などの効果によって生産性が上昇し,動態的な比較優位の変化が期待できる状況下で意味をもつ。(第5章)

ら 行

ランダム化比較実験(Randomized Controlled Trial:RCT) 無作為抽出されたサンプルを二分し,一方には政策介入を施し,他方には施さないという処置をとり,双方のサンプルの比較を行うことによって,政策介入の効果を分析する手法。(第10章)

離職モデル(turn-over model) 企業が賃金を下げると,訓練を行った労働者が離職して,かえって生産に支障が生じるので,離職を防ぐために企業は賃金を高く設定することがありうる。このため賃金が高止まりして,そのために失業が発生するというモデル。(第2章)

離陸(take-off) ロストウ(W. W. Rostow)の発展段階説の概念で,伝統社会が,先行条件準備期を経過して,成熟期・高度大衆消費段階を迎えるまでの間の時期のこと。こ

の時期に，投資率が5％から10％以上に上昇し，これ以降は工業が急速に発展して着実な成長が常時維持できるようになる。(**第3章，第10章**)

臨界最小努力（critical minimum effort） 安定的な経済発展を遂げるために必要最小限と考えられる資本蓄積率の水準のこと。(**第10章**)

レオンチェフ逆行列（Leontief inverse matrix） 生産の波及効果の分析のために，産業連関表の投入係数を用いてレオンチェフ逆行列を計算する。レオンチェフ逆行列の各要素は，列（タテ）方向の産業の生産を1単位増やすのに，行（ヨコ）方向の産業から最終的にどれだけの投入を必要とするか表している。(**第8章**)

レントシーキング（rent-seeking） 規制や保護に伴う既得権のために，通常の水準より高い利潤の超過分が発生することがある。このような超過利潤分をレントという。このようなレントを求めて保護を求めようという経済行動をレントシーキングという。(**第10章**)

ローレンツ曲線（Lorenz curve） 縦軸として，所得の低い人から順に所得の累積度数（％）を取り，横軸として，人口の累積度数（％）を取ったグラフをさす。不平等度が低いとこのカーブは45度線（直線）に近くなり，不平等度が高いと，横軸と縦軸をなぞるような，曲がりの深い線となる。(**第1章**)

（野上裕生・黒岩郁雄・高橋和志・山形辰史）

索引

事項索引

アルファベット

AK モデル　49, 51, 52, 54
ASEAN　78, 87, 223
ASEAN 自由貿易地域 (AFTA)　222
ASEAN+3　219
Before-after 分析　162, 163, 166
BOP アプローチ　181
CDF　→包括的開発枠組み
CDM　→クリーン開発メカニズム
DAC　→開発援助委員会
DAC 新開発戦略　158
DALY　63
DID　→差の差
EPA　→経済連携協定
EU　87
FGT 指標　14, 16
FTA　→自由貿易協定
GAD　→ジェンダーと開発
GATT　249
GATT ウルグアイ・ラウンド　103
HDI　→人間開発指数
HIPCs　→重債務貧困国
HIV／エイズ　60, 63, 70, 255
ICIO データベース　130, 133
ICT　4
IMF　→国際通貨基金
JICA　→国際協力機構
LDCs　→後発開発途上国
MAI　→多国間投資協定
MDGs　→ミレニアム開発目標
NGO　→非政府（国際協力）組織
NIEs　78, 223
OBM　113
ODA　→政府開発援助
ODM　113
OECD　→経済協力開発機構
OEM　→相手先商標製造
PISA　→学習到達度調査
Poverty Deficit Curve　15
PRSP　→貧困削減戦略文書
PSM　→傾向スコアマッチング
RBM　→結果重視マネジメント
RCEP　→東アジア地域包括的経済連携
RCT　→ランダム化比較実験
R&D　→研究開発
RECs　→地域経済共同体
RoHS 指令　248
SAL　→構造調整貸付
SEZ　→経済特区
TFP　→総要素生産性
TICAD　→アフリカ開発会議
TLO　→技術移転機関
TPP　→環太平洋パートナーシップ
TRIM 協定（貿易に関連する投資措置に関する協定）　103, 104
TRIPS 協定　121, 122
UNCRPD　→国連障害者の権利条約
UNCTAD　→国連貿易開発会議
UNDP　→国連開発計画
UNICEF　→国連児童基金
WID　→開発における女性
WIOD　→世界産業連関データベース
With-without 分析　162, 164, 166
WTO　→世界貿易機関

ア行

相手先商標製造 (OEM)　113
アジア経済研究所　133
アジア国際産業連関表　131, 133
アジア通貨危機　3, 45, 219, 226
アジア NIEs　45
アドバース・セレクション　186, 188-190, 273
アパルトヘイト運動　265, 266
アフリカ開発会議 (TICAD)　107, 232
暗黙知　109, 111, 113
意匠権　121

一時的貧困　16,17
インセンティブ　160,188,190,193,195,259
インターリンケージ　192,273
インデックス型保険　198
インパクト　167
（政策）インパクト評価　5,160,161
インフォーマル金融取引　191,192,194,199
インフレーション・ターゲット（政策）　210,215
エコロジカル・フットプリント　240
援助協調　179,180
援助の集中砲火　179
エンパワー　258
エンパワメント　56
オイル・ショック　3,45,156,177,207
オゾン層　238,243,246
温室効果ガス　242,244,245,247

カ行

海外直接投資　118
外貨準備（政策）　210,213,214,219
外生的技術進歩　54
開発援助　154
開発援助委員会（DAC）　175
開発経済学　152
　　――のパラダイムシフト　158
　　初期の――　153
開発における女性（WID）　65,257
開発ミクロ経済学　4,5,158,159,161
外部性　55,273
　　――の内部化　237,239,242
改良主義　155
カウンター・ファクチュアル　161,162
学習到達度調査（PISA）　62
確率の優位（性）　14
　　第1次――　14
　　第2次――　15
過剰労働　28,273
課税　237
渇水　199
ガバナンス　178,273
カーボン・リーケージ　248
為替政策　209,215,216
為替レート　211,213,215
環境アセスメント　243
環境クズネッツ曲線　240,241
環境経済学　237

環境と開発に関する宣言　238
環境問題　236
雁行（形態）型発展（論）　224-226,230,232,273
慣習経済　37,274
関税　227
関税障壁　222
関税同盟　221,222
感染症　68,69
環太平洋パートナーシップ（TPP）　87,221,223
起業家精神　118
起業活動　118
技術　55
技術移転　106,110
　　海外直接投資による――　111
技術移転機関（TLO）　118
　　資本財の輸入による――　110
　　垂直連関による――　112
技術革新　34,59,109
技術吸収能力　115
技術協力　171
技術進歩　47
技術導入　116
偽装失業　28,32,154,155,274
期待賃金　33
機能的アプローチ　157
規模の経済　227
逆U字仮説　22
キャッチアップ　54,116,230,232
キャパシティ・ビルディング　17
教育　60,66,117,139,260
共通であるが差異のある責任の原則　244,246
京都議定書　244,248
共和主義的アプローチ　261
均整成長　154,274
金融緩和　211
金融危機　216
金融グローバル化　207,213,218
金融市場　210
金融政策　209,211,213,215,216
　　――のトランスミッション・メカニズム　210,274
金融取引　186
近隣窮乏化政策　217
クズネッツの逆U字仮説　22,274
くたばれGNP　237

クラウド・アウト　106
グラミン銀行　195
グラント・エレメント　182,274
クリーン開発メカニズム（CDM）　244,245,275
グリーンフィールド投資　96
クロスボーダーM&A　96
グローバリゼーション　82,84,87,92,239,247,250
グローバル・バリュー・チェーン分析　133
経営資源　96
傾向スコアマッチング（PSM）　165-167
経済協力開発機構（OECD）　172
経済成長　202,209,226
　——の要因分解　46
　——の歴史　43
経済成長率（18世紀）　43
経済成長率　50,203
経済統合　76,79,87,227
経済特区（SEZ）　231,233
経済連携協定（EPA）　103,222
形式知　109,120
ケイパビリティ　261
　——・アプローチ　157,256,265
　——概念　260
契約不履行　192,194,195,196
結果重視マネジメント（RBM）　157,160
ゲーム理論　3
権威主義体制　144
研究開発（R&D）　111,116
健康　62
限定合理性　71,275
広域FTA　223
交易条件　91
公害　241
公害問題　240
公共財　55,120,139
公共支出管理　178
工業団地　102
洪水　199
構造主義　153,155
構造調整　3,156
構造調整貸付（SAL）　178
構造調整ファシリティ　217
構造調整融資　217
行動経済学　160
後発開発途上国（LDCs）　172

後発性の利益　54,110,275
公平な貿易（Fair Trade）　92
効率賃金仮説　36,37,275
国際協力機構（JICA）　233
国際産業連関表　125,128,130,133
国際収支　202,205,209
国際収支危機　205,219
国際収支の安定　209
国際通貨　206,214
国際通貨基金（IMF）　3,156,158,209,216,217,219
国際分業　130
国際貿易　227
国際連帯税　181
国連開発計画（UNDP）　107,157
国連児童基金（UNICEF）　157
国連障害者の権利条約（UNCRPD）　262,265
国連人間環境会議　237
国連貿易開発会議（UNCTAD）　92,98,133
国連ミレニアム・サミット　158
小作　193
個人責任制　196,197
固定レート制度　209,211
コミュニティー原理　30
コモン・バスケット方式　180
雇用　202
　——の安定　209
雇用創出効果　105
コンディショナリティー　3,178,209,218

サ　行

最終需要部門　127
財政支援　180,181
財政政策　209
再分散　225,229,231
差の差（DID）　165,166,167
サブサハラ・アフリカ諸国　230
産業　125
産業革命　43
産業集積　225
産業政策　202
産業内貿易　87
産業保護政策　55
産業連関表　125,126,128,275
産業連関分析　125
ジェンダー　257,275
　——格差　69,71

──と開発（GAD） 65,257
資源経済学 237
市場経済 37
市場の失敗 55,69,152,155,276
市場友好的なアプローチ 157
慈善アプローチ 254
持続可能な開発 238,239,244,276
実験経済学評価方法 179
私的所有権 140
児童労働 67
ジニ係数 18,19,22,276
地主 192
地場企業 115
資本深化 52
資本ストック 49,51
資本蓄積 46-48,154
資本蓄積効果 90
資本取引規制 213
社会的ネットワーク 193,194
借款 171
収穫逓増 87
就学率 60
重債務貧困国（HIPCs） 3,158
集積 226-229,275
自由貿易協定（FTA） 87,89,90,103,221,222
収斂 51,203
手話通訳 265,266
障害学 254,258
障害者 253,262
障害者統計 263
障害と開発 253,254,258,259,265
障害の医療・個人モデル 258
障害の社会モデル 254,258,259,265,276
商業化点 31
条件付き補助金 71
証券投資 96,105
商標 121
情報の非対称性 70,159,186,187,194,195,198,276
情報の不完全性 5
植民地時代 136,138,145,153
植民地支配 137,139,142,147
ショック 191,194,196,199,200
所得のリスク 185
所有権 237
自立生活 261,276

新公共管理 3
新古典派経済学 155,158
新古典派（経済）成長モデル 51,53,54,156,203
人的資本 51,55,59,276
──投資 67
信用割当 188
信頼 215
垂直連関 115
水平移転 111
生産関数 49
生産性上昇 46,47
生産性上昇効果 90
生産波及効果 125
生産要素の移動 228
生存賃金（制度的賃金） 29,30,37,276
成長要因分解 46,277
制度 135,236
制度の遺産 136,142,145,146,147
制度の不備 69
政府開発援助 107
政府開発援助（ODA） 170
生物多様性 243,243
政府の失敗 156
政府の役割 202
世界開発指標（WDI） 27
世界銀行（世銀） 3,107,156-159
世界経済危機 130,131
世界産業連関データベース（WIOD） 130,133
世界の工場 3,25,230,248
世界貿易機関（WTO） 87,104
世界貿易機構（WTO） 121
セクター・ワイド・アプローチ 180
絶対優位 82
ゼロ成長論 237
戦略的債務不履行 188
贈与 171
総要素生産性（TFP） 47,48,111
ソーシャル・セーフティー・ネット 17,212
ソロー成長モデル 109

タ 行

第1次的確率優位 16
第2次アンバンドリング 232
第2次確率的優位 16
太陽光発電 4

多国間投資協定（MAI）　104,105
多国籍企業　96,105,111,112,115
担保　187
地域金融協力　219
地域経済共同体（RECs）　231
チェンマイ・イニシアティブ　219,277
地球温暖化　236,243,244,247
地球環境問題　250
地球サミット　238,244
『地球の未来を守るために』　238
知識資本　96
地租　142
知的財産権　110,120,277
中間取引　126
中所得国の罠　119,277
中等就学率　62
直接規制　237
直接投資　95,277
　　——の直接的な影響　105
　　——の間接的な影響　106
　　垂直型の——　97,98,276
　　水平型の——　96,98,276
著作権　121
貯蓄・投資ギャップ　171
貯蓄率　50
通貨危機　206,207,213,216,219
定額小作　193
転換点　30
トゥー・ギャップ・モデル　171,277
投資の自由化　229
都市インフォーマル部門　32,34
都市失業（者）　32,34
土地制度　142,143
特許　120
トップ・ドナー　172
ドーハ開発アジェンダ　88,104
トリクル・ダウン　21,154,155,254
取引費用　136,192,194,198,277
奴隷　139

ナ 行

内生（的）経済成長モデル（理論）　3,54,110,277
二国間援助　173
二国間投資協定　103,277
二重経済モデル　35
二重構造　26,37

二乗貧困ギャップ比率　13
日常生活上のコスト　257
日中韓 FTA　223
人間開発指数（HDI）　157,278
「人間開発報告」　157
人間環境宣言　237
農業　185
　　——生産性　146
農地改革　146
ノミナル・アンカー（政策）　210,215,278

ハ 行

廃棄物　241
ハイパー・インフレーション　212,215
バーゼル条約　246,247,250
発展経路　137,139
ハリス＝トダロ曲線　33
ハリス＝トダロ・モデル　32,35,36
被害削減アプローチ　70
比較優位　76,80,81,84,156,278
　　動態的な——　76,86
東アジア地域包括的経済連携（RCEP）　87,221,223
東アジアの奇跡　86,118,157
非関税障壁　222,227
非政府（国際協力）組織（NGO）　170
ビッグ・プッシュ（戦略）　154,155
一人っ子政策　45
ヒモ付き援助　182,279
ビルト・イン・スタビライザー　212
貧困　237
　　——ギャップ比率　13,15,16,279
　　——指標　12
　　——人口比率　14,16
　　——の悪循環　154
　　——の罠　17,23,259
　　——問題　239
貧困削減（戦略）　5,152,157
貧困削減戦略文書（PRSP）　158
貧困線　9,279
　　食料——　10
　　総合——　10
ファンジビリティ　178,279
フィールド実験　159,196,198
フォーマルな金融機関（市場）　186,192,194,199
付加価値部門　126

索　引　287

福祉アプローチ　254, 257
物価　202
　　　の安定　209
負の外部性　241
プラザ合意　222
プランテーション　139
ブレトンウッズ体制　217
プレビッシュ＝シンガー命題　92, 153, 156
プログラム援助　177, 178, 180, 279
プログラム融資　217
プロジェクト援助　176, 279
分益小作　193
分業　135
分散　225, 226, 228, 275
分野横断的課題　255
平均リスク　189
ヘクシャー＝オリーン・モデル　80, 82, 84, 85, 87
ベーシック・ヒューマン・ニーズ（BHN）　21, 155
ペティ＝クラークの法則　26, 279
変換ハンディキャップ　257
変動レート制度　209, 211, 215
貿易自由化　88
貿易障壁　228, 249
貿易政策　86
貿易創出効果　88
貿易転換効果　88, 90
貿易費用　231
包括的開発枠組み（CDF）　157
保健　60, 66
保険　190
保護貿易主義　217
プロジェクト融資　217
本邦技術活用条件　182

マ 行

マイクロファイナンス　1, 5, 56, 159, 160, 194-196, 198, 279
マクロ経済政策　202
窓口指導　211
マネー・ファイナンス　212
慢性的貧困　16, 17
マンデル＝フレミング・モデル　210, 211
見えざる手　152
緑の革命　31, 155, 280
水俣条約　247

水俣病　237
ミレニアム開発目標（MDGs）　3, 9, 61, 117, 153, 158, 160, 175, 179, 237, 239, 250, 262, 264, 265, 280
ミレニアム・チャレンジ・アカウント　181
ミンサー方程式　260
民主主義体制　144
モノカルチャー経済　153
モバイルマネー　194
モラル・ハザード　70, 159, 187, 190, 198, 280

ヤ 行

有限責任　187
輸出加工特区　102
輸出志向工業化（戦略）　76, 78, 79, 86, 102, 156, 157, 202, 206, 212
輸出ペシミズム論　153
輸送費用　227, 232
輸入代替工業化（政策）　76, 78, 79, 86, 102, 153, 155, 202, 206, 222, 228, 280
要請主義　176
幼稚産業保護　85, 86, 280
予備的貯蓄　191

ラ 行

ライセンシング　112
ランダム化比較実験（RCT）　4, 159, 160, 167, 168, 280
リカード・モデル　80, 81, 84, 87
離職モデル　36
リスク　2, 187, 191, 192, 198, 199
リスク分担　193, 194
リバース・エンジニアリング　111, 115
リープフロッグ　241
リーマン・ショック　207, 211, 212, 216
流通費用　227
留保　147
離陸　44, 154, 223, 228, 280
臨界最小努力　154, 281
ルイスの第1局面　30, 31
ルイスの第2局面　30
ルイスの第3局面　31
ルイス・モデル　28, 29, 35
累積債務国　178
累積債務問題　156, 207
レオンチェフ逆行列　128, 281
連帯責任制　195-197

レントシーキング　79, 281
労働移動　228
労働力の成長　46
ローカルコンテント条件　104

ローレンツ曲線　18, 281

ワ　行

ワンストップ・ボーダー・ポスト　233

人名索引

ア 行

アイヤー（L. Iyer） 142,143
アンダーソン（E. J. Anderson） 227
イースタリー（W. Easterly） 179
ウィンクープ（E. von Wincoop） 227
エバレット（S. J. Everett） 232
オリーン（B. Ohlin） 84

カ 行

カーラン（D. Karlan） 196
ククリス（W. Kuklys） 257
クズネッツ（S. S. Kuznets） 22,274
クライ（A. Kraay） 22
クラーク（C. Clark） 43
グリアー（J. Greer） 13
コリアー（P. Collier） 230

サ 行

サックス（J. D. Sachs） 179
澤田康幸 260
サンデル（M. Sandel） 261
ジャック（W. Jack） 194
ジャヤチャンドラン（S. Jayachandran） 191
シュルツ（T. W. Schultz） 59
シュルツ（T. W. Schulz） 155,160
ジーン（X. Gine） 196
スターク（O. Stark） 35
スミス（A. Smith） 152
スリ（T. Suri） 194
セン（A. Sen） 157,256,257,260,261,265
ソーベック（E. Thorbeck） 13
ソマビア（J. Somavia） 130

タ 行

ダラー（D. Dollar） 22
チェン（S. Chen） 22
トダロ（M. P. Todaro） 32,38

ナ 行

ヌルクセ（R. Nurkse） 154
ノース（D. North） 135

ハ 行

ハートウィッチ（E. G. Hartwich） 248
バナジー（A. Banerjee） 142,143
ハリス（J. R. Harris） 32,38
パンド（R. Pande） 197
ピーター（G. P. Peter） 248
フィールド（E. Field） 197
フェイ（J. Fei） 28
フォスター（J. E. Foster） 13
フォックス（V. Fox Q.） 262
ブランデル（R. Blundell） 66
ブレイナード（S. L. Brainard） 96
ペイジ（J. Page） 231
ヘクシャー（E. Heckscher） 84
ベッカー（G. Becker） 59
ベナブルズ（A. J. Venables） 230
ボールドウィン（E. R. Baldwin） 232

マ 行

マークセン（J. R. Markusen） 96
マーシャル（A. Marshall） 76
マンデラ（N. R. Mandela） 265

ラ 行

ライベンスタイン（H. Leibenstein） 154
ラニス（G. Ranis） 28
ラバリオン（M. Ravallion） 22
ラミチャネ（K. Lamichane） 260
リカード（D. Ricardo） 80
ルイス（A. W. Lewis） 28,38,155
ロストウ（W. W. Rostow） 44
ロゼンシュタイン-ロダン（P. Rosenstein-Rodan） 154

執筆者紹介　　●：生年　▶：最終学歴　■：主要業績

序章　高橋和志（たかはし　かずし）　政策研究大学院大学教授
第1章　●1973 年　▶政策研究大学院大学政策研究科　博士（開発経済学）
第10章　■『国際協力ってなんだろう』（共編著）岩波ジュニア新書，2010 年；"The System of Rice Intensification and its Impacts on Household Income and Child Schooling"（共著）*American Journal of Agricultural Economics*, Vol.96, No.1, pp.269-289, 2014.

第2章　寳劔久俊（ほうけん　ひさとし）　関西学院大学国際学部教授
●1972 年　▶一橋大学大学院経済学研究科　博士（経済学）
■『産業化する中国農業——食料問題からアグリビジネスへ』名古屋大学出版会，2017 年（第 34 回大平正芳記念賞，2019 年度日本農業経済学会学術賞）；"Measuring the Effect of Agricultural Cooperatives on Household Income: Case Study of a Rice-Producing Cooperative in China"（共著）*Agribusiness*, Vol.34, No.4, pp.831-846, 2018.

序章　山形辰史（やまがた　たつふみ）　立命館アジア太平洋大学アジア太平洋学部教授
第3章　●1963 年　▶ロチェスター大学大学院経済学研究科　博士（経済学）
第11章　■『やさしい開発経済学』（編著）アジア経済研究所，1998 年；『開発経済学』（共著）日本評論社，2003 年

第4章　伊藤成朗（いとう　せいろう）　ジェトロ・アジア経済研究所
●1969 年　▶ブラウン大学大学院経済学研究科　博士（経済学）
■"Why is Take-up of Microinsurance so Low? Evidence from a Health Insurance Scheme in India"（共著）*Developing Economies*, Vol.48, No.1, pp.74-101, 2010; "How Does Credit Access Affect Children's Time Allocation? Evidence from Rural India"（共著）*Journal of Globalization and Development*, Vol.3, No.1. 2013.

第5章　石戸光（いしど　ひかり）　千葉大学大学院社会科学研究院教授
●1969 年　▶ロンドン大学大学院経済学研究科　博士（経済学）
■『相互依存のグローバル経済学』（共著）明石書店，2008 年；『地球経済の新しい教科書』明石書店，2010 年

第6章　田中清泰（たなか　きよやす）　ジェトロ・アジア経済研究所
●1980 年　▶ハワイ大学マノア校経済学部大学院　経済学博士
■"Vertical Foreign Direct Investment," *Japan and the World Economy*, Vol.23, No.2, pp.97-111, 2011; "Heterogeneous Multinational Firms and Productivity Gains from Falling FDI Barriers"（共著）*Review of World Economics*, Vol.150, No.1, pp.83-113, 2014.

第7章　鍋嶋　郁（なべしま　かおる）　早稲田大学大学院アジア太平洋研究科教授
- 1972年　▶カリフォルニア大学デービス校経済学研究科　博士（経済学）
- *Tiger Economies Under Threat*（共著）World Bank, 2009; *Some Small Countries Do It Better*（共著）World Bank, 2012.

第8章　猪俣哲史（いのまた　さとし）　ジェトロ・アジア経済研究所
- 1966年　▶一橋大学大学院経済学研究科　博士（経済学）
- 『グローバル・バリューチェーン――新・南北問題へのまなざし』日本経済新聞出版社，2019年（第31回「アジア・太平洋賞 特別賞」，第36回「大平正芳記念賞」）;『グローバル・バリューチェーンの地政学』日本経済新聞出版，2023年

第8章　孟　渤（もう　ぼつ）　ジェトロ・アジア経済研究所
- 1972年　▶東北大学情報科学研究科　博士（情報科学）
- "Measuring Smile Curves in Global Value Chains"（共著）*Oxford Bulletin of Economics and Statistics*, pp.1-29, 2020 ((doi: 10.1111/obes.12364); "Tracing CO_2 Emissions in Global Value Chains"（共著）*Energy Economics*, Vol.73, pp.24-42, 2018 (doi: 10.1016/j.eneco.2018.05.013).

第9章　湊一樹（みなと　かずき）　ジェトロ・アジア経済研究所
- 1979年　▶ボストン大学大学院経済学研究科
- 「インド州議会選挙における『反現職要因』としての経済変動」『アジア経済』第52巻第6号，2～35頁，2011年;「インド政治経済研究における比較分析」『現代インド研究』第4号，5～21頁，2014年

第12章　塚田和也（つかだ　かずなり）　ジェトロ・アジア経済研究所
- 1973年　▶東京大学大学院農学生命科学研究科　修士（農学）
- 『アジア・コメ輸出大国と世界食料危機』（共著）アジア経済研究所，2009年; "Microfinance Penetration and Its Influence on Credit Choice in Indonesia"（共著）*Developing Economies*, Vo.48, No.1, pp.102-127, 2010.

第13章　国宗浩三（くにむね　こうぞう）　関西学院大学国際学部教授
- 1963年　▶京都大学大学院経済学研究科　博士（経済学）
- *Overcoming Asia's Currency and Financial Crises*, Institute of Developing Economies, 2004;『IMF改革と通貨危機の理論』勁草書房，2013年

序章　黒岩郁雄（くろいわ　いくお）　新潟県立大学国際経済学部教授
第14章
- 1960年　▶ペンシルバニア大学大学院地域科学研究科　博士（地域科学）
- *Economic Integration and the Location of Industries*（編著）Palgrave Macmillan, 2012;『東アジア統合の経済学』（編著）日本評論社，2014

年

第 15 章 小島道一（こじま　みちかず）　ジェトロ・アジア経済研究所
- 1965 年　▶カリフォルニア大学バークレー校農業・資源経済学科　修士
- ■『国際リサイクルをめぐる制度変容』（編著）アジア経済研究所，2010 年；「途上国の経済発展とバーゼル条約」『廃棄物資源循環学会誌』第 22 巻第 2 号，140〜147 頁，2011 年

第 16 章 森壮也（もり　そうや）　ジェトロ・アジア経済研究所
- 1962 年　▶早稲田大学大学院経済学研究科　修士（経済学）
- ■『途上国障害者の貧困削減——かれらはどう生計を営んでいるのか』（編著）岩波書店，2010 年（国際開発学会特別賞）；『障害と開発の実証分析——社会モデルの観点から』（共著）勁草書房，2013 年（第 17 回国際開発研究大来賞）

用語解説 野上裕生（のがみ　ひろき）　故人　（元）ジェトロ・アジア経済研究所
- 1961 年　▶一橋大学大学院経済学研究科　経済学修士
- ■「持続可能な人間開発指数の構想」環境経済・政策学会編『経済発展と環境保全』東洋経済新報社，2001 年；「開発戦略における計画化と投資配分」『アジア経済』第 44 巻第 5-6 号，236〜251 頁，2003 年

写真解説

各章タイトルページの写真説明

序　章　セネガル・ゴレ島の子どもたち（山形辰史撮影）
第1章　バングラデシュ・ダッカの高層ビルと低所得者の住宅（山形辰史撮影）
第2章　マダガスカル・アラウチャ湖周辺の農地。農作業の帰り道（山形辰史撮影）
第3章　フィリピンのマニラ首都圏マカティ市のビル街（山形辰史撮影）
第4章　教育を受けた若い女性が年上の男性に仕事を指示するのを，興味深そうにみている農村の子どもたち。インドにて（不破信彦氏撮影）
第5章　貿易港として発展を続けるシンガポール（石戸光撮影）
第6章　カンボジア・プノンペンで建設中の日本のショッピング・モール（田中清泰撮影）
第7章　パピルス，本から電子書籍への情報伝達技術の進歩（鍋島郁撮影）
第8章　"Designed by Apple in California. Assembled in China." 国際生産分業の実態（猪俣哲史撮影）
第9章　イギリスによる植民地統治期に実施されたインドの国勢調査（湊一樹撮影）
第10章　ケニア・ナイロビ市内の銀行（山形辰史撮影）
第11章　日本の援助で贈られた保育器。バングラデシュ・ダッカにて（山形辰史撮影）
第12章　マイクロファイナンス借り手グループの女性たち。バングラデシュ北部にて（山形辰史撮影）
第13章　タンザニア・ダルエスサラーム市内の両替屋の為替レート表（山形辰史撮影）
第14章　ケニア，タンザニア国境のワンストップ・ボーダー・ポスト（黒岩郁雄撮影）
第15章　複数の小規模メッキ工場のメッキ廃液を共同で処理する，ベトナムの施設（小島道一撮影）
第16章　南アフリカの英国系障害者施設の入居者と近所の露店店員との交流（森壮也撮影）

テキストブック開発経済学〔第3版〕
Development Economics〔3rd ed.〕　〈有斐閣ブックス〉

1997年12月20日　初　版第1刷発行
2004年 1月10日　新　版第1刷発行
2015年 2月20日　第3版第1刷発行
2024年 1月30日　第3版第5刷発行

編　者	ジェトロ・アジア経済研究所 黒　岩　郁　雄 高　橋　和　志 山　形　辰　史
発行者	江　草　貞　治
発行所	株式会社　有　斐　閣

〒101-0051
東京都千代田区神田神保町2-17
https://www.yuhikaku.co.jp/

印　刷　大日本法令印刷株式会社
製　本　大口製本印刷株式会社

©2015, ジェトロ・アジア経済研究所. Printed in Japan
落丁・乱丁本はお取替えいたします。

★定価はカバーに表示してあります。
ISBN 978-4-641-18422-0

JCOPY　本書の無断複写(コピー)は,著作権法上での例外を除き,禁じられています。複写される場合は,そのつど事前に(一社)出版者著作権管理機構(電話03-5244-5088, FAX03-5244-5089, e-mail:info@jcopy.or.jp)の許諾を得てください。